Theologische Erwachsenenbildung zwischen Pastoral und Katechese

Forum MBW – Herausgegeben vom Münchner Bildungswerk e.V.

Mark Achilles / Markus Roth (Hg.)

Theologische Erwachsenenbildung zwischen Pastoral und Katechese

Grundlagen – Arbeitsfelder – Perspektiven

Matthias Grünewald Verlag

VERLAGSGRUPPE PATMOS

PATMOS
ESCHBACH
GRÜNEWALD
THORBECKE
SCHWABEN

Die Verlagsgruppe
mit Sinn für das Leben

Für die Schwabenverlag AG ist Nachhaltigkeit ein wichtiger Maßstab ihres Handelns. Wir achten daher auf den Einsatz umweltschonender Ressourcen und Materialien.

Bibliografische Information der Deutschen Nationalbibliothek
Die Deutsche Nationalbibliothek verzeichnet diese Publikation in der Deutschen Nationalbibliografie; detaillierte bibliografische Daten sind im Internet über http://dnb.d-nb.de abrufbar.

2. Auflage 2015

www.gruenewaldverlag.de

Umschlaggestaltung: Finken & Bumiller, Stuttgart
Umschlagabbildung: © Gertrud Bachhuber/Foto: Marlies Fiedler
Layout und Satz: Katharina Baur, München
Druck: Esser printSolutions GmbH, Bretten
Hergestellt in Deutschland
ISBN 978-3-7867-3030-9

Inhalt

Einleitung

Grundlagen

Arbeitsfelder

Einleitung

Dank

Sehr geehrte Damen und Herren,
liebe Interessierte an der theologischen Erwachsenenbildung,

das Münchner Bildungswerk hat in seiner 40-jährigen Geschichte stets versucht, die Entwicklungen und Veränderungen in Politik, Sport, Kultur, Gesellschaft und Kirche mit seinen Veranstaltungen und Projekten kritisch und würdigend zu begleiten.
Allein der Offenheit des Münchner Bildungswerks, sich diesen kritischen Anfragen zu stellen sowie die stete Veränderungsbereitschaft und Anpassungsfähigkeit unserer Erwachsenenbildungseinrichtung an die sich ständig auch verändernden gesellschaftlichen und kirchlichen Rahmenbedingungen sind das Erfolgsrezept unserer katholischen Erwachsenenbildung. Mit seinen Bildungsbereichen „Theologie und Ethik, Seniorenbildung, Kunst und Kultur, Familienbildung, Integrationsbildung und der Förderung des Freiwilligen Engagements“ leistet das Münchner Bildungswerk über die innerkirchlichen Grenzen hinaus für die Stadt und den Landkreis München einen wesentlichen Beitrag einer am Gemeinwohl orientierten öffentlichen Erwachsenenbildung.
Stand das Münchner Bildungswerk als Katholische Einrichtung früher selbst immer wieder inmitten der Debatte um die Rechtfertigung der katholischen Erwachsenenbildung, so ist es heute unser Anliegen, unseren Anteil an der innerkirchlichen und theologischen Reflexion um den Standort und die Entwicklung einer theologischen Erwachsenenbildung im Kontext kirchlichen Handelns zu leisten.
So wollte das Symposion *Theologische Erwachsenenbildung zwischen Pastoral und Katechese*, das wir zum 40-jährigen Jubiläum des Münchner Bildungswerks im Herbst 2012 durchgeführt haben, zu Diskussion und Austausch anregen, wie eine theologische Erwachsenenbildung heute gedacht und gestaltet werden kann und vor welchen Herausforderungen sie heute bestehen muss. Eine auf den Menschen und seine Fragen und Bedürfnisse ausgerichtete theologische Erwachsenenbildung ist ein bedeutender Gesprächspartner von Kirche und Pastoral, sowohl reflexiv in die Kirche hinein als auch in seiner Brückenfunktion als kirchliche Stimme in die säkulare Gesellschaft.
Eine theologische Erwachsenenbildung ist aber nicht denkbar ohne den Menschen mit denen und für die sie umgesetzt und praktiziert wird. So

gilt es zunächst den Tausenden an Teilnehmenden zu danken, die in den vergangenen über 40 Jahren an Veranstaltungen des Münchner Bildungswerks teilgenommen haben. Sie sind im wahrsten Sinne des Wortes *Mitwirkende*, die eine theologische Erwachsenenbildung erst ermöglichen.
Ein besonderer Dank gilt selbstverständlich auch den Mitarbeiterinnen und Mitarbeitern sowie den Referentinnen und Referenten des Münchner Bildungswerks, die mit ihrer jeweiligen Expertise und ihrem Engagement dem Bildungswerk ein menschliches, kompetentes und freundliches Gesicht gegeben haben.
Ich möchte über meinen Anerkennung für das Engagement der aktuellen Mitarbeiterinnen und Mitarbeiter zum gelungenen Bildungs- und Festprogramm des 40-jährigen Jubiläums des Münchner Bildungswerks hinaus ganz besonders auch den Autorinnen und Autoren des vorliegenden Sammelbandes für ihre Beiträge und ihr Mitdiskutieren über die Rolle der theologischen Erwachsenenbildung zwischen Pastoral und Katechese danken.
In besonderer Weise danke ich neben den Herausgebern Mark Achilles und Markus Roth unserer Kollegin aus der Öffentlichkeitsarbeit Katharina Baur. Ohne ihr Engagement in der Übernahme der vielen kleinen und großen Aufgaben zu Layout und Lektorat des Buches wäre dieses Projekt nicht realisierbar gewesen. Ein ebenso herzlicher Dank gilt Frau Gertrud Bachhuber, die das Coverbild im Rahmen der Münchner Malakademie gemalt hat und es uns für die Veröffentlichung auf der Buchvorderseite zur Verfügung gestellt hat.
Schließlich gilt es auch der Katholischen Arbeitsgemeinschaft für Erwachsenenbildung (KEB) in der Erzdiözese München und Freising für die finanzielle Förderung dieses Projekts zu danken.

München, 15. Juni 2014

Mit großer Freude können wir nach gerade einmal einem halben Jahr eine zweite Auflage unseres Buches präsentieren. Dies ist ein deutliches Zeichen, dass die Reflexion einer theologischen Erwachsenenbildung auch in unserer Zeit notwendig und angebracht ist.

München, 1. Januar 2015

Peter Benthues
1. Vorsitzender
Münchner Bildungswerk

Theologische Erwachsenenbildung zwischen Pastoral und Katechese

Mark Achilles / Markus Roth

Der Titel dieses Buches mit seinen Beiträgen zur aktuellen Diskussion der Theologischen Erwachsenenbildung war auch Überschrift des gleichnamigen Fachsymposions[1], das vom Münchner Bildungswerk. Katholische Erwachsenenbildung in Stadt und Landkreis München e.V. anlässlich seines 40-jährigen Bestehens im Herbst 2012 zusammen mit dem Lehrstuhl für Religionspädagogik und Didaktik des Religionsunterrichts an der Katholisch-Theologischen Fakultät der Ludwig-Maximilians-Universität München veranstaltet worden ist.

Fast zeitgleich hat der Münchner Erzbischof Reinhard Kardinal Marx am 18. September 2012 die neuen „Leitlinien. Katholische Erwachsenenbildung in der Erzdiözese München und Freising“[2] unterzeichnet und damit den „Kirchlichen Erwachsenenbildungsplan für die Erzdiözese München und Freising“ von 1976 abgelöst.

Die neuen Leitlinien begründen die kirchliche Bildungsarbeit von zwei Seiten her: einmal wird das Engagement der Kirche in ihrem Bildungshandeln aus dem Verkündigungsauftrag der Kirche an alle Menschen hergeleitet, so dass der religiösen und theologischen Bildungsarbeit ein besonderer Stellenwert zugemessen wird. Zum anderen, so die Leitlinien, „erschließt Bildung den Zugang zur Welt und zur Gestaltung des Lebens“, so dass ohne sie „weder persönliches noch gesellschaftliches noch kirchliches Leben in einer sich verändernden Welt zu gestalten“ ist.[3] In der Selbstverständlichkeit, wie diese beiden Begründungslinien formuliert werden, zeigt dies deutlich, dass die Rechtfertigungs- und Begründungsdebatte, die noch in den späten 1990er Jahren diskutiert wurde, mit der Frage, ob eine katholische Erwachsenenbildung überhaupt Aufgabe kirchlichen Handelns sei, überwunden scheint. Und so betonen auch die Leitli-

[1] Zum Fach-Symposion vgl. Markus Roth, Theologische Erwachsenenbildung: Katechese oder pastorales Handeln?, in: Info-Dienst Theologische Erwachsenenbildung Nr. 62, 21 (3/2013), 5–7.

[2] Vgl. Arbeitsgemeinschaft Katholische Erwachsenenbildung in der Erzdiözese München und Freising e.V. (Hg.), Leitlinien Katholische Erwachsenenbildung in der Erzdiözese München und Freising, München 2013.

[3] Arbeitsgemeinschaft Katholische Erwachsenenbildung, Leitlinien, 6.

nien an unterschiedlichen Stellen, dass die „Bildung des Menschen eine Grunddimension kirchlichen Handelns“[4] sei.

Dabei war selbstverständlich nie umstritten, dass sich Kirche um die Bildung des Menschen sorgt. Bildung im Glauben, die zur Nachfolge Christi, zur Feier der christlichen Mysterien und zur Mitgestaltung des Lebens der Kirche befähigt, war unter dem Begriff der Katechese von Anfang an kirchlicher Grundvollzug, d.h. in der Lehre der Grundvollzüge kirchlichen Handelns vornehmlich des sogenannten verkündigenden Grundvollzuges der Kirche (martyria). Erst mit einer stärker existenzbezogenen und damit auch lebensweltbezogenen Sichtweise auf den Menschen, die sich beispielsweise auf Grundlage des Zweiten Vatikanischen Konzils in den Formulierungen der Würzburger Synode von 1975 an verschiedenen Stellen wiederfindet, weitete sich – freilich noch ganz im katechetischen Verständnis verkündigenden Kirchenhandelns – der Blick auf alle Lebensbereiche des Menschen.[5] In dem Maße aber, in dem kirchliche Bildungsarbeit und Erwachsenenbildung in den letzten Jahrzehnten ihren Auftrag immer mehr verstanden hat, den Menschen in seinen ganzheitlichen Dimensionen in seiner eigenen Identitätsfindung und Persönlichkeitsentwicklung zu unterstützen, dem Menschen und auch dem Benachteiligten als Einzelnen und in der Gruppe Erklärungs- und Handlungsalternativen zur persönlichen Lebensgestaltung und damit zur Teilhabe am gemeinschaftlichen Leben zu ermöglichen, trägt sie auch wesentlich zum diakonischen Grundvollzug kirchlichen Handelns (diakonia) bei.[6] In der Begründungsfrage wurden also seit den 1970er Jahren mit dem Eintreten in die staatliche Förderung einer öffentlichen Erwachsenenbildung im Verbund pluraler Trägerschaften und im zunehmenden Selbstverständnis einer Beteiligung am Gemeinwohlauftrag der öffentlichen Erwachsenenbildung immer wieder zwischen den beiden Polen einer eher diakonalen oder einer eher martyriologischen Verortung der katholischen Erwachsenenbildung argumentiert.

---

[4] Arbeitsgemeinschaft Katholische Erwachsenenbildung, Leitlinien, 6.

[5] Vgl. v.a. die Beschlüsse zu Religionsunterricht, Laienverkündigung, Sakramentenpastoral und Bildungsbereich, in: Gemeinsame Synode der Bistümer in der Bundesrepublik Deutschland, Offizielle Gesamtausgabe I, Freiburg – Basel – Wien 2012.

[6] Vgl. das Qualitätsverständnis des Münchner Bildungswerks, das sein Engagement in der Katholischen Erwachsenenbildung wesentlich über die Reflexion der kirchlichen Grundvollzüge reflektiert.

Ganz unabhängig von der jeweiligen Argumentationslinie theologischer Begründung ist selbstverständlich die befreiende Botschaft Jesu Christi vom Reich Gottes und der damit verbundenen Orientierung am christlichen Verständnis von Mensch und Welt, die Grundlage allen erwachsenenpädagogischen Handelns.[7] Konkretes erwachsenenpädagogisches Bildungshandeln der Kirche findet aber immer auch im konkreten Kontext aktueller Zeit und kulturell geprägtem Ort statt. Die Leitlinien der Erzdiözese München versuchen es folgendermaßen zu formulieren:

> „Sie [die Erwachsenenbildung, M.A./M.R.] orientiert sich sodann am Menschsein des 21. Jahrhunderts, das in den anthropologischen Dimensionen und den gesellschaftlichen Faktoren beschreiben ist. In einer sich wandelnden Gesellschaft steht der Mensch angesichts gesellschaftlicher Trends vor zahlreichen Chancen und Risiken, Herausforderungen und Gefährdungen. [...] All diese gesellschaftlichen Entwicklungen enthalten eine Ambivalenz: Einerseits bieten sie Entwicklungspotenziale, die den Menschen in seiner Identitätsbildung stützen und ihm helfen, sein Lebenswissen sowie seine Lebensdeutung zu entwickeln. Andererseits stehen sie für Krisenpotenziale, die die Entwicklung des Menschen einengen und so sein Menschsein negativ beeinflussen. Somit gilt es, die fördernden wie gefährdenden Faktoren in einen Prozess der nachhaltigen Reflexion zu erkennen und durch die stetige Entwicklung von Bildungsangeboten beizutragen, dass Menschen diese Krisen bestehen und ihre Persönlichkeit entfalten.“[8]

Eine theologische Erwachsenenbildung in diesem Sinne erschöpft sich nicht in der klassischen Gemeindekatechese, wohl aber ist sie kirchliches Handeln. Umgekehrt ist natürlich jede Katechese kirchliche Bildungsarbeit im besten Sinne. Nicht alles Bildungshandeln der Kirche ist aber auch Katechese. Inwieweit sich kirchliches Bildungshandeln auch als pastorales Handeln versteht, ist eine Frage des engeren oder weiteren Verständnisses von Pastoral.

Das Münchner Bildungswerk versteht sich in seiner Arbeit in der katholischen Erwachsenenbildung inmitten pastoralen Handelns der Kirche, im Sinne des Grundauftrages der Kirche, Heilszeichen für die Welt zu sein (Vgl. LG 1). Vor dem Hintergrund konkreter Weltgestaltung und eingedenk der anthropologischen Dimensionen des Menschen ergeben sich dadurch eine Offenheit für verschiedene thematische Lebensbereiche, unter-

---

[7] Vgl. u.a. Stefan Oster, Person sein vor Gott. Das christliche Menschenbild als Grundlage der Katholischen Erwachsenenbildung, in: Arbeitsgemeinschaft Katholische Erwachsenenbildung in der Erzdiözese München und Freising e.V. (Hg.), Gegenwart begreifen – Zukunft lernen. Das Leitlinienprojekt der Katholischen Erwachsenenbildung in der Erzdiözese München und Freising, München 2013, 135–151.

[8] Arbeitsgemeinschaft Katholischer Erwachsenenbildung, Gegenwart begreifen – Zukunft lernen, 7f.

schiedliche Formen der Didaktik und verschiedenste Konkretisierungen in der Angebotsform der katholischen Erwachsenenbildung in ihrer Ausrichtung und Offenheit auf alle Menschen mit ihrer ganzen Weite und Vielfalt an Fragen, Anliegen und Bedürfnissen. Je nach Konkretion dieses Bildungshandelns ist die katholische Erwachsenenbildung wesentliches kirchliches Handeln inmitten pluraler und säkularer Gesellschaft hinein. Ihr kommt damit eine bedeutende Brückenfunktion zu, in dessen Rahmen Kirche bei den Menschen erfahrbar wird.

Mit dem Symposion *Theologische Erwachsenenbildung zwischen Pastoral und Katechese* versuchte das Münchner Bildungswerk zu seinem 40-jährigen Bestehen Antworten auf die Frage nach einer aktuellen Standortbestimmung der katholischen und theologischen Erwachsenenbildung zu geben. Inhaltlich ging es um die Leitfrage, welche Aufgabe und Bedeutung die theologische Erwachsenenbildung vor dem Hintergrund des pastoralen Handelns der Kirche einnimmt und wo sich Perspektiven in der aktuellen und zukünftigen Entwicklung von Kirche und Gesellschaft abbilden. Die hier vorliegenden Beiträge des wissenschaftlichen Austauschs werden durch Artikel zur aktuellen Praxis der theologischen Erwachsenenbildung ergänzt.
Aus dieser Zusammenstellung ergibt sich auch eine Zweiteilung des Buches. In einem ersten Teil geht es um die grundlegende Reflexion zur theologischen Erwachsenenbildung und deren Verortung in der Pastoral. Vor diesem Hintergrund eröffnet **Ralph Bergold** den Diskurs mit einem Appell einer dialogischen Kirche inmitten der Welt und der Lebenswelten des Menschen. Dieser Dialog führt zu einer Re-Kontextualisierung der Kirche. In der Auseinandersetzung mit diesen aktuellen Kontexten besteht das zukünftige Innovationspotential theologischer Erwachsenenbildung. Auf die Frage, was theologische Erwachsenenbildung zu einer religiösen Bildung in heutiger Zeit beitragen kann, gibt auch **Maria Widl** zusammen mit **Alexander Heinze** perspektivisch Antwort. Katholische Erwachsenenbildung hat im Leben der Menschen konkrete Räume zu eröffnen, so dass sich in ihrer Suche nach Religiosität durch die eigene Verortung und Reflexion ihrer Werteentscheidungen und kontextuellen Wahrnehmungen der Glaube auf je neue Weise erschließen lässt. Ähnlich sieht es **Michael Ebertz** auch aus pastoralsoziologischer Perspektive. Vor dem Hintergrund eines immer rasanteren und umfassenderen Wandels der Welt ist die katholische Erwachsenenbildung ein wichtiger Ort des religi-

ösen Gesprächs und der Selbstreflexion des Menschen, die im kirchlichen Handeln einen ähnlich prominenten Status einnimmt wie in den Grundvollzügen von Liturgie, Diakonie, Verkündigung und Communio. Vor dem Hintergrund dieser Frage entwerfen **Rainer Bucher** und **Judith Könemann** ihre Symposiumsbeiträge als Verortungsversuche einer theologischen Erwachsenenbildung vor den Herausforderungen kirchlichen Wandels und gemeindepastoraler Entwicklungen. Jenseits der Frage einer Verortung in den Grundvollzügen kirchlichen Handelns geben sie in ihren Beiträgen aus unterschiedlichen Blickrichtungen Antwort darauf, wie die katholische Erwachsenenbildung mit ihren je eigenen Kompetenzen und Zugängen zu den Menschen kirchliches Leben ergänzen, bereichern und den Menschen nützen kann. Schließlich weitet **Ehrenfried Schulz** die erwachsenenpädagogische Fragestellung aus auf die lebens- und glaubensgeschichtliche Perspektive des Menschen und reflektiert die Bedeutung einer Vernetzung der unterschiedlichen „Lernorte des Glaubens“.

Der zweite Teil wendet sich einzelnen Teilbereichen aus der Praxis einer theologischen und katholischen Erwachsenenbildung zu. **Ulrich Iberer** und **Ulrich Müller** weiten in ihrem Beitrag den Blick auf die Herausforderungen des modernen Bildungsmanagements katholischer Erwachsenenbildung mit einem Plädoyer für eine hohe Professionalität der Akteure nicht nur in ihrer theologischen Fachlichkeit, sondern auch in ihren Leitungs- und Führungskompetenzen. **Mark Achilles** nimmt die Fragestellung nach einer professionellen Personalverantwortung in der Erwachsenenbildung auf und postuliert die Notwendigkeit glaubwürdigen Führungsverhaltens, dass dann Authentizität gewinnt, wenn die Erkenntnisse und Postulate aus der konstruktivistischen Pädagogik auch Anwendung im Führungsmanagement finden. **Sandra Krump** beleuchtet in ihrem Beitrag die Vielfalt kirchlicher Bildungsarbeit und stellt in diesem Zusammenhang das Vernetzungsideal innerhalb der verschiedenen Formen auf der Grundlage des gemeinsamen kirchlichen Bildungshandelns heraus. Die katholische Erwachsenenbildung kann hier eine wesentlich vermittelnde und ergänzende Funktion einnehmen.

Fünf Beiträge runden das Buch ab, die für die theologische Erwachsenenbildung wesentliche Themenfelder reflektieren. Wie bedeutsam eine sozialethische Ausrichtung im Programm einer theologischen Erwachsenenbildung sein kann, weist **Sebastian Kistler** auf. Er greift in seinem Beitrag dabei ebenso auf eigene Erfahrungen aus der konkreten Bildungspraxis seiner Arbeit im Münchner Bildungswerk zurück, wie dies **Robert Mucha** in seiner Betrachtung einer biblischen Bildungsarbeit tut. **Florian Kluger** ergänzt diese Sichtweise von einzelnen themenspezifischen Betrachtungen in der theologischen Erwachsenenbildung, wenn er seine neun Thesen für eine Liturgische Bildung entwirft. Schließlich fasst **Markus Roth** die Praxisrelevanz zusammen, wenn er die Möglichkeiten einer Glaubensverkündigung in der katholischen Erwachsenenbildung aufzeigt und damit eine Antwort aus der Praxis auf die Fragen der Grundlagenbeiträge versucht.

Grundlagen

Re-Kontextualisierung

Auftrag und Perspektive einer theologischen Erwachsenenbildung

Ralph Bergold

Jubiläen, wie sie derzeit bei vielen Einrichtungen, Organisationen und Verbünden kirchlicher Erwachsenenbildung begangen werden, bieten die Gelegenheit, die bisherige Bildungsarbeit zu bilanzieren und über Veränderungen und Perspektiven zukünftiger Bildungsarbeit zu diskutieren.[1] Im Rückblick auf 40 oder 50 Jahre kirchlicher Bildungsarbeit mit Erwachsenen wird deutlich, dass Veränderungen anstehen und somit das Bisherige nicht einfach so weitergeführt werden kann. „Die Zeiten haben sich geändert" oder „Nichts ist mehr so wie früher" hört man in vielen Bereichen und gemeint ist damit, dass sich die Kontexte, in denen Menschen, aber auch Institutionen stehen, verändert haben.
Im Folgenden will ich in gebotener Kürze auf die kontextuellen Veränderungen hinweisen, die zu einer Re-Kontextualisierung theologischer Erwachsenenbildung führen. Dabei knüpfe ich an drei Krisensymptome als heutige Zeitdiagnosen an und leite daraus Überlegungen zu einer perspektivischen Weiterentwicklung theologischer Erwachsenenbildung ab, die sich konkret in vier neuen Ansätzen widerspiegelt.

1 Theologische Erwachsenenbildung

Zunächst muss aber eine Begriffsbestimmung vorgenommen werden, um zu klären, was mit theologischer Erwachsenenbildung gemeint ist. Schon Rudolf Englert hat in seinem Grundlagenbuch zur religiösen Erwachsenenbildung auf die „auffällig terminologische Verwirrung" im Bereich kirchlicher Erwachsenenbildung hingewiesen und eine Begriffsklärung

[1] So jüngst das neue Leitlinienprojekt der katholischen Erwachsenenbildung in der Erzdiözese München und Freising: Arbeitsgemeinschaft Katholische Erwachsenenbildung in der Erzdiözese München und Freising e.V. (Hg.), Gegenwart begreifen – Zukunft lernen. Das Leitlinienprojekt der Katholischen Erwachsenenbildung in der Erzdiözese München und Freising, München 2013; Vgl. auch Norbert Vogel – Michael Krämer (Hg.), Perspektiven katholischer Erwachsenenbildung im gesellschaftlichen Kontext, Bielefeld 2013; Vgl. auch Horst Ziegler – Ralph Bergold (Hg.), Neue Vermessungen. Katholische Erwachsenenbildung heute im Spannungsfeld von Kirche und Gesellschaft, Dillingen 2012.

angeregt.[2] Im Gegensatz zu den eher allgemeinen Begriffen wie „kirchliche“ oder „katholische“ Erwachsenenbildung richtet sich die „theologische“ oder die „religiöse“ Erwachsenenbildung, die oftmals synonym verwendet wird, auf religiös relevante Weiterbildungsaktivitäten in kirchlicher Verantwortung. Franz-Josef Hungs definiert theologische Erwachsenenbildung in kirchlicher Trägerschaft als ein religionspädagogisches Bemühen, Erwachsene „unter Berücksichtigung der alters- und lernspezifischen Eigenart ihrer Erfahrungen zu einer christlichen Glaubensreflexion und zu kirchlicher Mitverantwortung bzw. Mitwirkung zu führen.“[3] Theologische Erwachsenenbildung ist ein religiöser Lern- oder besser Bildungsprozess. Es ist keine „Schulung in katholischer Ideologie“[4] oder bindet diese Bildungsarbeit an eine bestimmte oder gerade aktuelle theologische Glaubensreflexion. Sie orientiert sich vielmehr an der religiösen bzw. gläubigen Erfahrung des Einzelnen und aller Gläubigen und versteht Theologie als die „Reflexion über das christliche Deutungsangebot menschlicher, individueller wie gesellschaftlicher Erfahrung in Korrelation mit dem ‚Erfahrungsmodell Jesus von Nazareth‘ (E. Feifel) und im Kontext mit gesamtkirchlichen Erfahrungen.“[5] Es geht auch nicht um eine Übertragung wissenschaftlich-theologischer Themen oder Erkenntnisse in die Erwachsenenbildung, wohl aber geht es um das selbstständige Denken und Urteilen in theologischen und religiösen Fragen.[6] „Theologische Erwachsenenbildung dient der intellektuellen und spirituellen Auseinandersetzung mit Lebens- und Glaubensfragen“[7], so wird unter anderem das Selbstverständnis theologischer Erwachsenenbildung in dem neuen Leitlinienprojekt der katholischen Erwachsenenbildung in der Erzdiözese München und Freising beschrieben. Nicht jede Beschäftigung mit dem Religiösen oder mit Glaubensthemen ist schon religiöse oder theologische Erwachsenenbildung. Bildungsarbeit mit Erwachsenen im alltäglichen Kontext hat eine institutionelle Verortung und unterliegt entsprechenden

---

[2] Vgl. Rudolf Englert, Religiöse Erwachsenenbildung, Stuttgart – Berlin – Köln 1992, 20–27.

[3] Franz-Josef Hungs, Theologische Erwachsenenbildung als Lernprozess, Mainz 1976, 11.

[4] Ebd.

[5] Ebd., 12.

[6] Zum Zusammenhang von theologischer und religiöser Erwachsenenbildung vgl. die Klarstellung bei Wolfgang Lück – Friedrich Schweitzer, Religiöse Bildung Erwachsener, Grundlagen und Impulse für die Praxis, Stuttgart 1999, 69–73.

[7] Arbeitsgemeinschaft katholischer Erwachsenenbildung (Hg.), Gegenwart begreifen – Zukunft lernen, 156.

religionspädagogischen, religionsdidaktischen und bildungstheoretischen Standards und steht in einer professionell-pädagogischen Verantwortlichkeit (hauptamtlich pädagogische Mitarbeiterinnen, Mitarbeiter, Referentinnen oder Referenten). Hinzu kommt, dass theologische Erwachsenenbildung als öffentlich geförderte Bildungsinitiative der Kirche offen für alle Menschen ist. Die Diözese Rottenburg-Stuttgart spricht daher auch von einer offenen Erwachsenenbildung in katholischer Trägerschaft. „Sie heißt deswegen offen, weil sie ein Angebot an alle erwachsenen Menschen dieser Gesellschaft, gleich welcher Konfession, Weltanschauung etc., ist."[8]

Es ist wichtig, wenn es um die Perspektive und Weiterentwicklung theologischer Erwachsenenbildung geht, hier eine klare Begriffsbestimmung vorzunehmen, da es bei Perspektiven auch immer um das Profil, das Selbstverständnis und das Tätigkeitsfeld kirchlicher Erwachsenenbildung im Bereich Religion und Theologie[9] als ein eigenes kirchliches Handlungsfeld geht.

2 Kontextualisierung und Re-Kontextualisierung[10]

Religion und Religiosität sind keine abstrakten Größen. Individuelle Religiosität wie auch offizielle Religion sind kontextabhängig und kontextgebunden. Dies gilt für alle Religionen. Auch der christliche Gottesglaube – die Gottesbeziehung des Menschen – kann gar nicht anders als kontextuell verstanden werden. Das Zentrum des christlichen Glaubens, das zentrale Geheimnis des christlichen Glaubens ist die Menschwerdung Gottes in Jesus Christus – so antworten wir ja nach der Wandlung in der Eucharistiefeier, wenn es heißt „Geheimnis des Glaubens" mit der Akklamation: „deinen Tod, o Herr, verkünden wir" – d.h. deinen menschlichen Tod – Gott ist Mensch geworden. Aber diese Menschwerdung Gottes erfolgte nicht übergeschichtlich, sondern in einem historischen Kontext. Jesus war Jude. Die ersten Jünger waren Juden – d.h. die Grundbegriffe der Botschaft Jesu (Reich Gottes, Erlösung, Gott als Vater usw.) sind jüdisch geprägt. Jesus trat zu einer bestimmten historischen

---

[8] Katholische Erwachsenenbildung Diözese Rottenburg-Stuttgart, Hoffnung ist Auftrag – offene Erwachsenenbildung in katholischer Trägerschaft, Stuttgarter Hefte 27, 1997, 13.

[9] Z.B. im Gegensatz zur Familienbildung, politischen Bildung, beruflichen Bildung etc., aber auch im Unterschied zur Katechese, Beratung etc.

[10] Ausführlicher findet sich dieser Ansatz bei Ralph Bergold – Reinhold Boschki, Einführung in die Religiöse Erwachsenenbildung, Darmstadt 2014.

Zeit auf. In dieses soziohistorische und politische Umfeld hat sich das Christentum zum ersten Mal kontextualisiert. Die jüdische, römisch-griechische Geistes- und Lebenswelt bildeten den Kontext, in dem sich das Christentum inkulturiert hat.

Jesus trat zu einer bestimmten historischen Zeit auf, als das Land Palästina, in dem ein Teil des damaligen Judentums lebte, vom römischen Reich mit eiserner Hand besetzt war und beherrscht wurde. Die Römer diktierten die politischen und juristischen Spielregeln, auch was die öffentliche Religionsausübung betraf. Deshalb kam Jesus mit seiner Botschaft und seiner Anhängerschaft unter die Räder einer machtpolitisch höchst prekären Konstellation. Sein Tod am Kreuz war, äußerlich betrachtet, die Konsequenz von ganz bestimmten soziohistorischen und politischen Bedingungen. Genau in diese Situation hinein hat sich das Christentum zum ersten Mal kontextualisiert. Die Koordinaten der antiken jüdischen, römisch-griechischen Geistes- und Lebenswelt sind die Verstehensvoraussetzungen der ersten Christen. Sie sind „Kinder ihrer Zeit“, so wie *alle* religiösen Lebensäußerungen in *allen* Weltreligionen zeit- und umweltbedingt sind.

Kontextualisierung einer Religion bedeutet Inkulturation, heimisch werden in einer bestimmten kulturellen und sozialen Umwelt. Die Kultur einer jeweiligen Zeit wird zum Ackerboden der religiösen Betätigung und Lebensweise (vgl. lat. cultura: Ackerbau, Landwirtschaft, Kultivierung). Die theologische Leistung der „Kirchenväter“ war es, die christliche Botschaft auf dem Hintergrund des altorientalischen Kontextes und für die damalige Situation, verschieden nach Region (Palästina, Syrien, Ägypten, West-Nordafrika, Griechenland, Rom) – wörtlich – „durchzubuchstabieren“, d.h. vor dem Hintergrund der jeweiligen geistigen und kulturellen Situation zu lesen und zu verschriftlichen. Die grundlegenden Texte der Christenheit (Kanon der biblischen Schriften, Glaubensbekenntnis, theologische Kommentare) entstanden in jener Zeit.

Einige Jahrhunderte später musste sich die christliche Religion nahezu völlig neu erfinden. Das römische Reich war untergegangen, das Judentum aufgrund der Zerstörung des Zweiten Tempels durch die Römer (70 n. Chr.) in alle Winde zerstreut und auf kleine, dezentrale Einheiten reduziert. Die Antike war zu Ende und es dämmerte in Europa die Epoche des christlichen Mittelalters. Ein für die Religion neues Phänomen sollte fortan für die Tradierung des Evangeliums bestimmend werden: das abendländische Mönchtum. Das klösterliche Leben der europäischen Jünger Je-

su Christi hatte äußerlich relativ wenig zu tun mit der Fischerromantik der ersten Jesusnachfolger vom See Genezareth. Die Ordensregel des Hl. Benedikt von Nursia (560 n. Chr.) ist lediglich ein Spiegel des Evangeliums, ein neues Gefäß, ein Kommentar, eine Relecture und Interpretation für die neue Zeit – nicht das Evangelium selbst. Denn der christliche Glaube musste sich aufgrund der neuen geopolitischen Lage und im Zuge der Europäisierung neu kontextualisieren, „re-kontextualisieren". Dieser Vorgang der Re-Kontextualisierung sollte und musste für die weitere Geschichte des Christentums bestimmend bleiben – bis heute. Re-Kontextualisierung bedeutet eine grundlegende Erneuerung, insbesondere der äußeren Gestalt. Sie bedeutet jedoch nicht den Verlust des Eigentlichen und die Erfindung eines völlig anderen Glaubens. Im Gegenteil! Durch die Re-Kontextualisierung des Christentums, unter anderem im europäischen Mönchtum (sowie in den weiteren sozialen und politischen Strukturen der damaligen Zeit), konnte das Wesentliche des christlichen Glaubens gerade bewahrt werden. Re-Kontextualisierung heißt Neuwerdung bei gleichzeitiger Bewahrung des Ursprünglichen.
Wieder einige Jahrhunderte später änderten sich die ökonomischen und politisch-sozialen Bedingungen aufs Neue. Die großen europäischen Städte entstanden (Florenz, Bologna, Paris, Köln usw.), das Handwerk blühte auf, Universitäten wurden gegründet. Geistesgeschichtlich spricht man von dem Zeitalter der Scholastik. Wiederum musste sich das Christentum neu kontextualisieren, wobei zu beachten ist, dass die christliche Religion die jeweiligen Bedingungen mitprägte, sie also gleichzeitig Motor und Produkt der gesellschaftlichen Entwicklung war.
Die weitere europäische, zunehmend aber auch die russische, süd- und nordamerikanische, später afrikanische und asiatisch christlich-religiöse Geschichte steht im Zeichen immer wieder neu erforderlicher Re-Kontextualisierungen des Christentums, in Europa beispielsweise die Zeit der Renaissance und des Humanismus. Auch die Reformation kann als großartige Unternehmung gedeutet werden, das Christentum zu re-kontextualisieren. Im Blick auf die östlich-orthodoxen Traditionen, die Kirchen der Reformation sowie der zahlreichen nordamerikanischen christlichen Denominationen wird deutlich, dass sich nicht „das" Christentum als Einheitsreligion in seiner Gesamtheit jeweils kontextualisiert, sondern dass die verschiedenen Konfessionen selbst Teilaspekte der Re-Kontextualisierungsprozesse darstellen, die regional sehr unterschiedlich ablaufen.

Europäische Aufklärung, Industrialisierung, Modernisierung – wieder hat der Glaube die Aufgabe, seine Gestalt zu verändern, sich aber selbst treu zu bleiben.
Der Glaube steht nicht nur in einem engen Zusammenhang mit dem Kontext, sondern er findet sich erst, wenn er sich von seinem externen Kontext her neu sieht und empfängt.

3 Gottes-, Subjekt- und Kirchenkrise als Zeitdiagnosen

Der heutige Kontext, in dem über neue Perspektiven theologischer Erwachsenenbildung reflektiert wird, lässt sich als einen Kontext der Gottes-, Menschen- oder Subjekt- und Kirchenkrise bezeichnen. Man kann diesen Kontext bedauern, abwerten oder gar ignorieren. Eine zeitgemäße Reflexion über die Bedeutung und Weiterentwicklung insbesondere einer religiösen oder theologischen Erwachsenenbildung muss sich jedoch, wenn sie zukunftsfähig und zukunftsträchtig sein soll, diesen neuen Kontexten stellen und Konsequenzen für eine Neuausrichtung theologischer Erwachsenenbildung entwickeln.

3.1 Die Gotteskrise

> „Im Horizont des Unendlichen. – Wir haben das Land verlassen und sind zu Schiff gegangen! Wir haben die Brücke hinter uns – mehr noch, wir haben das Land hinter uns abgebrochen! Nun, Schifflein! Sieh dich vor! Neben dir liegt der Ozean, es ist wahr, er brüllt nicht immer, und mitunter liegt er da wie Seide und Gold und Träumerei der Güte. Aber es kommen Stunden, wo Du erkennen wirst, dass er unendlich ist und dass es nichts Furchtbareres gibt als Unendlichkeit. Oh, des armen Vogels, der sich frei gefühlt hat und nun an die Wände dieses Käfigs stößt! Wehe, wenn das Land – Heimweh Dich befällt, als ob dort mehr Freiheit gewesen wäre – und es gibt kein ‚Land' mehr!"[11]

Mit diesem anschaulichen Bild beschreibt Friedrich Nietzsche 1882 die Situation des freien Menschen, der sich in der Unendlichkeit des Ozeans verliert und gleichzeitig in der Unendlichkeit eingesperrt ist. Friedrich Nietzsche beschreibt diese Situation vor seinen berühmten Aussagen über den neuen „tollen Menschen", der den Tod Gottes verkündet.[12] „Gott ist tot! Gott bleibt tot! Und wir haben Ihn getötet!" ruft der tolle Mensch den unverständlichen Zuhörern auf dem Marktplatz zu. Der freie Mensch dümpelt orientierungslos und als Spielball der Kräfte auf dem unendli-

---

[11] Friedrich Nietzsche, Die fröhliche Wissenschaft, Drittes Buch, Werke in drei Bänden, München 1954, Nr. 124.
[12] Ebd., Nr. 125.

chen Ozean und Gott als möglicher Orientierungspunkt, als Sinnhorizont, als Begleiter und Beschützer, wird für tot erklärt.
Johann Baptist Metz hat daran anknüpfend in seiner modernen Zeitdiagnose unter dem Motto „Religion ja – Gott nein!“ von einer gottlosen Religiosität des heutigen Menschen gesprochen und markiert die heutige Zeit als „religionsfreundliche Gottlosigkeit“.[13] Wie man heutzutage dem Kaffee das Koffein entzieht und dem Bier den Alkohol, so entzieht man der Religion und Religiosität Gott.
Der Vorsitzende der Deutschen Bischofskonferenz Erzbischof Robert Zollitsch sagte auf einer Tagung mit dem symptomatischen Titel „Wohin ist Gott?“: „Es scheint eine geradezu in sich runde Säkularität zu geben, angesichts der es nicht gelingt, so etwas wie einen ‚Mehrwert des Glaubens‘ einfach und plausibel zu machen. Nicht zu glauben scheint für viele tatsächlich normal sein zu können.“[14]
So ist vor dem Hintergrund gesellschaftlicher Transformation eine Nivellierung der Gottesrede und des Gottesverhältnisses zu beobachten. Im Unterschied zum akademischen, argumentativen sowie zum denunziatorischen[15] Atheismus[16] hat man diese Form atheistischer Einstellung und Lebenspraxis als „kulturellen Atheismus“ bezeichnet.[17] Gemeint ist damit ein heterogenes, plurales Feld von Religionskritik, Glaubens- und Gotteskritik oder einfach nur religiöse Gleichgültigkeit. Eberhard Tiefensee nennt diese Einstellung „religiöse Indifferenz“[18]. Sie bleibt ohne jede Stellungnahme zur Gottesfrage und sieht in ihr keinerlei Bedeutung für das gelebte Leben. Die Konfrontation mit dem Glauben an Gott fällt aus, Gott wird fraglos negiert. Mit Titeln wie *Geduld mit Gott*[19] oder *Gott*

[13] Johann Baptist Metz – Tiemo Rainer Peters, Gottespassion. Zur Ordensexistenz heute, Freiburg – Basel – Wien 1991, 22.
[14] Robert Zollitsch, Gott erfahren in einer säkularen Welt (Der Vorsitzende der Deutschen Bischofskonferenz 28), Bonn 2012, 28.
[15] Vgl. Richard Dawkins, Der Gotteswahn, Berlin 2008; Auch Christopher Hitchens, Der Herr ist kein Hirte. Wie Religion die Welt vergiftet, München [5]2009.
[16] Zum Überblick über den sog. „neuen Atheismus“ vgl. Gregor Maria Hoff, Religionskritik heute, Kevelaer [2]2010; Magnus Striet (Hg.), Wiederkehr des Atheismus. Fluch oder Segen für die Theologie?, Freiburg i. Br. 2008.
[17] Vgl. Thomas Schärtl, Neuer Atheismus. Zwischen Argument, Anklage und Anmaßung, in: StZ 2008, 147–161.
[18] Eberhard Tiefensee, Atheismus – Agnostizismus – Indifferentismus, in: Gottfried Bitter u.a. (Hg.), Neues Handbuch religionspädagogischer Grundbegriffe, München [2]2006, 280–283.
[19] Tomas Halik, Geduld mit Gott, Freiburg – Basel – Wien [7]2012.

braucht dich nicht[20] versuchen heutige Buchautorinnen und -autoren dieser Gottesverdunstung entgegenzuwirken oder fragen nach neuen angeblich zeitgemäßen Gottesbildern oder Gottesvorstellungen, wie jüngst das Buch von Marion Küstenmacher mit dem Titel *Gott 9.0*[21]. Neben der „Verdunstung"[22] ist die Verdrängung des Gottesglaubens in der heutigen naturwissenschaftlich-technisch orientierten und mediendominierten Welt scheinbar kaum mehr aufzuhalten.

Gott gerät zunehmend durch unsere postmoderne, medienorientierte, naturwissenschaftlich-fixierte Denk- und Lebensweise immer mehr in „Bedrängnis"[23]. Wir haben schlicht keine Zeit mehr für Gott. Gott steht unter Zeitdruck, weil wir selbst unter Zeitdruck stehen. Genauer gesagt steht der *Glaube* an Gott unter Zeitdruck. Die Zeit für die Pflege einer Beziehung zu Gott ist aufgrund von Ablenkung, Zerstreuung und Geschäftigkeit abhanden gekommen.

Wie kann hier eine theologische Erwachsenenbildung ansetzen?

3.2 Subjektkrise

Ist der Mensch gottlos geworden? Und was folgt aus dem Tod Gottes? Metz weist darauf hin, dass in Konsequenz des Todes Gottes auch der Tod des Menschen folgt.

> „Die Prozesse der europäischen Moderne, die zur profanen Europäisierung der Welt führten, sind offensichtlich nicht nur Säkularisierungsprozesse als Prozesse der gesellschaftlichen Entmächtigung und Auflösung von Religionen; sie entpuppen sich immer mehr auch als Prozesse der Entmächtigung und auch der Auflösung des Menschen."[24]

Bernhard Grümme spricht von dem „gefährdeten Menschen" im Kontext von Pluralisierung, Relativierung und Gotteskrise.[25]

Die modernen Kontexte der Pluralisierung und der Mehroptionalität setzen den Menschen zur eigenen Selbstbestimmung und Selbstführung sei-

---

[20] Esther Maria Magnis, Gott braucht dich nicht. Eine Bekehrung, Reinbek ^{4}2012; Vgl. dazu auch Jan Roß, Die Verteidigung des Menschen: Warum Gott gebraucht wird, Berlin 2012.

[21] Marion Küstenmacher u.a., Gott 9.0., Gütersloh ^{4}2012.

[22] Norbert Mette, „Gottesverdunstung" – eine religionspädagogische Zeitdiagnose, in: Jahrbuch der Religionspädagogik 25 (2009), 9–23.

[23] Karl-Ernst Nipkow, Gott in Bedrängnis? Zur Zukunftsfähigkeit von Religionsunterricht, Schule und Kirche, Gütersloh 2010, 69–97.

[24] Johann Baptist Metz, Memoria passionis. Ein provozierendes Gedächtnis in pluralistischer Gesellschaft, Freiburg i. Br. 2006, 79.

[25] Vgl. Bernhard Grümme, Menschen bilden, Freiburg 2012, 27–33.

nes Lebensmodels frei („Wer bin ich – und wenn ja, wie viele?“[26]) und automatisieren die Moral.

> „Das große Versprechen der Moderne lautet: Jetzt kannst Du endlich ein eigener Mensch werden. Niemand hat Dir vorzuschreiben, wie Du zu leben hast. Finde selbst heraus, was zu Dir passt. Du hast die Wahl. Führe kein Leben aus zweiter Hand. Schreibe Du das Drehbuch Deiner Biographie selbst (...). Sei ein moderner Mensch – ein ‚homo optionis‘ – einer der wird, was er wählt, und aus sich macht, was er für sich auswählt.“[27]

Aber darin ist der Mensch heute überfordert! Wo sind die Orientierungen? Wo ist das Maß, wo die Maßstäbe, an denen die Optionen gemessen werden können? Der Mensch verliert sich in den Optionen oder er zieht sich in das Private, in die eigenen vier Wände zurück. Dort ist er zwar zuhause, aber nicht daheim; denn durch den Rückzug und die Abschottung erfolgt kein Kontext zur kulturellen und geschichtlichen Einbindung, die für eine „Beheimatung“ (wo komme ich her, wer bin ich, wie darf ich wirklich sein) konstitutiv ist. Dieser Rückzug aus dem öffentlichen, sozialen, politischen Umfeld führt zu einer „sekundären Unmündigkeit“[28], zu einem „schwachen Subjekt“[29] und zu einer Selbstprivatisierung. Fragen nach Identität, Orientierung, Heimat und ethischen Leitlinien werden immer drängender. Woher sollen sie kommen? Glaubt der Mensch noch an sich selbst?

Und ein weiterer Effekt stellt sich ein: Das Misstrauen gegenüber dem Anderen, dem Fremden. Glaubt der Mensch noch an das Gute im Menschen und an das Gute beim anderen Menschen? Kann man dem anderen noch trauen? „Hilf Dir selbst, sonst hilft Dir keiner“, so lauten die heutigen Ratgeber zum glücklichen Leben und mit Titeln, wie „Der Ehrliche ist der Dumme“ wird der heutige Werteverlust beklagt. Der Mensch verliert sich, je mehr er sich aus den Zusammenhängen von Tradition, von Kultur und Gesellschaft löst und sich auf sich selbst besinnt. „Vertraue nur Dir selbst – die anderen werden Dich enttäuschen“ mit dieser Haltung verschwindet der Mensch als soziales Wesen.

Durch die technischen, insbesondere biotechnischen Entwicklungen wird der Mensch zunehmend ein technisches Geschöpf seines Selbst. „Es gibt

[26] Vgl. Richard David Precht, Wer bin ich – und wenn ja, wie viele?, München 2012.

[27] Hans-Joachim Höhn, Fremde Heimat Kirche. Glauben in der Welt von heute, Freiburg i. Br. 2012, 126.

[28] Metz, Memoria, 81.

[29] Grümme, Menschen, 32.

keine Subjekte, nur selbstreferentielle Systeme."[30] Auch die zunehmende Digitalisierung führt zu einem Verlust der Wirklichkeitserfahrung, der Realitätswahrnehmung und dem Verlust selbstgedeuteter Geschichte durch die mediale Informationsflut. „Dieser schleichende, sanfte Tod des Menschen wird umso erfolgreicher vonstattengehen, je mehr wir ihn nicht als Bedrohung und Unterdrückung erleben, sondern als – Entlastung."[31] Menschen erleben sich selbst als boden- und heimatlos sowie ihre Wirklichkeit als fragmentiert. Sozialwissenschaftler sprechen hier von einer „ontologischen Bodenlosigkeit" des heutigen Menschen.[32]
Wie kann eine theologische Bildungsarbeit mit Erwachsenen an solch „entbetteten" Menschen in einer fragmentierten und flüchtigen Moderne anknüpfen?

3.3 Kirchenkrise

Die Kirche – so wird an vielen Stellen diagnostiziert – steckt in einer tiefen Krise, die näher hin als Kirchenvertrauenskrise bezeichnet werden muss. Für viele ist die Kirche zur „fremden Heimat"[33] geworden und die Zahl der „lautlosen" Kirchenaustritte steigt stetig. Die Krise der Glaubwürdigkeit wird durch die Skandale des Missbrauchs an Minderjährigen, durch die jüngsten Ereignisse im Bistum Limburg in Zusammenhang mit den Baukosten oder aktuell durch die Insolvenz des Verlagshauses Weltbild und die Rolle der Bistümer als Unternehmer und Arbeitgeber verstärkt und führt zu einer immer unglaubwürdiger werdenden Kirche. Auch wenn Kardinal Walter Kasper den eigentlichen Grund der Kirchenkrise in einer Gotteskrise sieht, so führt die Krise im Hinblick auf die Institution Kirche zu einer Entfremdung der Menschen mit dem Erfahrungsraum Kirche. Damit wird die Vermittlung des Glaubens ein zunehmendes Problem, aber auch die Bindungskräfte der Kirche zu den Menschen schwinden dahin. Es braucht, wie es Bischof Joachim Wanke formuliert, „die Vision einer den Menschen dienenden Kirche."[34] Und dieses wiederum erfordert auch eine Lernbereitschaft der Kirche. Der Vorsitzende der

---

[30] Metz, Memoria, 83.
[31] Ebd., 80.
[32] Vgl. Heiner Keupp, Identitätskonstruktionen. Das Patchwork der Identitäten in der Spätmoderne, Reinbek ^{2}2008, 46.
[33] Vgl. Höhn, Fremde Heimat Kirche.
[34] Joachim Wanke, Gott bezeugen und den Menschen dienen. Eine therapeutische Überlegung zur gegenwärtigen Lage der katholischen Kirche, in: Rheinischer Merkur Nr. 24, 17. Juni 2010.

Deutschen Bischofskonferenz plädierte bei der Eröffnung der Herbstvollversammlung 2010 für eine „pilgernde, hörende und dienende Kirche".[35] Es bedarf einer Re-Kontextualisierung der Kirche. Impulse, in welche Richtung es gehen könnte, gibt es zurzeit viele. Die Bücher mit den Titeln wie *Kirche 2011. Ein notwendiger Aufbruch*[36], *Wie kurieren wir die Kirche?*[37], *Kirche, die über den Jordan geht*[38] oder *Schafft sich die katholische Kirche ab?*[39] sind sich in einem Punkt einig, dass nämlich der Weg aus dieser Krise nur ein Veränderungsprozess sein kann, der wiederum ein Lern- oder Bildungsprozess sein muss. Wichtig ist dabei, dass die Glaubwürdigkeit und das Vertrauen in die Kirche wieder zurückgewonnen werden kann. Die Kirche muss auf die Menschen zugehen. Mit dem Zweiten Vatikanischen Konzil hat sich die Kirche auf einen solchen Sprung hin zum Menschen begeben. Wenn die Kirche nicht fähig ist,

> „erneut einen Sprung nach vorn in die Gegenwart und Zukunft zu machen, werden wir erleben, dass sie an ihren Gliedern erstarrt. Wir brauchen keine neue Kirche, wir brauchen eine jüngere Kirche, und wir spüren, wie die Zeit uns davonläuft."[40]

Der Hildesheimer Bischof Norbert Trelle hat den Begriff „Lokale Kirchenentwicklung"[41] geprägt und damit den Blick auf verschiedene Orte auch außerhalb von Gemeinde geweitet, an denen Kirche sich ereignet. Die Einrichtungen der Erwachsenenbildung werden damit auch zu einem Ort, an dem Aufbau und Gestaltung einer zukunftsfähigen Kirche sich ereignen kann.

Welchen Beitrag einer Kirchenvertrauensbildung kann hierbei theologische Erwachsenenbildung leisten?

---

[35] Robert Zollitsch, Zukunft der Kirche – Kirche der Zukunft (Der Vorsitzende der Deutschen Bischofskonferenz 27), Bonn 2010.

[36] Marianne Heimbach-Steins – Gerhard Kruip – Saskia Wendel (Hg.), Kirche 2011. Ein notwendiger Aufbruch. Argumente zum Memorandum, Freiburg i. Br. 2011.

[37] Joachim Frank, Wie kurieren wir die Kirche? Katholisch sein im 21. Jahrhundert, Köln 2013.

[38] Christian Hennecke, Kirche, die über den Jordan geht. Expedition ins Land der Verheißung, Münster [4]2010.

[39] Thomas von Mitschke-Collande, Schafft sich die katholische Kirche ab? Analysen und Fakten eines Unternehmensberaters, München 2012.

[40] Frank, Wie kurieren wir die Kirche?, 9.

[41] Norbert Trelle, Hirtenwort zur österlichen Bußzeit 2011.

4 Re-Kontextualisierung theologischer Erwachsenenbildung

Angesichts dieser Zeitdiagnosen steht auch die theologische Erwachsenenbildung vor einem notwendigen Schritt einer Re-Kontextualisierung. Die Frage ist: Wie kann theologische Bildungsarbeit mit Erwachsenen mit diesen Krisensymptomen produktiv umgehen? Und wie kann eine rekontextualisierte theologische Erwachsenenbildung zu einer Gottes-, Subjekt- und Kirchenbildung oder umfassend gesagt zu einer religiösen Bildung in der heutigen Zeit führen?

In diesem Rahmen mögen vier Ansätze einer theologischen Erwachsenenbildung Richtungspunkte geben und zum Weiterdenken, Weiterentwickeln und Weiterdiskutieren anregen.

4.1 Biografie und Narration

Die moderne Identitätsforschung[42] sagt uns, dass für die heutige Identitätsbildung und die Identitätskonstruktionen, die sich zu einem Patchwork verknüpfen, Erzählungen, Narrationsarbeit und Selbstnarrationen notwendig sind. Die gesellschaftlichen Veränderungsdynamiken haben Auswirkungen auf den Identitätsbildungsprozess und Identitätskonstruktionen. Identität ist die Arbeit an der eigenen Geschichte: „Wer erzählt mir, wer ich bin?" oder „Erzähle mir, wer du bist!" Der Mensch in der heutigen Zeit besitzt eine sogenannte narrative Identität.

Kirchliche Erwachsenenbildung insgesamt und theologische Erwachsenenbildung im Besonderen bietet Raum und Zeit für solche narrativen Prozesse. Hier können Menschen ihre Geschichte erzählen, hier hören sie andere Geschichten, hier setzen sie sich mit anderen Geschichten auseinander, hier werden Geschichten gedeutet und reflektiert. Theologische Erwachsenenbildung übernimmt zunehmend die Aufgabe der Begleitung von narrativen Identitätsbildungen, damit der Mensch Mensch wird, Mensch ist, Mensch bleibt und sein kann und in einer mehroptionalen, pluriformen und ständig wechselnden Lebenswelt menschlich leben kann. Theologische Erwachsenenbildung erzählt die Geschichte von dem Menschen zugewandten und ihn nie aus dem Auge verlierenden Gott. Christlicher Glaube und auch die Theologie sind selbst von einem narrativen Grundprinzip geprägt. Erzählungen und Geschichten sind für die Er-

[42] Vgl. Keupp, Identitätskonstruktionen.

schließung der Wahrheit, die Weitergabe des Glaubens und die theologische Deutung und Reflexion wichtig. Auch die Kirche selbst hat sich immer als eine um die Eucharistie versammelte Erinnerungs- und Erzählgemeinschaft verstanden. Glaube hat maßgeblich etwas mit Erfahrung zu tun und hierbei spielt die Erzählung, die Narration eine große Rolle. Der deutsche Philosoph Walter Benjamin weist gerade auf diesen Aspekt von Erzählungen hin, wenn er sagt: „Der Erzähler nimmt, was er erzählt, aus der Erfahrung, aus der eigenen oder berichteten. Und er macht es wiederum zur Erfahrung derer, die seiner Geschichte zuhören.“[43]

Die Narration ist sowohl für die Identitätsbildung wie für die Weitergabe des Glaubens evident und bekommt aus religionspädagogischer Sicht für den Aufgabenbereich und die Konzeption theologischer Erwachsenenbildung in der heutigen Zeit einen wichtigen Stellenwert. Bei der Narration geht es auch um ein Erzählen von Kontexten und von Bezügen. Eine narrative theologische Erwachsenenbildung verortet somit Kirche in der Gesellschaft, in der Lebenswelt des Menschen.

4.2 Unterbrechungen

In einer sich ständig wandelnden Welt, in einem Kontext der Gleichzeitigkeit des Ungleichen braucht es entsprechende Kompetenzen für die Orientierung, für die Gestaltung, für das Überleben. Ansonsten ist man nur ein Spielball der Kräfte, Trends, Versprechungen, Konzepte, Erwartungen, Ideale etc. und viele sagen, man käme gar nicht mehr zu sich selbst. Hier braucht es Unterbrechungen unter dem Aspekt: „Halt ein, wo läufst du hin!“[44] In Mk 1,15 lesen wir: „Die Zeit ist erfüllt, das Reich Gottes ist nahe. Kehrt um, und glaubt an das Evangelium!“ Metz sagt, dass Religion letztendlich Unterbrechung sei.[45]

Selbstverständlichkeiten, immunisierende Lebensbewältigungsmythen, evolutives Entwicklungsdenken werden unterbrochen und in einen neuen Kontext gestellt. Theologische Erwachsenenbildung, die unterbricht, da sie vom Evangelium spricht, vom Reich Gottes im schon und noch nicht, vom menschgewordenen Gott, ist ein Prozess der Re-Kontextualisierung. Unterbrechung ereignet sich in den jeweiligen Kontexten. Eine unterbre-

[43] Walter Benjamin, Erzählen. Schriften zur Theorie der Narration und zur literarischen Prosa, Frankfurt a. M. 2007, 107.

[44] Angelus Silesius, Cherubinischer Wandersmann I. Kritische Ausgabe, herausgegeben von Louise Gnädinger, Stuttgart 1985, 82.

[45] Vgl. Johann Baptist Metz, Glaube in Geschichte und Gesellschaft, Mainz 1977, 150.

chende Erwachsenenbildung greift die Sehnsüchte, die Ängste, die Fragen, die Hoffnungen der heutigen Menschen auf – so wie es in Gaudium et spes (GS1) des Zweiten Vatikanischen Konzils gefordert wird – ‚aber auch den Rückzug in das Private, in den eigenen Kokon aufgrund der zunehmenden und den Menschen heute oftmals überfordernden Pluralisierung. Die Unterbrechung findet dann statt, wenn das christliche Bekenntnis nicht als bloße Weltanschauung angeboten wird, sondern ein Mehr an Wahrnehmungsfähigkeit, Identitätsstiftung und Kommunikationsbereitschaft von ihm ausgeht.[46] Eine theologische Erwachsenenbildung, die sich nach einer Didaktik der Unterbrechung ausrichtet, gibt nicht nur Antworten, sondern stellt Anfragen.[47] Der christliche Glaube ist kein Fürwahr-halten dessen, was mich unbedingt angeht, oder die existentiell beruhigende Antwort auf die allgemeine Sinnfrage. Eine unterbrechende Erwachsenenbildung spricht von einem Glauben, der alle Sinnfragen und Sinngebungen in Frage stellt. In der Unterbrechung von Privatisierungs- und Isolationstendenzen, von Resignation und Erstarrung, von Selbstverständlichkeiten, Gewohnheiten und Ideologien stellt theologische Erwachsenenbildung die christliche Botschaft mitten in die Lebensbezüge der heutigen Welt und Zeit und ermöglicht dort die Ausbreitung seiner provozierenden, hoffnungsgebenden und frohmachenden Kraft. Ausgehend vom christlichen Glauben – verstanden als gefährliche, befreiende, praktisch gelebte Erinnerung an Jesus Christus[48] – werden Anfragen an das Leben gestellt, so dass sich Religion als Unterbrechung konstituiert. In Konfrontation mit den Erfahrungen unserer Lebenswelt und den in ihr wirksamen Alltagsidealen wird hier das Credo als Botschaft der Hoffnung[49] zur Sprache gebracht. Theologische Erwachsenenbildung verortet damit auch Kirche in der Welt und leistet einen unverzichtbaren Beitrag

---

[46] Vgl. Ralph Bergold – Bertram Blum (Hg.), Unterbrechende Aspekte theologischer Erwachsenenbildung. Ein Lese- und Arbeitsbuch, Bonn 1999.

[47] Vgl. dazu Ralph Bergold, Perspektiven einer theologischen Erwachsenenbildung, die nicht anbietet, sondern unterbricht, in: Katholische Bundesarbeitsgemeinschaft für Erwachsenenbildung (Hg.), Unterbrechung. Standort und Perspektiven theologischer Erwachsenenbildung, Bonn 1995, 69–76.

[48] Vgl. dazu Metz, Memoria.

[49] Vgl. Der Beschluss „Unsere Hoffnung. Ein Bekenntnis zum Glauben in dieser Zeit", in: Gemeinsame Synode der Bistümer in der Bundesrepublik Deutschland, Offizielle Gesamtausgabe I, Freiburg – Basel – Wien 2012, 71–111. Vgl. dazu Joachim Drumm, Rechenschaft über die christliche Hoffnung als sinnstiftender Auftrag konfessioneller Erwachsenenbildung, in: Norbert Vogel – Michael Krämer, Perspektiven katholischer Erwachsenenbildung im gesellschaftlichen Kontext, Bielefeld 2013, 123–136.

für den heutigen kirchlichen Verkündigungsauftrag. Eine unterbrechende theologische Erwachsenenbildung kann somit auch einen kirchlichen Re-Kontextualisierungsprozess initiieren.

4.3 Kohärenz

Die Frage nach der inneren Kohärenz, nach den Zusammenhängen ist in der heutigen Zeit *die* Frage der Menschen und ein wesentlich didaktisches Ziel von Bildungsarbeit und damit auch und gerade kirchlicher Bildungsarbeit. Denn theologische Erwachsenenbildung hat ja sozusagen Deutungsangebote für die Fragen nach Sinn, nach Zusammenhängen, nach Orientierung im Gepäck. Der Sinn ist tot – es leben die Sinne – so sagte es einmal Jürgen Habermas. Aber es fehlt die Frage nach den Zusammenhängen, nach der Kohärenz.

Der aus dem Gesundheitsbereich kommende Ansatz der sogenannten Salutogenese, der entgegen der Pathogenese nicht fragt, was krankt macht, sondern viel eher fragt, wie es Menschen schaffen, trotz unterschiedlicher gesundheitlicher Belastungen gesund zu bleiben, kann hier eine Zukunftsperspektive und Zukunftsaufgabe von theologischer Erwachsenenbildungsarbeit geben.[50] Um gesund zu bleiben, braucht es Widerstandsressourcen. Und diese Widerstandsressourcen, die ein Mensch mobilisieren kann, um mit den belastenden, widrigen und widersprüchlichen Alltagserfahrungen produktiv umgehen zu können und nicht krank zu werden, sind, so der Mediziner Aaron Antonovsky[51], letztlich abhängig von einer zentralen subjektiven Kompetenz, dem Gefühl von Kohärenz. Dieses Kohärenzgefühl hat drei Dimensionen: die Verstehbarkeit (d.h. das Gefühl des Vertrauens), die Handhabbarkeit (d.h. das Gefühl der Bewältigung) und die Sinnhaftigkeit (d.h. das Gefühl von Bedeutsamkeit). Dieses könnte das neue didaktische Raster theologischer Erwachsenenbildung werden. Das ist der neue Kontext, in den der christliche Glaube, unser Reden von christlicher Religiosität, unsere kirchlichen Vollzüge gestellt werden müssen. Das kirchliche Bildungsverständnis und der Bildungsbegriff, wie er in der Erwachsenenbildung zum Tragen kommt und umgesetzt wird, ist im Sinne des Auftrags von Bildung

[50] Vgl. Rudolf Englert, Von der Katechese zur Salutogenese? Wohin steuert die religiöse Erwachsenenbildung?, in: Ders. – Stephan Leimgruber (Hg.), Erwachsenenbildung stellt sich religiöser Pluralität, Gütersloh – Freiburg 2005, 83–106.

[51] Vgl. Aaron Antonovsky – Alexa Franke, Salutogenese. Zur Entmystifizierung der Gesundheit, Tübingen 1997.

schon immer auf diese drei Dimensionen hin ausgerichtet gewesen, wie ihn der Pädagoge Hartmut von Hentig formuliert hat: „Den Menschen stärken – die Sache klären!"[52]

Die Weiterentwicklung und Profilierung theologischer Erwachsenenbildung unter anderem mit dem Aspekt der Salutogenese könnte auch zu einem entscheidenden Re-Kontextualisierungsprozess in der Kirche führen, der zeitgemäß und sachgemäß ist.

4.4 Ermächtigung

Den vierten Aspekt einer zukünftigen theologischen Erwachsenenbildung möchte ich mit dem englischen Begriff „Empowerment" bezeichnen. Dieser Begriff kommt ursprünglich aus der sozialen Arbeit[53] und heißt übersetzt „Befähigung, Ermächtigung, (Be-)Stärkung". Empowerment soll also heißen: Die Gewinnung oder Wiedergewinnung von Stärke, Energie und Fantasie zur Gestaltung eigener Lebensverhältnisse. Es geht um die Stärkung von Autonomie und Selbstbestimmung. In der heutigen Zeit, in der die Menschen immer mehr zu Drehbuchautoren ihrer eigenen Biografie werden, geht es um die Frage: Wie können Menschen Regie über ihr Leben gewinnen?

Dieser Begriff des Empowerments könnte in Bezug auf die theologische Erwachsenenbildung zu einem Leitbegriff werden.[54] Kirchliche Erwachsenenbildung dient der Befähigung und Ermächtigung von Menschen bei ihrem Mensch-werden und Mensch-sein als „Bild Gottes" mit göttlichem Eigenwert. Damit setzt sie ein deutliches Zeichen gegen jede Art von Verzwecklichung und Funktionalisierung des Menschen, auch überall dort, wo die menschliche Würde in Gefahr gerät, wo der Markt den Menschen beherrscht, wo die Menschenwürde und Nächstenliebe verletzt wird, wo der Mensch nur noch als Kostenfaktor gesehen wird und auf Kosten des Menschen gespart wird.

Kirchliche Erwachsenenbildung übt Kritik bei wachsender Forderung nach Flexibilität und Mobilität an den Menschen. Kirchliche Erwachsenenbildung setzt in seinen Bildungs- und Lernprozessen eindeutige Zeichen einer Entschleunigung. In diesem Sinne ist auch theologische Er-

---

52 Hartmut von Hentig, Die Menschen stärken, die Sachen klären. Ein Plädoyer für die Wiederherstellung der Aufklärung, Stuttgart 1985.

53 Vgl. Norbert Herriger, Empowerment in der sozialen Arbeit, Stuttgart ^{4}2012.

54 Vgl. Ute Rieck, Empowerment. Kirchliche Erwachsenenbildung als Ermächtigung und Provokation, Münster 2008.

wachsenenbildung politisch und gesellschaftlich orientiert. Sie will dazu ermutigen, dass Menschen sich gesellschaftlich einbringen und einmischen. Theologische Erwachsenenbildung übernimmt als kirchliches Handlungsfeld Mitverantwortung dafür, dass Politik, Arbeitgeber, Wirtschaft, aber auch Kirche, selbst ihr Handeln auf das gemeinsame Wohl der Menschen und der Schöpfung ausrichten, sie zu gesellschaftlicher Mitverantwortung motiviert und zum Engagement für eine Humanisierung der Gesellschaft führt.

Der Beschluss der Würzburger Synode „Schwerpunkte kirchlicher Verantwortung im Bildungsbereich" begründete diese Verantwortung damit, dass „das Leben jedes einzelnen Menschen und die Zukunft der Gesellschaft (…) entscheidend durch das Bildungssystem beeinflusst" werden und „die Kirche mitverantwortlich ist für das Leben der Menschen und die Zukunft der Gesellschaft", und deshalb selbst als Trägerin von Bildungseinrichtungen und Gestalterin von Bildungsprozessen tätig werden muss.[55]

Schließlich ermutigt und befähigt theologische Erwachsenenbildung im Sinne von Empowerment Christen zum Zeugnis-geben und Zeugnis-sein. So wird z.B. in der theologischen Erwachsenenbildungsarbeit Glaubensmündigkeit, Glaubenskompetenz und Glaubenswissen vermittelt und damit ein christliches Empowerment erzielt.

Das Christentum ist eine Religion des Wachstums, wie es zahlreiche biblische Geschichten entfalten. Es ist eine Religion der Entfaltung von menschlichen Fähigkeiten, wie es die Gleichnisse von Talenten oder die Charismen der paulinischen Gemeinden zum Ausdruck bringen. Von diesem positiven Menschenbild der Entfaltung und Entwicklung ist maßgeblich das kirchliche Bildungswesen geprägt. Theologische Erwachsenenbildung als Empowerment, d.h. eine ermächtigende Erwachsenenbildung, ist Menschen zugewandt, ermutigend, bestärkend, befähigend, kritisch, engagiert, dialogisch und dient damit den notwendigen Re-Kontextualisierungsprozessen in der Kirche.

[55] Der Beschluss „Schwerpunkte kirchlicher Verantwortung im Bildungsbereich", in: Gemeinsame Synode der Bistümer in der Bundesrepublik Deutschland, Offizielle Gesamtausgabe I, Freiburg – Basel – Wien 2012, 518–548, hier 519.

5 Auftrag und Perspektive

Eine theologische Erwachsenenbildung, die narrativ, unterbrechend, salutogenetisch konzipiert wird und als Empowerment sich gestaltet, rekontextualisiert sich selbst und setzt solch einen Re-Kontextualisierungsprozess in Gang, der für die kirchliche Sendung und Weiterentwicklung genutzt werden kann. Sie stellt gleichsam den Resonanzraum für eine dialogische Kirche in der Welt dar. In diesem Raum, der die Resonanzen der Gesellschaft, der menschlichen Lebenswelten, der Kontexte der heutigen Welt trägt, ereignet sich das dialogische Wirken der Kirche in der Welt.

In Hinblick auf die Zukunft theologischer Erwachsenenbildung sind Aufträge zu formulieren, so dass die Eckpfeiler kirchlich getragener Erwachsenenbildung, wie sie in den 80/90er Jahren festgeschrieben wurden (wie z.B. Bildungsbegriff und Verständnis religiöser Bildung, Subjektbegriff, Verortung in Kirche und Gesellschaft etc.) wieder einem Re-kontextualisierungsprozess unterzogen werden müssen. Was heißt heute religiöse Bildung? Wie muss heute eine subjektorientierte theologische Erwachsenenbildung gestaltet werden? Wo und in welcher Weise erfolgt die kirchliche und gesellschaftliche Verortung dieser Bildungsarbeit mit Erwachsenen?

Theologische Erwachsenenbildung fragt: Wie können wir heute von Gott, von der frohen Botschaft Jesu Christi, von der Sendung und Wirkkraft des Heiligen Geistes sprechen? Oder theologisch ausgedrückt: Wie reden wir heute von Gott dem Schöpfer, Gott dem Erlöser und Gott dem Vollender in unserem Leben und nicht an den Grenzen. Dietrich Bonhoeffer schrieb in seinen Briefen aus der Haft:

> „Ich möchte von Gott nicht an den Grenzen, sondern in der Mitte, nicht in den Schwächen, sondern in der Kraft, nicht also bei Tod und Schuld, sondern im Leben und im Guten des Menschen sprechen. An den Grenzen scheint es mir besser zu schweigen und das Unlösbare ungelöst zu lassen. Der Auferstehungsglaube ist nicht die Lösung des Todesproblems. Das ‚Jenseits' Gottes ist nicht das Jenseits unseres Erkenntnisvermögens. (…) Gott ist inmitten in unserem Leben jenseitig. Die Kirche steht nicht dort, wo das menschliche Vermögen versagt, an den Grenzen, sondern mitten im Dorf."[56]

Theologische Erwachsenenbildung in den vier hier kurz skizzierten Akzenten und Konzeptionen stellt die Kirche wieder mitten hinein in die

---

[56] Dietrich Bonhoeffer, Widerstand und Ergebung, in: Eberhard Bethge (Hg.), Widerstand und Ergebung, München 1985, 182.

Welt, in die Lebenswelten der Menschen, in die neuen säkularen, pluralen und individuellen Kontexte. Der Dialog mit diesen Kontexten führt zu einer Re-Kontextualisierung der Kirche als ständige Erneuerung bei Bewahrung des Ursprünglichen und kann der Kirche wieder ihre dialogische Identität geben, wie sie in Gaudium et spes des Zweiten Vatikanischen Konzils grundgelegt ist.

Die Fragen nach der Gottesbeziehung des Menschen und die nach der Menschenbeziehung Gottes müssen wieder neu gestellt werden. Hier steckt noch viel Innovationspotential für die theologische Erwachsenenbildung in der Auseinandersetzung mit den zeitgenössischen Kontexten. Diese Aufgabe einer Re-Kontextualisierung kommt der theologischen Erwachsenenbildungsarbeit für die Zukunft zu.

Religion in der Säkularität

Perspektiven und Herausforderungen theologischer Erwachsenenbildung

Maria Widl / Alexander Heinze

Es sind goldene Zeiten für die kirchliche Erwachsenenbildung angebrochen. Das Streben nach lebenslangem Lernen liegt gesellschaftlich im Trend, kaum jemand weiß noch Bescheid über den Glauben der christlichen Kirche, auch die meisten kirchlich gebundenen Erwachsenen nicht, und die säkulare Kultur zeigt sich, nach einer längeren Periode der Selbstgewissheit, offen für eine Vielzahl neuer und alter Orientierungsimpulse. Dazu haben die deutschen Bischöfe dem ureigensten Interesse der Kirche an der religiösen Bildung Erwachsener Ausdruck verliehen. Soll die Krise der Kirche überwunden werden, müsse die religiöse Erwachsenenbildung im kirchlichen Dienst einen gänzlich neuen Stellenwert bekommen. Was ergibt sich daraus an Chancen, Fragen und Herausforderungen?

1 Katechese in veränderter Zeit

In ihrem Schreiben Katechese in veränderter Zeit[1] vertiefen die Bischöfe den Zusammenhang zwischen der Krise in der Weitergabe des Glaubens, den die Kirche lebt, und der Dringlichkeit, dem religiösen Bedürfnis heutiger Erwachsener nachzugehen.

Sie schreiben: Für die Kirche ist es „unverzichtbare[r] Grundvollzug (…) den Glauben, den sie lebt, weiterzugeben"; es gehört „zum Wesen der Kirche als Glaubensgemeinschaft". Wird die Weitergabe aktuell, ist sie kirchlicher „Dienst" und heißt Katechese. Allerdings wird der Kirche in Deutschland seit längerem gewahr, dass die Weitergabe des von ihr gelebten Glaubens nicht mehr so selbstverständlich wirkt. Die Menschen, getauft oder nicht getauft, sich in der Kirche zu Hause fühlend oder nicht, machen den Prozess des „Christwerdens" und die Gestaltung ihres „Christseins" von vielfältigen persönlichen Entscheidungen abhängig. Eine Erziehung im Glauben verschwindet beinahe völlig hinter dem Anspruch, vom Glauben begeistert zu werden. Deshalb hat die Kirche in Deutschland begonnen, sich neu auf ihre „missionarische Dimension" zu

[1] Katechese in veränderter Zeit vom 22. Juni 2004 (Die Deutschen Bischöfe 75), Bonn 2004.

besinnen.[2] Davon könne ihre Katechese nicht unberührt sein.[3]
Um etwas für diesen Dienst zu lernen, betrachten die Bischöfe die Wege heutigen Christwerdens und stellen fest, dass die meisten Christen heute wie früher als Kind getauft werden. Allerdings wird die Kindertaufe „nicht mehr" als der „selbstverständliche Beginn eines sich nach und nach entfaltenden kontinuierlichen Glaubensweges" wahrgenommen. Jugendliche oder Erwachsene, die als Kind getauft wurden, müssen heute irgendwann „eine grundlegende, bewusste Entscheidung für den christlichen Glauben und das Mitleben in der Glaubensgemeinschaft"[4] treffen. Ihre Religiosität ist weder durch ein gesellschaftlich getragenes Christentum bestimmt, noch wird ihr Alltag volkskirchlich durchdrungen[5], so dass die bewusst angestrebte Entscheidung für Glaube und Kirche ihre einzige Möglichkeit darstellt, eine erwachsene christliche Identität auszubilden. Entscheiden sie sich gar nicht, härtet der Glaube als Reminiszenz an die Kindheit aus oder verliert sich in diffuser Religiosität. Deshalb erscheint es den Bischöfen lohnenswert, auf „ungetaufte Erwachsene", die sich bewusst entscheiden Christ zu werden, als „‚Kundschafter' für die Wege des Christwerdens in einer nicht mehr christlichen Gesellschaft" zu achten. Im „Katechumenat Erwachsener" erkennen sie die „paradigmatische Bedeutung"[6] für eine zeitgemäße Katechese der Kirche.
Konnte in der Vergangenheit der Eindruck entstehen, dass das Kind Maßgabe für die Begleitung und Unterstützung ist, die die Kirche dem Glauben der Menschen anzubieten hat, so sollen nun die Bedürfnisse des Erwachsenen darüber bestimmen, welchen Glauben die Kirche lebt. Mit Bezug auf das Allgemeine Direktorium für die Katechese[7] wünschen sich die deutschen Bischöfe, dass sich die gesamte katechetische Tätigkeit der Kirche grundsätzlich an der Erwachsenenkatechese ausrichte. Damit gerät der Erwachsene nicht nur neu in den Blick, sondern die Kirche entscheidet sich dafür, einen Glauben zu leben, der in der Lage ist, den

---

[2] Die Bischöfe stellen fest, dass ihr Wort „Zeit zur Aussaat – Missionarisch Kirche sein" aus dem Jahr 2000, ein „lebhaftes Echo gefunden" hat. „Inmitten vielfältiger Umbrüche und Veränderungen", die zur Zeit „in fast allen Bereichen der Kirche in Deutschland" spürbar werden, sei „die Neubesinnung auf die missionarische Dimension der Kirche ein ermutigendes Zeichen"; Vgl. ebd.
[3] Vgl. ebd., 3.
[4] Ebd., 14.
[5] Vgl. ebd., 7.
[6] Ebd., 14f.
[7] Kongregation für den Klerus, Allgemeines Direktorium für die Katechese vom 15. August 1997 (VApS), Bonn 1997, Nr. 171.

Glaubensweg eines Erwachsenen zu unterstützen und zu begleiten. Zum Kriterium wird ein Glaube, der den „nie abgeschlossenen Lebenserfahrungen“[8] beikommt.
Ein solcher Glaube durchdringt

- die Wahrnehmung der eigenen Biografie und des eigenen Alltags,
- die Diskurse der Kultur
- und die bekannten, gelebten und gefeierten kirchlichen Vollzüge.

Die Schwierigkeit besteht nun darin, mit einem *authentischen, verständlichen* und *identischen*[9] Glaubenswissen katechetisch dienlich zu sein. In den Augen der Bischöfe eröffnet eine Elementarisierung des Glaubens hier Möglichkeiten. Das meint kein niederschwelliges Angebot für Religionsverweigerer oder eine Vereinfachung oder Auswahl von Glaubensinhalten, sondern „die Konzentration auf das Wesentliche bzw. das Ganze des Glaubens“; erst dadurch werden (auch) fundamentale Glaubensüberzeugungen zugänglich. Einen Einstieg in die Elementarisie rung des Glaubens gewähren Fragen wie diese: „‚Wofür ist es gut, dass es Christen in dieser Gesellschaft gibt?‘ – und aus Sicht Einzelner: ‚Was bringt es mir für mein Leben – und Sterben –, wenn ich mich auf den christlichen Glauben einlasse?‘“[10]
Sollen diese Fragen nicht unterrichtet werden, sondern realistische Antworten hervorbringen, müssen sie Erwachsene beantworten, die wissen, wovon sie reden und es ausdrücken können. Dazu braucht es religiös gebildete Erwachsene, die über explizit christliche und alltagsrelevante Werthaltungen verfügen und deren Glaubenswissen kulturell kommunizierbar ist.

2 Kirchliche Erwachsenenbildung vor neuen Herausforderungen

Erwachsene Kirchenbildung und kirchliche Erwachsenenbildung sind dabei aufeinander angewiesen. Das Angebot kirchlicher Erwachsenenbildung versteht sich bereits als ganzheitliche Persönlichkeitsbildung, die das Wissen um kirchlich, theologisch und gesellschaftlich relevante

[8] Katechese in veränderter Zeit, 18.
[9] Vgl. ebd., 25f.
[10] Ebd., 10f.

Fragen aus christlicher Perspektive vertieft und erweitert, zu kritisch-konstruktiver Mitverantwortung in Kirche und Gesellschaft befähigt und den Glauben auf vielfältige Weise neu aneignet und stärkt.[11] Ein solches Angebot ist als schematische Unterrichtung leicht denkbar. Kommt es aber auf die Begleitung und Unterstützung *authentischer* Glaubenswege Erwachsener an, die konkret – in individuellen und gesellschaftlichen Kontexten[12] – erwachsen sind, ist das herausfordernd. Eine spezifische Eigenheit dieser Herausforderung besteht darin, auf eine pluralistische und zunehmend postmodern werdende Kultur[13] zu treffen.

2.1 Neues Interesse für Religion

Es scheint kirchlicher Erwachsenenbildung zunächst entgegenzukommen, dass sich in dieser Kultur eine neue Sehnsucht nach Religiosität, auch bei kirchlich sonst kaum gebundenen Menschen zeigt. Die in Religion enthaltene Macht wird wieder ruchbar. Der islamische Fundamentalismus verweist auf die bedrohliche Sprengkraft in dieser Macht. Die massenmediale Aufbereitung katholisch-barocker Events bezeugt im Forderungscharakter des Religiösen eine Inspiration, die man so nicht mehr kannte. Diesem neuen Interesse lässt sich aber erst dann angemessen begegnen, wenn man es als Teil eines umfassenderen Phänomens erkennen kann.[14] In diesem Interesse an Religion stehen Menschen, die ihre Zukunftsperspektive als prekär erfahren. Deshalb schlagen sie einen Großteil des auf sie gekommenen gesellschaftlichen Erbes aus. Sie brechen mit dem modernen Machbarkeits- und Fortschrittsmythos, dem Schneller-Besser-Neuer und der Profit- und Konsumgier. Und sie zeigen sich verunsichert,

---

[11] Vgl. Rudolf Englert, Art. „Erwachsenenbildung“, in: Norbert Mette – Folkert Rickers (Hg.), Lexikon der Religionspädagogik, Bd. 1, Neukirchen-Vluyn 2001, 429–435.

[12] Vgl. Katechese in veränderter Zeit, 16.

[13] Vgl. Rudolf Englert – Stephan Leimgruber (Hg.), Erwachsenenbildung stellt sich religiöser Pluralität (RPG 6), Gütersloh – Freiburg 2005; Vgl. Maria Widl, Kirchliche Erwachsenenbildung vor neuen Herausforderungen, in: Benedikt Kranemann – Vasilios N. Makrides – Andrea Schulte (Hg.), Religion – Kultur – Bildung. Religiöse Kulturen im Spannungsfeld von Ideen und Prozessen der Bildung (Vorlesungen des Interdisziplinären Forums Religion der Universität Erfurt 5), Münster 2008, 207–214.

[14] Nichtkirchliche, postmoderne Religiosität wird dort in ihrer Motivation verkannt, wo sie als „religiöse Freizeitbeschäftigung“ wahrgenommen wird. Es ist gerade dieser Maßstab moderner „Leutereligion“, orientiert durch Segmentierung, Emanzipation und Fortschritt, in der die Postmoderne keinen Trost mehr findet; Vgl. Maria Widl, Megatrend Religion? Überlegungen zu einem gesellschaftlich und kirchlich angemessenen Religionsbegriff aus praktisch-theologischer Sicht, in: Regina Polak (Hg.), Megatrend Religion? Neue Religiositäten in Europa, Ostfildern 2002, 448–461.

ob ihre Eltern mit dem kompletten Verzicht auf den Glauben recht hatten. Sie beabsichtigen, sich von den Oberflächlichkeiten des Alltags zu lösen und zu einem tieferen Wesen der Dinge vorzudringen. Ihre Sehnsucht richtet sich auf eine *Verheißung*, die dem eigenen Leben eine Vision, einen durchgängig roten Faden, eine „Mission“ geben könnte. Es geht um eine Hoffnung, die Zukunft eröffnet – für einen selbst und für die Welt; vielleicht eine Zukunft, in der man selbst die Hoffnung für die Welt bedeutet. Es ist die Sehnsucht nach einer stabilen göttlichen Ordnung jenseits aller weltlichen Unwägbarkeiten; die Sehnsucht nach einer transzendenten Macht, stärker als aller menschliche Größenwahn; die Sehnsucht nach Wegweisern zu einem guten Leben, das, nach den eigenen Möglichkeiten, zu den eigenen Möglichkeiten befreit.

Dabei wird meist nicht nach einer Überwindung der Moderne gestrebt, oder in neoromantischer Weise nach einer Rückkehr zu früheren, angeblich idealen Verhältnissen, sondern nach einem modernen Bewusstseinswandel, der zu einem Paradigmenwechsel führt – einer paradigmatischen Abkehr von den gottvergessenen, menschenverachtenden und ausbeuterischen Spielregeln der späten Moderne. Wenn ein Interesse an lange vergessenen kirchlichen Kulturgütern entsteht, dann aus dieser Perspektive heraus. Dem auf kunstgeschichtlicher Ebene zu begegnen, kann schnell zu einem Erfolgsmodell werden[15] das Interesse schürft aber tiefer. Soll in der Begegnung ein authentisches Glaubensverständnis erschlossen werden, das in einer postmodern-unübersichtlichen Welt auf dem eigenen Lebensweg orientierend wirkt, setzt das ein Verständnis für das Gut einer Kultur voraus, das über das Entstauben von Altem und Schönem hinaus geht.

[15] Unter den Stichworten Kirchenraum- und Kirchenpädagogik bemühen sich seit zwei Jahrzehnten beide großen Konfessionen in Deutschland dem wachen Interesse an ihrem Kulturbesitz reflektiert entgegen zu kommen; Vgl. dazu die Arbeit des Vereins „Bundesverband Kirchenpädagogik e.V.“ unter der Schirmherrschaft des Bischofs des Bistums Würzburg und des Bischof der Evangelisch-lutherischen Landeskirche Hannover (www.bvkirchenpaedagogik.de); Roland Degen – Inge Hansen, Art. „Architektur und Kirchenraum“, in: Gottfried Bitter u.a. (Hg.), Neues Handbuch religionspädagogischer Grundbegriffe, München 2002, 71–75; Roland Degen, Art. „Lernort Kirchenraum“, in: Norbert Mette – Folkert Rickers (Hg.), Lexikon der Religionspädagogik, Bd. 2, Neukirchen-Vluyn 2001, 1224–1227.

2.2 Spiritualität als umfassender Horizont

Eingefordert wird dies von einer Spiritualität, die sich nicht als eine kirchengebundene Bereichslogik, zuständig für Sonntag und Gemeindeleben, wahrnimmt, sondern als eine umfassende Perspektive. Die Stärke der mit der Vormoderne verschwundenen traditionellen Volksfrömmigkeit war es, Gott eine Bedeutung für die alltäglichen Sorgen und weltlichen Nöte zu geben und mit seiner konkreten Hilfe und seinem Segen zu rechnen. Die Moderne rechnet nur mit der Problemlösungskompetenz des Menschen. Weil die Postmoderne gerade dieses Konzept in der Krise sieht, ersehnt sie wieder Wege, sich dem Göttlichen anzuvertrauen, wenn auch oft in abstrusen Formen. Hier entwickelt sich eine Art postmoderne Volksfrömmigkeit.[16]

Das Kennzeichen dieser neuen Volksfrömmigkeit ist die Ganzheitlichkeit[17]; ganzheitlich wollen ihre Lebenshilfe und Naturheilkunde, ihre Religion und Weisheit, ihre Magie und ihr Okkultismus sein. Jeder Lebensbereich wird als religiös relevant angesehen, jedoch nicht primär im ethisch-moralischen, sondern im weisheitlich-spirituellen Sinn. Es geht um eine sehnsüchtige Suche nach den Spuren des Wunderbaren, die Hoffnung, Verheißung und Lebenskraft in sich tragen. Wie geht ein natürlicher Lebensstil, der schöpfungsgerecht, damit sozial gerecht und zugleich beglückend und heilsam ist? Auf welche Verheißung in kosmischen Dimensionen leben wir hin und was ist darin mein Platz, mein Auftrag, meine „Mission"? Wo finde ich Kraft, Anleitung und Hilfe zu einem guten spirituellen Leben? Wer immer zu diesen Fragen etwas zugleich Spirituelles, Praktisches und Argumentierbares zu bieten hat, ist interessant – auch die Kirchen, wo sie sich darauf einstellen.[18]

Die Kirche war in jenen Zeiten ihrer Geschichte stark, in denen sie den *Alltag der Menschen umfassend prägen* konnte. Sie hat heidnische Kultstätten zu Orten der Gottesverehrung gemacht, alle bekannten Wissenschaften und Weisheiten in den Dienst des christlichen Gottes gestellt und die ganze Schöpfung als seinen Wohnort erkannt. Uns ist heute nicht wohl

---

[16] Vgl. Maria Widl, Art. „Volksfrömmigkeit", in: Johannes Sinabell u.a. (Hg.), Lexikon neureligiöser Gruppen, Szenen und Weltanschauungen. Orientierungen im religiösen Pluralismus, Freiburg – Basel – Wien 2005, 1356–1360.

[17] Vgl. Dies., Art. „Ganzheitlichkeit", in: Johannes Sinabell u.a (Hg.), Lexikon neureligiöser Bewegungen, esoterischer Gruppen und alternativer Lebenshilfen, Freiburg i. Br. 2009, 85–86, hier 85.

[18] Vgl. Dies., Christentum und Esoterik. Darstellung – Auseinandersetzung – Abgrenzung, Graz u.a., 1995.

bei barocker kirchlicher Selbstherrlichkeit. Auf ganz andere Weise – bescheiden, solidarisch, weitsichtig, kommunikativ – ist nun eine ähnliche Leistung abverlangt. Eine authentische Bewertung aller Lebensthemen und -fragen im Horizont des Evangeliums fordert allerdings zu mehr heraus als zu Selbstverständlichkeiten.

2.3 Wahrheit wird perspektivisch

Die Lebenswelt heutiger Menschen ist die Moderne. Sie verlangt hochgradige Mobilität, erwünscht und auch unerwünscht. Das Leben ereignet sich in mehreren Welten und verschiedenen Lebenszusammenhängen, die oft wenig Überschneidung kennen. Die Welten der Familie, des Berufs, der Freizeit, der Kultur, der Politik, der Wissenschaft, der Kirche haben ihre je eigenen Gesetzmäßigkeiten, ihre verschiedenen Rollenerwartungen und Verhaltenszumutungen. Die Menschen lernen, mehrmals täglich ihre Kleider, ihre Rollen und ihren Lebensstil zu wechseln. Einerseits ist das bedrohlich für die eigene Identität, andererseits erlaubt es, den Einseitigkeiten der einzelnen Rollen in den jeweils anderen zu entkommen und so eine gewisse Breite persönlicher Lebensgestaltung im Neben- und Nacheinander wechselnder Welten zu erreichen. Damit scheint die pluralistische Welt unübersichtlich und vielschichtig, heterogen und divergent.

Jede Aussage folgt dem Sprachspiel einer bestimmten wissenschaftlichen Disziplin und kann nur unter Hin- und Rücksichten formuliert werden. Wahrheit ist nicht mehr allumfassend gültig, sondern aus einer bestimmten Perspektive formuliert und nur für diese wahr. Wenn es also eine Wahrheit gibt, dann nur die der verschiedenen Perspektiven und niemand hat eine Über-Perspektive außer Gott selbst.[19] Kein Mensch und keine Institution kann beanspruchen, allen Perspektiven gerecht werden zu können. Die tradierten Wahrheiten verblassen, weil keine Autorität sie mehr schützen kann.

Die eigene Perspektive wird durch die Persönlichkeit und die Umstände bestimmt; aber sie wird auch durch freie Wahl angeeignet. Denn, womit man trotzdem rechnet, ist eine je größere Wahrheit. Die je größere Wahrheit ist die, die gegenseitig erschlossen wird. Dies geschieht, indem

[19] Lyotard legt für ein solches theologisches Verständnis die philosophische Basis mit seinem Theorem der Delegitimation beider großer Erzählungen der Moderne; Vgl. Jean-François Lyotard, Das postmoderne Wissen. Ein Bericht, Wien [7]2012 [Original: Jean-François Lyotard, La Condition postmoderne, Rapport sur le savoir, Paris 1979].

– einander vertrauend – die unterschiedlichen Perspektiven gegenseitig sichtbar gemacht werden.
Praktisch bedeutet das für die Kirche: Die christliche Wahrheit ist so umfassend, als das Evangelium konkreten Menschen zur *Berufung*[20] wird. Sie ist nicht pluralistisch beliebig, sondern persönlich verbindlich, aber auf je verschiedene Weise.[21] Letztlich kann jedes Lebens- und Kulturthema nach ganz unterschiedlichen Gesichtspunkten betrachtet, eingeschätzt und bewertet werden. Wenn eine Perspektive gesellschaftlich die Oberhand gewinnt – gegenwärtig primär die ökonomische und die bürokratische Perspektive – liegen dahinter meist handfeste Interessen. Wenn sich die Relevanz des Glaubens dazu bewähren soll, muss sie in jeweils bestimmten kulturellen Kontexten relevante Verstehensweisen des Glaubens in Rückbindung an die kirchliche theologische Tradition leisten; es müssen „Weltentheologien"[22] entstehen. Das verlangt nach einem authentischen Verständnis dieser Kontexte. Die Implikationen eines Kontextes, auch die, die von außen nur schwer einsehbar sind, mit dem Evangelium zu konfrontieren, ist eine Herausforderung. Danach selbst die Umkehr zu wagen und in Gemeinschaft mit anderen einen neuen Lebensstil zu erproben, hört auf, eine Frage bloßer Herausforderung zu sein. Es ist eine Frage authentischer Berufung.

3 Ein neues Verständnis von Religion im Verhältnis zum Glauben

Die Weitergabe des Glaubens in einer veränderten Zeit verlangt eine authentische Annäherung von Erwachsenenbildung und Katechese.[23] Gelingt dies, wird darin die missionarische Dimension der Kirche aktuell als Dienst an den religiösen Bedürfnissen Erwachsener und als Dienst an den Gestaltungsaufgaben der Gesellschaft. Ein neuer Typ von Glaubens-

[20] Wobei Berufung hier nicht im traditionellen Sinn den Weg in den Kleriker- oder Ordensstand meint, sondern den Vorgang der Mystagogie im Rahner´schen Sinn: wo ein Mensch dem Geheimnis seines Lebens begegnet, das Gott selbst ist; Vgl. Elmar Klinger, Das absolute Geheimnis im Alltag entdecken. Zur spirituellen Theologie Karl Rahners, Würzburg 1994.

[21] Ein solches Verständnis scheint die „communio" der Kirche zu sprengen. Es verweist hingegen darauf, dass die Einheit der Kirche postmodern nicht bürokratisch zu fassen ist, sondern sich in der gelebten Nachfolge Jesu Christi ereignet.

[22] Vgl. Maria Widl, Pastorale Weltentheologie – transversal entwickelt mit der Sozialpastoral (Praktische Theologie heute 48), Stuttgart 2000.

[23] Vgl. Erwachsene neu im Blick. Ein Symposium zu Fragen der Erwachsenenkatechese, in: LebZeug 61 (4/2006).

kursen stellt sich dem bereitwillig. Sie sind existentiell ausgerichtet und setzen zum Teil weder kirchliche Sozialisation noch eine besonders gläubige Grundhaltung voraus. Was sie aber nicht leisten können, ist ein Glaubenswissen zur Verfügung zu stellen, das in der säkularen Kultur denk- und kommunizierbar ist. Ein auf diese Weise *verständlicher* christlicher Glaube ist aber, sowohl für ein neues Selbstbewusstsein Gläubiger angesichts verbreiteter Säkularität, wie für eine missionarische Perspektive von Kirche, unabdingbar.

3.1 Die Gleichsetzung von Religion, Kirche und Glaube

In unserem Kulturkreis war die Grundbestimmung des Menschseins lange Zeit durch und durch christlich oder zumindest „christentümlich"[24] bestimmt, so dass diese mit Christentum und Religion in eins fiel. Das Interesse an der Selbstbestimmung des Menschen und die Spaltung in Konfessionen schöpfte daraus einen Religionsbegriff, der Glaube, Kirche und Religion gleichsetzte.[25] Die Moderne erforschte fremde Völker und deren kultische Rituale, prägte einen kulturethnologischen und daher substantiellen Religionsbegriff und begründete in weiterer Folge die vergleichende Religionswissenschaft. Die Soziologie beobachtete die schrittweise Ausdifferenzierung der Gesellschaft, mit der eine zunehmende Säkularisierung einher ging. Sie zeigte, dass sich immer mehr gesellschaftliche Institutionen aus der kirchlichen Trägerschaft emanzipierten – die Medizin, das Schulwesen, die Wissenschaft, die Künste, das Tourismusgewerbe, das Eherecht, das Strafrecht, usw. Die Kirche wurde dabei zu jener gesellschaftlichen Institution, die für die Religion zuständig ist.

Im Umkehrschluss reduzierte sich der Religionsbegriff auf jene Bereiche, die eine fortschritts- und erfolgsbezogene moderne Kultur gern den Kirchen überlässt: die Kontingenzbewältigung in der Caritas (in enger Abstimmung mit dem Sozialstaat) und den Transzendenzbezug im Kult – zumindest solange beide Bereiche den „anständigen Bürger" fördern. Die Soziologie schloss daraus in ihrer *Säkularisierungsthese*, dass letztendlich die Religion nur noch für den Trost der Menschen zuständig sein wird

[24] Vgl. Paul M. Zulehner, Fundamentalpastoral. Kirche zwischen Auftrag und Erwartung, Düsseldorf ²1991.

[25] Zu Begriff und Bedeutung von Religion aus praktisch-theologischer Sicht vgl. Maria Widl, Art. „Religiosität", in: Herbert Haslinger (Hg.), Handbuch Praktische Theologie, Bd. 1, Mainz 1999, 352–362.

und auch nur für diejenigen, die mangels Erkenntnis und Emanzipation eines solchen bedürfen.

3.2 Religion als gesellschaftliche Funktion

Als diese These zusammenbrach, weil die Religion offensichtlich nicht verschwand, war der Weg frei für einen funktionalen Religionsbegriff, der sich den beiden unverzichtbaren Leistungen der Religion für Gesellschaft und Einzelnen zuwendet. Im Gefolge Thomas Luckmanns kam Religion so als Transzendierung in den Blick: Das Wesen der Religion besteht demnach darin, dass sie den Menschen die Transzendierung seines Alltags ermöglicht. Um aus dem Trott kurz auszusteigen, reicht schon eine Zigarettenpause – eine Transzendenz geringer Reichweite. Mittlere Reichweite haben Phänomene wie der Sport oder der Kulturgenuss – für eine gewisse Zeit ist der Alltag ausgesetzt und man befindet sich in einer anderen Welt. Die großen Transzendenzen schließlich eröffnen die Religionen, in all ihren Varianten und auch in jenen individuellen Patchwork-Gestalten, wie sie sich heutige Menschen zurechtlegen. Was sich daraufhin nahe legte, war die „Individualisierungsthese“: Menschen transzendieren immer, aber wie weit das explizit religiös oder sogar kirchlich geschieht, ist stark individualisiert. Im Gefolge Niklas Luhmanns hingegen wurde Religion als Kontingenzbewältigung beschrieben: Menschen sehen sich im Leben immer irgendwann mit den Erfahrungen des Todes, des Leids, des Versagens und der Schuld konfrontiert. Um diese „Kontingenzen“ zu bewältigen, bräuchten sie die Religion.

Der aus der DDR stammende evangelische Religionssoziologe Detlef Pollack hat nun minutiös aufgewiesen, dass sich daraus eine eindeutige Priorität der Säkularisierungsthese ergibt: Menschen können mit den Wechselfällen des Lebens durchaus pragmatisch umgehen, ohne auf das Konstrukt einer Religion zurückgreifen zu müssen. Im Osten Deutschlands tun sie dies nachweisbar und ohne dabei unglücklicher oder unmoralischer zu sein als im Westen. Individualisierung des Religiösen sei hingegen ein Phänomen, das im Westen zwar nachweisbar ist, aber auch dort den massenhaften Abfall von Kirche *und* Glauben bei weitem nicht kompensiere. Für die Entwicklung eines Missionsansatzes erweist sich dies als fatal: Eine Säkularität als Pragmatismus ist nicht missionierbar. Das entspricht einer Einschätzung, wie sie aus Ost-

Perspektive vielfach vorgenommen wird.[26]
Andererseits hat sich die Soziologie mit dem funktionalen Religionsbegriff entschieden, Religion nicht bloß als von den Kirchen verwalteten gesellschaftlichen Bereich anzusehen, sondern sie als umfassende Lebensweise zu verstehen. Die beiden dargestellten Ansätze treffen dabei das Selbstverständnis des Christentums in gewisser Weise, verkennen aber seine Reichweite. Der katholische Soziologe und Bielefelder Kollege von Niklas Luhmann, Franz-Xaver Kaufmann, legte deshalb ein funktionales Religionsverständnis vor, dessen sechs Kategorien dem nachspüren. Kaufmann unterscheidet: Identitätsstiftung, Handlungsführung, Sozialintegration, Kontingenzbewältigung, Kosmisierung und Weltdistanzierung.[27]

3.3 Religion als Konstitutiv des Menschseins

Ein solch weiter Begriff von Religion wird zum Konstitutiv für das Menschsein; er zeichnet Religion als Lebensgrundausrichtung eines Menschen nach. Umgekehrt lässt sich annehmen, dass in den funktionalen Äquivalenten Kaufmanns das unstillbare Bedürfnis der Menschen nach Religion zum Ausdruck gebracht wird – und dass es im Bedarfsfall auch ohne die Kirche befriedet wird. Die Grundbestimmung des Menschen, die sich einst umfassend in Christentum und Kirche als Religion ausdrückte, könnte umstandslos in die Selbstbestimmung des Menschen und die Selbstkonstruktion der Kultur übergegangen sein. Die Funktionen, die der Religion eigen sind, müssen also als bestimmbare Grundlagen des Menschseins angesehen werden; auch wenn sie sich frei von Kirchen und Christentum finden.
Wenn nun aber der Mensch grundsätzlich religiös ist und es zugleich die Möglichkeit säkularer Kulturentwicklungen gibt, wird die Grundbestimmung des Menschseins auf dem Religiösen in analoger Weise auch anders gestaltbar sein. Die religionssoziologische Forschung beschreibt diesen Umstand als „Ersatzreligionen" oder „Religions-

[26] Detlef Pollack, Säkularisierung – ein moderner Mythos? Studien zum religiösen Wandel in Deutschland, Tübingen 2003; Ders. – Gert Pickel, Deinstitutionalisierung des Religiösen und religiöse Individualisierung in Ost- und Westdeutschland, in: Kölner Zeitschrift für Soziologie und Sozialpsychologie 55 (2003), 447–474.
[27] Franz-Xaver Kaufmann, Religion und Modernität. Sozialwissenschaftliche Perspektiven, Tübingen 1989; Vgl. Ders., Wo liegt die Zukunft der Religion?, in: Michael Krüggeler – Karl Gabriel – Winfried Gebhardt (Hg.), Institution – Organisation – Bewegung. Sozialformen der Religion im Wandel, Bd. 2, Opladen 1999, 71–97.

äquivalente". Damit sind Bereiche im Blick, die auf phänomenologische Weise dem Religiösen ähneln, ohne ihm aber gerecht zu werden: z.B. Fußball-Liturgien, Kaufhaus-Tempel, eine mystische oder okkulte Aura. Hier soll dagegen von *Religionsanaloga* gesprochen werden und zwar als Bezeichnung für jene Bereiche unserer säkularen Kultur, die die Grundbestimmung des Menschseins auf der christlichen Religion in einem funktionalen Verständnis in analoger Weise tatsächlich zu erfüllen vermögen.

Die Religionsanaloga, die das eigene Leben umfassend bestimmen und erklären, reichen von Sport über die exakte Wissenschaft bis zu Erfolg und Konsum; es ist die Vergötterung des geliebten Du oder es sind die Mechanismen der Süchte oder der Gewalt. Für Jugendliche sind es vor allem Freunde, Musik und Mode. Die Familie, die exakten Wissenschaften und der Pragmatismus des kleinen alltäglichen Glücks sind Analoga, die sich in Ostdeutschland als besonders weit verbreitet und durchgesetzt zeigen. Es sind Bereiche, die den Menschen heilig sind, sofern sie es so benennen wollten (was sie in der Regel nicht tun). Es sind Phänomene, die die Lebenskultur der Menschen bestimmen und möglicherweise deren funktionierende Säkularität erklären.[28]

4 Ansatzpunkte für theologische Erwachsenenbildung

Der von der Kirche gelebte Glaube muss also, um unter Erwachsenen weitergegeben werden zu können, authentisch und verständlich sein. Die kirchliche Erwachsenenbildung kann diesen Glauben unterstützen und begleiten. Sie tut dies, indem sie ihn *identisch,* im Glauben der Kirche, weitet.

Dem Menschenbild, das von Grund auf religiös ist, entspricht theologisch der als Ebenbild Gottes geschaffene Mensch. Er/sie ist auf Ihn hin

---

[28] Vgl. Maria Widl, Missionsland Deutschland – Beobachtungen und Anstöße aus pastoraltheologischer und religionspädagogischer Sicht. Skizzen einer Baustelle, in: Benedikt Kranemann – Josef Pilvousek – Myriam Wijlens (Hg.), Mission – Konzepte und Praxis der katholischen Kirche in Geschichte und Gegenwart (EThS 38), Würzburg 2009, 229–254; Dies., „Das gibt mir nichts!" Die Jugendpastoral angesichts der postmodernen Relevanzperspektive, in: Angelika Gabriel (Hg.), Mit-Leidenschaft für junge Menschen. Beiträge zur Jugendpastoral. Festschrift für Martin Lechner zum 60. Geburtstag (Benediktbeurer Beiträge zur Jugendpastoral 8), München 2011, 121–133; Dies., Die katholische Kirche in Mittel- und Ostdeutschland. Situation und pastorale Herausforderungen angesichts der Säkularität, in: Gert Pickel – Kornelia Sammet (Hg.), Religion und Religiosität im vereinigten Deutschland. Zwanzig Jahre nach dem Umbruch, Wiesbaden 2011, 191–204.

geschaffen und steht von Ihm her immer in einem Gottesbezug (vgl. Karl Rahner). Schöpfungstheologisch konkretisiert sich diese Relation in den Charismen und im Gewissen. Das kirchliche Bemühen um die Ausbildung von Charismen und um die Bildung eines verantwortlichen Gewissens ist deshalb die Mitte jeder theologischen Erwachsenenbildung. Hier anzusetzen ist kein Trick – um z.B. den je authentischen Glauben auf verständliche Weise durch das Glaubenswissen der Kirche abzuholen –, sondern es bildet den Glauben aus, den die Kirche lebt.
Andererseits ist dies ein Weg, auf dem Menschen sich selbst neu verstehen, ihr Leben gestalten und ihre Lebensentwürfe rational ergründen und begründen können. Wir Christen glauben, dass das im Kontext des Christentums auf authentisch(st)e, (zumindest auf längere Sicht) erfüllendste und in jeder Hinsicht intelligible Weise möglich, nützlich, ja angeraten ist. Kirchliche Erwachsenenbildung, die solches fokussiert, wird zum Ort vitalen und relevanten Theologie-Treibens.

4.1 Bildung von Charismen

Am Anfang des Markus-Evangeliums ist dieses programmatisch zusammen gefasst. Wir lesen: „Die Zeit ist erfüllt, das Reich Gottes ist nahe. Kehrt um, und glaubt an das Evangelium!“ (Mk1,15). Wem einmal die Verheißung Jesu Christi vom Anbruch des Reich Gottes, in der der Schöpfungsfrieden[29] herrscht, existentiell nah gekommen ist, den lässt sie nicht mehr los. Sie beruft Betroffene, ihr Leben radikal zu ändern und ganz neue Wege zu gehen. Daraus wachsen persönliche Stärke, Lebenssinn und Kreativität. Spirituelle Methoden und Übungswege – wie sie die kirchliche Tradition reichhaltig bietet: vom Herzensgebet über den Rosenkranz, das Stundengebet und das Kirchenjahr bis zu den ignatianischen Exerzitien – fügen die Beterin und den Beter in die Heilsgeschichte Gottes ein. Sie wecken die eigenen Charismen und ermutigen, das Leben gezielt zu gestalten. Wer so lebt, „hat eine Mission“. Christliches Leben wird auf ganz neue Weise attraktiv.
Auf der anderen Seite ist Berufung und Mission genau das, was der postmoderne Mensch für sich sucht. Es ist eine Strategie der Kom-

[29] Der biblische „shalom“ meint ein Leben in jener Fülle, die ein angemessener Lebensstil in Einklang mit der Natur, dem Beziehungsgeflecht der Menschen und angesichts Gottes gewährt. Vgl. Geiko Müller-Fahrenholz, Erwecke die Welt. Unser Glaube an Gottes Geist in dieser bedrohten Zeit, Gütersloh 1993; Vgl. Kap. 6 in: Maria Widl, Kleine Pastoraltheologie, Graz 1997.

plexitätsreduktion: aus dem sicheren Wissen, wer ich bin und was ich soll, in der Heterogenität der Lebenslagen und ihrer Zumutungen entscheidungs- und handlungsfähig bleiben, ohne ignorant und egozentrisch zu werden – die am häufigsten zu beobachtende postmoderne Lebensstrategie. Dieser hohe Anspruch ist bedingt durch die gesellschaftliche Zumutung, aus eigener Kraft sein individuelles Glück zu finden; wer es nicht schafft, empfindet sich als Versager. Der postmoderne Mensch sucht eine „Mission", die er ganzheitlich bezeugen und darin sein Glück finden kann – christlich: seine Berufung.

Zunächst ist dieser ganzheitliche Lebensauftrag für die allermeisten Menschen nur ein Job in der globalisierten Wirtschaft, die alles abverlangt und menschliche Armut zurücklässt – selbst bei materiellem Reichtum und der ist selten genug. Die erlösende Gegenperspektive dazu aus christlicher Sicht sind die Charismen. Sie sind jene Begabungen, in denen ein Mensch gleichzeitig zuinnerst sich selbst findet, seinen Schöpfergott, der ihn liebt und beim Namen ruft, erkennt und das Reich Gottes mitten unter uns mit aufbaut. Wer seine Charismen entwickelt, findet entsprechend der postmodernen Sehnsucht seine Mission und fügt sich mit ihr ein in die Verheißung eines höheren Weltsinns (christlich: das Reich Gottes). Das wird zur neuen Herausforderung für eine ganzheitlich konzipierte Erwachsenenbildung: in der sich selbst erforschenden Begabungssuche, in der geistlichen Vertiefung und in der mystagogisch-theologischen Erschließung.

4.2 Bildung des Gewissens

Ähnliches gilt auch für den umfassenden Bereich menschlichen Lebens in Welt und Gesellschaft. Die Kirche hat den Auftrag, die Zukunftsgestaltung so mitzutragen, dass in ihr das Entgegenkommen Gottes in der Zeit aufleuchten kann. Sie ist herausgefordert, auf angemessene Weise zu verkünden und erfahrbar zu machen, dass Gott unsere Zukunft ist. Die Zukunft unter dem Blickwinkel des Reiches Gottes anzusagen ist Prophetie. Sie geschieht durch einen alternativen Lebensstil, die Ermutigung zu verbindlichem Engagement und Gewissensbildung auf dem Fundament einer theologischen Erschließung aller Lebensfragen.

Die moderne Welt fürchtet sich vor nichts so sehr wie vor der Zukunft. In der Erfahrung der Krisen, die sie bereits durchlebt hat und noch durchlebt, nährt sich diese Angst auf zweifache Weise. Sie nährt sich aus dem Dickicht neuer Unübersichtlichkeit; es wird so viel gewusst, dass sich keiner mehr umfassend auskennen kann. Passiert es dann, dass sich das Dickicht unversehens lichtet, nährt sie sich aus der Konfrontationen mit neuen Kreuzungssituationen; diese verlangen nach verantwortlichen Zukunftsentscheidungen, soll es nicht endgültig zu spät sein.

Gewissensbildung heißt im Zusammenhang der Reich-Gottes-Botschaft: erfahren, was gutes Leben ist. Das meint einerseits, dass wir von Gott her dazu bestimmt sind, ein erfülltes und glückliches Leben zu führen. Das meint andererseits, dass das nur über ein moralisch gutes Leben gelingt. Unter modernen Umständen misst sich die Moral nicht so sehr an der Befolgung kirchlicher Regeln, weil diese mit der Differenzierung des Lebens nicht mithalten können. Sie misst sich an Kompetenz und Verantwortungsbereitschaft. Aus der Vorleistung des geschenkten Lebensglücks folgt die Verantwortung, die eigenen Möglichkeiten und Fähigkeiten – also die Charismen, die „Geistesgaben" – so einzusetzen, dass sie ein Beitrag zum Reich Gottes mitten unter uns sind. Ob wir es tut, ist jedoch nicht Geschmackssache, sondern so in unsere Verantwortung gelegt, dass sich daran der Himmel zwischen uns und im Jenseits der Zeiten entscheidet. Unter modernen Voraussetzungen heißt das, bewusst Prioritäten zu setzen; auch gegen den Strom der Zeit.

Die kirchliche Erwachsenenbildung auf der Höhe der postmodern werdenden Zeit ist herausgefordert, ihre Kirchlichkeit im theologischen Rahmen immer neu zu bestimmen. Sie eröffnet Räume, in denen Menschen ihre Selbsterfahrung, ihre Kulturwahrnehmung und ihre Wertentscheidungen so wahrnehmen, reflektieren und zu kommunizieren lernen, dass sich der Glaube für sie selbst und inmitten der Kultur auf neue Weise erschließt.

Erwachsenenbildung in der Kreuzworträtselgemeinschaft

Eine pastoralsoziologische Perspektive

Michael N. Ebertz

1 Menschheit und Welt im Wandel

Radikaler als auf dem Zweiten Vatikanischen Konzil lässt sich der gesellschaftliche Wandel kaum beschreiben, von dem die Kirche, das Christentum, die Religion nicht unberührt bleiben können: nämlich von der Tatsache, dass „die Menschheit in einer neuen Epoche ihrer Geschichte" steht, „in der tiefgreifende und rasche Veränderungen Schritt um Schritt auf die ganze Welt übergreifen." (GS 4)

Dramatischer lässt es sich kaum in Worte fassen, dass die Gattungsgeschichte der ‚Menschheit' zeitlich (‚rasch'), sachlich (‚tiefgreifend') und sozial (‚die ganze Welt') eine Zäsur erfährt. Das Konzil ging davon aus, dass sich „die menschliche Gesellschaft (...) in dieser unserer Zeit auf dem Weg zu einer neuen Ordnung befindet" (CD 3) und spricht von einem „Wandel der Lebensbedingungen", der „mit einem umfassenden Wandel der Wirklichkeit" zusammenhängt. (GS 5)

Wenn das Zweite Vatikanische Konzil in diesen Worten vom „Wandel" spricht, meint es offensichtlich nicht nur die Oberfläche oder Teilbereiche, sondern eine Dynamik, die das gesamte normative Gefüge (‚Ordnung') gesellschaftlichen Zusammenlebens ergreift. Dabei werden in diesem Umbruch „in Jahrhunderten gewordene Denk- und Lebensformen der Gesellschaft völlig um(gestaltet)." (GS 6)

Der Gang der Geschichte selbst erfahre „eine so rasche Beschleunigung, dass der Einzelne ihm schon kaum mehr zu folgen vermag" (GS 5): „So kann man schon von einer wirklichen sozialen und kulturellen Umgestaltung sprechen, die sich auch auf das religiöse Leben auswirkt." (GS 4)

Die Konzilsdiagnose eines zeitlich, sachlich und sozial radikalen gesellschaftlichen Wandels entpuppt sich aus der heutigen Perspektive geradezu als Prognose und damit auch als Zeichen unserer gegenwärtigen Zeit, wird sie doch durch soziologische Zeitdiagnosen – etwa der posttraditionalen „Multioptions-", der „Erlebnis-" und der „Beschleunigungsgesellschaft", der „Sicherheitsgesellschaft", der „Risikogesellschaft", der „Wissensgesellschaft"[1] – gestützt. Damit wird auch erkennbar, dass wir die Antwort auf die Frage, in welcher Gesellschaft wir leben, nicht einfach, sondern vielfach haben. Offensichtlich leben wir – leben jede und jeder von uns – „in vielen Gesellschaften gleichzeitig."[2]

Offensichtlich wird auch, dass es keine Einheits- oder Zentralperspektive auf die Gesellschaft, in der wir leben, gibt, woraus geschlossen werden kann, dass die heutige Gesellschaft polyzentrisch geworden ist, also nicht mehr über ein allgemein anerkanntes Deutungszentrum verfügt. Eher haben wir ein Zuviel als ein Zuwenig an Perspektiven, Informationen, Interpretationen. So entstehen „unterschiedliche Sichtweisen mit Bezug auf eine Sache"[3], und es stellt sich die Frage, ob und inwieweit angesichts einer solch gesteigerten Perspektivendifferenz und Multiperspektivität Selbst- und Fremdverstehen überhaupt möglich sind und ob nicht eher von der Unwahrscheinlichkeit von Konsensbildungen auszugehen ist.

Aber auch in der vom Konzil legitimierten „Autonomie der irdischen Wirklichkeiten" (GS 36), was ja die Tatsache meint, dass die Daseinsbereiche wie Staat, Wissenschaft, Wirtschaft, Recht, Massenmedien, Erziehung – funktional differenziert – „ihre Eigengesetzlichkeit und ihre eigenen Ordnungen" (GS 36) entwickeln[4], liegt ebenso eine prognostische Kraft wie in der Erklärung über die Religionsfreiheit. Letztere proklamiert eine Verschiebung vom Primat der Wahrheit weg hin auf die Freiheit des Individuums: weg von der Institution hin zur menschlichen Person mit ihrem „Recht auf religiöse Freiheit" (DH).

Damit wird ein kaum zu unterschätzender *Wechsel in der Trägerschaft der Religion* erkannt und legitimiert, die aber in der funktional differenzierten Gesellschaft keinen verbindlichen Außenhalt mehr erfährt, da die autonom gewordenen gesellschaftlichen Teilbereiche, in denen sich das Individuum tagtäglich aufhält, religionsfreie Zonen geworden sind, in denen andere Gesetze gelten als religiöse. Sie sind in der Regel nicht religionsfeindlich, aber indifferent gegenüber der Religion. Im Flugzeug ist

---

[1] Vgl. Alexander Bogner, Gesellschaftsdiagnosen. Ein Überblick, Weinheim – Basel 2012.

[2] Richard Sennett, Die flexible Gesellschaft, in: Armin Pongs (Hg.), In welcher Gesellschaft leben wir eigentlich? Gesellschaftskonzepte im Vergleich, Bd. 2, München 2000, 265–291, hier 271.

[3] Franz-Xaver Kaufmann, Wie entsteht Autorität?, in: Annette Schavan (Hg.), Dialog statt Dialogverweigerung. Impulse für eine zukunftsfähige Kirche, Kevelaer 1994, 123–138, hier 130.

[4] Vgl. auch Marc Breuer, Religiöser Wandel als Säkularisierungsfolge. Differenzierungs- und Individualisierungsdiskurse im Katholizismus, Wiesbaden 2012, 269f.

kein Platz für Gebetsteppiche, während der Arbeitszeit keine Pause für den Lobpreis Gottes und ob die jeweils anderen das gleiche glauben, ist ebenfalls unwahrscheinlich. Zusätze in Call-Center-Kunden-Kommunikationen wie „Jesus hat Sie lieb!" können Kündigungsgrund sein[5] Auch die Individualisierung von Religion, jedenfalls individuelle religiöse Kommunikation mit oder ohne missionarische Absicht, hat ihre gesellschaftlichen Grenzen bzw. Folgen.

2 Neue Form der Kommunikation

Gemäß der von Anthony Giddens vorgetragenen Diagnose der „posttraditionalen Gesellschaft" wird seit Beginn der Moderne der kommunikative „Raum immer stärker vom Ort losgelöst", „indem Beziehungen zwischen leibhaftig ‚abwesenden' Anderen begünstigt werden, die von jeder gegebenen Interaktionssituation mit persönlichem Kontakt örtlich weit entfernt sind", obwohl sie ihrerseits zugleich „von entfernteren sozialen Einflüssen gründlich geprägt und gestaltet werden."[6]

Mit dieser Entterritorialisierung, der Trennung von örtlichem und überörtlichem Kommunikationsraum, geht das „‚Herausheben' sozialer Beziehungen aus ortsgebundenen Interaktionszusammenhängen"[7] einher, also die *Trennung auch von Ort und Sozialität.* Nicht zuletzt in der jüngeren Generation sind mittels Handy und Internet nicht nur Musiktitel, Kinofilme und Fernsehserien ständig digital präsent,

> „sondern auch die eigene Clique, die Kommilitonen und Berufskollegen. Das soziale Netz, das in der Moderne noch durch periodisch wiederkehrende Begegnungen aufrecht erhalten wurde, wird jetzt durch die digitalen Medien im Minutentakt neu geknüpft. Soziale Präsenz bedeutet, mit dem Handy erreichbar zu sein, sich in der Community mit Foto und Hobbys präsentieren, sich Musiktitel überspielen und auf Videos in YouTube aufmerksam machen. Soziale Vernetzung geschieht also nicht mehr über im Wochenrhythmus stattfindende Treffen, sondern indem man sich über Medien immer neu auf Treffpunkte einigt"[8]

– auf Treffpunkte unter Anwesenden und auf ‚Treffpunkte' unter Abwesenden. Damit ist ein neuer kommunikativer Möglichkeitenraum entstanden, an dessen Nutzung sich die Generationengrenzen verfolgen lassen. Der neue kommunikative Möglichkeitenraum des Computers ist im Prinzip so niederschwellig, dass „tendenziell jeder Teilnehmer an der Kom-

---

[5] Vgl. Corinna Budras, „Mein Chef ist eine Krücke!", in: FAZ vom 01./02. März 2014.
[6] Anthony Giddens, Konsequenzen der Moderne, Frankfurt a. M. 1997, 30.
[7] Giddens, Konsequenzen, 30.
[8] Eckard Bieger u.a., Pastoral im Sinus-Land (KirchenZukunft konkret 4), Berlin 2008, 94.

munikation sich an ein Netz der Datenverarbeitung wenden kann, aus dem Informationen gezogen werden können, die von keiner Situation (...) mehr kontrolliert werden", jedenfalls „mit den herkömmlichen Formen der Beziehungskontrolle (via Grenzsetzung) und Quellenkritik (via Autorität) nicht mehr bewältigt werden können."[9]

Ein zentrales Problem einer solchen posttraditionalen „Computergesellschaft" ist ein soziales Kontrollproblem, das für alle herkömmlichen Institutionen zur Herausforderung wird – für die Wissenschaft, die Medizin, das Militär und auch für die Religionen. Denn der neue – ortlose – mediale Möglichkeitenraum ist weniger ein Raum „in dem Sinne, dass in ihm alles seinen angemessenen Platz hat, sondern eher in dem Sinne, dass man sich in ihm bewegen kann und verwenden und vertauschen kann, was man in ihm findet."[10]

In diesem neuen kommunikativen Möglichkeitenraum entsteht für diejenigen, die ihn nutzen, eine neue Vielfalt an Beziehungschancen, die schließlich *die für die Moderne charakteristische soziale Einzigartigkeit der jeweiligen Person zu steigern* vermag. Genau dies hat einer der Urväter der Soziologie, Georg Simmel, bekanntlich mit Individualisierung gemeint.[11] Der neue kommunikative Möglichkeitenraum erweitert auf dem sozialen Koordinatensystem der Einzelpersonen ihre ohnehin schon

---

[9] Dirk Baecker, Studien zur nächsten Gesellschaft, Frankfurt a. M. 2007, 85.

[10] Baecker, Studien, 92.

[11] Vgl. Georg Simmel, Über soziale Differenzierung. Soziologische und psychologische Untersuchungen, Leipzig 1890, 103: „Die Zahl der verschiedenen Kreise nun, in denen der Einzelne darin steht, ist einer der Gradmesser der Kultur. Wenn der moderne Mensch zunächst der elterlichen Familie angehört, dann der von ihm selbst gegründeten und damit auch der seiner Frau, dann seinem Berufe, der ihn schon für sich oft in mehrere Interessenkreise eingliedern wird (z.B. in jedem Beruf, der über- und untergeordnete Personen enthält, steht jeder in dem Kreise seines besonderen Geschäftes, Amtes, Büros etc. darin, der jedes Mal Hohe und Niedere zusammenschließt, und außerdem in dem Kreise, der sich aus den Gleichgestellten in den verschiedenen Geschäften etc. bildet); wenn er sich seines Staatsbürgertums und der Zugehörigkeit zu einem bestimmten sozialen Stand bewusst ist, außerdem Reserveoffizier ist, ein paar Vereinen angehört und einen die verschiedensten Kreise berührenden geselligen Verkehr besitzt: so ist dies schon eine sehr große Mannigfaltigkeit von Gruppen, von denen manche zwar koordiniert sind, andere aber sich so anordnen lassen, dass die eine als die ursprünglichere Verbindung erscheint, von der aus das Individuum auf Grund seiner besonderen Qualitäten, durch die es sich von den übrigen Mitgliedern des ersten Kreises abscheidet, sich einem entfernteren Kreise zuwendet. (...) Die Gruppen, zu denen der Einzelne gehört, bilden gleichsam ein Koordinatensystem, derart, dass jede neu hinzukommende ihn genauer und unzweideutiger bestimmt. Die Zugehörigkeit zu je einer derselben lässt der Individualität noch einen weiten Spielraum; aber je mehr es werden, desto unwahrscheinlicher ist es, dass noch andere Personen die gleiche Gruppenkombination aufweisen werden, dass diese vielen Kreise sich noch einmal in einem Punkte schneiden."

multiplen Zugehörigkeiten und Identitäten, und auch diese sind immer weniger religiös kohärent und konsistent formatiert. Der für die Moderne typische Individualisierungsprozess erhält mittels der neuen Kommunikationsmöglichkeiten gewaltige Schübe. Kommunikation unter Anwesenden, die unter der Prämisse wechselseitiger Wahrnehmbarkeit und darin registrierter Gegenwart der jeweils Anwesenden füreinander stattfindet, wird nur noch *eine* Möglichkeit in einem Panorama von tendenziell unbegrenzten und unkontrollierbaren Möglichkeiten. Und dies gilt auch für religiöse Kommunikation.

Die Einzelperson lebt damit in der modernen Gesellschaft in einem unendlichen Kommunikationsraum und ist – auch in religiöser Hinsicht – zugleich in einem Ausmaß freigesetzt von sozialen Verbindlichkeiten und sozialer Kontrolle, das historisch einmalig ist.

Neueste religionssoziologische Studien legen die These nahe, dass Religion der Eigengesetzlichkeit ihrer Verbreitungsmedien unterliegen kann[12] und damit zum Beispiel auch in außerreligiöse Kontexte gerät, was als solches und auch in seinen Folgen von einer religiösen Gemeinschaft oder Institution nicht mehr kontrollierbar ist. So kann man nicht nur die Bibel im Bett oder auf der Toilette lesen, sondern auch während des Empfangs des Fernsehgottesdiensts lässt sich zu Hause allerhand treiben. Mischung drückt sich zum Beispiel auch darin aus, dass

> „die christliche Tradition beschworen wird, mit Rekurs auf den Tod Jesu Christi, zugleich aber Chiffren eines Buddhismus oder okkultistischer und esoterischer Inhalte, deren Kommensurabilität darin zum Ausdruck kommt, dass man sich deren Lösungen besser ‚vorstellen' kann."[13]

Tatsächlich ist der Buddhismus, von dem dann die Rede ist, ebenso ‚bloß' aus den Massenmedien bekannt wie die meisten religiösen Themen und Persönlichkeiten, von denen der Dalai Lama „allzu oft" genannt wird. Zweifellos leben wir im Kontext der posttraditionalen Gesellschaft in einer Zeit, in der sich – ähnlich wie zu Zeiten der Reformation – die Kommunikationsbedingungen im allgemeinen und die „Kommunikationsbedingungen der Religion (...) nachhaltig verändert haben"[14] und zwar mög-

---

[12] Vgl. Jörg Rüpke, Religion medial, in: Jamal Malik – Jörg Rüpke – Theresa Wobbe (Hg.), Religion und Medien. Vom Kultbild zum Internetritual, Münster 2007, 19–28, hier 27.

[13] Vgl. Armin Nassehi, Erstaunliche religiöse Kompetenz, in: Bertelsmann Stiftung (Hg.), Religionsmonitor 2008, Gütersloh ²2007, 113–132, hier 125.

[14] Hartmann Tyrell, Religiöse Kommunikation. Auge, Ohr und Medienvielfalt, in: Klaus Schreiner (Hg.), Frömmigkeit im Mittelalter. Politisch-soziale Kontexte, visuelle Praxis, körperliche Ausdrucksformen, München 2002, 41–93, hier 82.

licherweise so, dass über die Kommunikationsformen nicht nur die Kommunikationsgestalt der Religion verändert wird, sondern auch ihre Inhalte und deren Kohärenz erheblich unter Druck geraten. Für eine Religion, die – wie das Christentum – auch nach intersubjektiver Wahrheit und Erkenntnis fragt und sich dabei auf eine überpersönliche Offenbarung Gottes zurückführt, ist die *nicht-kontrollierbare religiöse Kommunikation* der posttraditionalen Gesellschaft eine zentrale Herausforderung.

3 Neuheit des Neuen

In der posttraditionalen Gesellschaft nimmt das Wort ‚neu' im Panorama der kulturellen Selbstdeutungen der Gegenwart eine Schlüsselstellung ein. Auch lässt sich aus einer kultursoziologischen Sicht sagen: In diesem einfachen Wort aus drei Buchstaben verdichtet sich das, was die Werte-Signatur der posttraditionalen Gesellschaft ausmacht und was es ja auch ganz in die Nähe des Begriffs und unseres Verständnisses von ‚Modernität' rückt. ‚Neu' ist die alltagssprachliche Legitimationsformel für fortgesetzten Wandel geworden, eine Basisorientierung, über die man freilich kaum mehr nachdenkt.

‚Neu' ist die Kurzformel für eine, wenn nicht *die* Zentralnorm des Zeitgeists geworden. Es ist sein Maßstab, der damit Verfall und Veränderung des Gegebenen zum ‚Gesetz' erhebt und auf Dauer stellt.

Die Erfahrungen beschleunigter Zeit[15] und extrem verkürzter ‚Halbwertzeiten', gestützt vom Aufkommen neuer sozialer Strukturen in Politik und Verwaltung, Wirtschafts- und Arbeitswelt, Freizeit und privater Lebensführung seit dem 18. Jahrhundert, mussten auch zur Einsicht führen, dass alles Neue zugleich dazu bestimmt ist, zu veralten. Die Vergänglichkeit ‚des Neuen' wurde zur allgemeinen Erfahrung, schließlich auch seine Reproduzierbarkeit, seine Wiederholbarkeit und Trivialität und Logik des Verfalls: Das Neue bringt nichts Neues, nichts Helles – führt Öde, Monotonie, Dämonen der Langeweile, Düsteres mit sich.

Indem das Neue heute Neues bringt, das morgen schon wieder veraltet und damit sein Charisma ebenso verliert wie seine Jünger frustriert, wird es der Selbstrelativierung, der Entwertung preisgegeben, ohne dass damit eine praktische Aufwertung des Alten verbunden wäre, das bestenfalls

[15] Vgl. Hartmut Rosa, Beschleunigung. Die Veränderung der Zeitstrukturen in der Moderne, Frankfurt a. M. 2005.

abseits der Lebensströme konserviert wird, entsorgt wird in denkmalgeschützten Deponien.

Die posttraditionale Gesellschaft bringt eben auch immer wieder neue Verlierer und Opfer, ja ein ganzes Panorama von vorübergehend oder dauerhaft Exkludierten, Entwerteten und Abgewählten hervor.[16]

Vieles spricht dafür, dass diese neue, entmythologisierte und entmystifizierte Bedeutung des Neuen nicht nur Folgen hat für die sozialen Bindungen und die moralische Verbindlichkeit sozialer Normen. Wenn das, was gestern galt, heute nicht mehr gilt, weshalb soll das, was heute gilt, morgen wie heute noch gelten? Auch die Konsequenzen für die christliche Religion sind absehbar.

Wenn es nämlich zutrifft, dass die Modernisierung des Bewusstseins sich in spezifischer Weise als Wandel von der Traditionsorientierung zur ungerichteten Zukunftsorientierung und alltagssprachlich im Machtwort des ‚Neuen' manifestiert, wenn es zutrifft, dass sich im Lob des Neuen die „Selbstgesetzlichkeit"[17] unserer Zeit kulturell auf den Punkt bringt, so ist damit, wie Franz-Xaver Kaufmann schlussfolgert, ein religiöser Sinnzusammenhang, der seine Verbindlichkeit aus einem zurückliegenden Ursprung und einer Verbindung zur Gegenwart herstellenden Tradition herleitet, im Kern „‚unmodern'" und damit für ein zeitgenössisches Bewusstsein zumindest zwiespältig, wenn nicht unplausibel.[18]

Das Christentum kennt zwar an seinem Ursprung neue Glaubensvorstellungen (z.B. den ‚leidenden Messias', die Auferstehung des Fleisches), ja selbst Kommunikationsweisen, Aussprüche und Pointen, die vorher im Judentum nicht belegbar sind und insofern Neuheitscharakter, charismatischen Charakter tragen.[19] Aber die Aufgaben von Theologie und Kirche

---

[16] Franziskus, Apostolisches Schreiben „Evangelii gaudium" vom 24. November 2013 (VApS 194), Bonn ²2013, 45: „Der Mensch an sich wird wie ein Konsumgut betrachtet, das man gebrauchen und dann wegwerfen kann. Wir haben die ‚Wegwerfkultur' eingeführt, die sogar gefördert wird. Es geht nicht mehr einfach um das Phänomen der Ausbeutung und der Unterdrückung, sondern um etwas Neues: Mit der Ausschließung ist die Zugehörigkeit zu der Gesellschaft, in der man lebt, an ihrer Wurzel getroffen, denn durch sie befindet man sich nicht in der Unterschicht, am Rande oder gehört zu den Machtlosen, sondern man steht draußen. Die Ausgeschlossenen sind nicht ‚Ausgebeutete', sondern Müll, ‚Abfall'."

[17] Helmut Schelsky, Ist die Dauerreflexion institutionalisierbar? Zum Thema einer modernen Religionssoziologie, in: Ders.: Auf der Suche nach Wirklichkeit. Gesammelte Aufsätze zur Soziologie der Bundesrepublik, München 1979, 268–297, hier 269.

[18] Vgl. Franz-Xaver Kaufmann, Wie überlebt das Christentum?, Freiburg – Basel – Wien 2000, 107.

[19] Das ‚Neue' Testament meint und kennt den ‚neuen und den alten Bund' (Hebr. 8, 8.13; 9, 15; 12,24; 1 Kor 11,25; 2 Kor 3,6; Lk 22,20), den ‚neuen und den alten Menschen' (Eph

liegen in der Tat nicht darin, Neues zu erfinden. Allerdings verdankt das Christentum „seinen geschichtlichen Erfolg“, so Franz-Xaver Kaufmann weiter, „der Fähigkeit, seine Botschaft stets erneut im Lichte unterschiedlicher Kulturen auszulegen. (…) In einer Epoche fortgesetzten Wandels wird auch das Christentum zu neuen Auslegungen seiner Botschaft und zur Entwicklung zeitgemäßer Formen der Vergemeinschaftung herausgefordert“,[20] was eben auch den religionsinternen Pluralismus und damit die Konfliktanfälligkeit der Kirche fördert.

Die wachsende Individualisierung und institutionelle Unkontrollierbarkeit der religiösen Kommunikation und die Legitimität des ‚Neuen‘ in einer weitgehend enttraditionalisierten Gesellschaft sind zentrale Herausforderungen für eine Religion, deren Ursprung in der Vormodernen liegt, die auf überindividuelle und überzeitliche Glaubensinhalte setzt und diesen auch exklusiven dogmatischen Wahrheitscharakter zuschreibt.

Dieser exklusionistische Wahrheitsanspruch wird in der deutschen Bevölkerung immer weniger mitgetragen, auch nur von Minderheiten unter den Kirchenmitgliedern (s. Tab).

4,24; Kol 3,10), das ‚neue und das alte Sein‘ (2 Kor 5,17), das ‚neue Gebot‘(1 Joh 2,7), den ‚neuen Teig‘ (1 Kor 5,7), die ‚erneuerte Schöpfung‘ (2 Kor 5,17; Gal 5,15), ein ‚neues Gebot‘ (Joh 13,34; 1 Joh 2, 7f; 2 Joh 2,5), die ‚erneuerte Gesinnung‘ (Eph 4,23), die unaufhörlich aus der ‚neuen Wirklichkeit des Geistes‘ (Röm 7,6; Tit 3,5) erwachsen soll.

[20] Kaufmann, Christentum, 109.

	Katholisch	Evangelisch	Muslimisch	Hessen[21]
,Exklusionismus'	12,0[22]	11,0[21]	39,0[21]	15,2[23]
,Relativismus'	74,0[24]	66,0[23]		69,8[25]
,Synkretismus'	25,0[26]	25,0[25]	42,0[25]	39,7

Tab.: Zustimmung zu ,Exklusionismus', ,Relativismus' und ,Synkretismus' in der deutschen und in der hessischen Bevölkerung 2013 [in %][27]

Die kirchlichen Autoritäten haben es schon bemerkt, dass dieser Wahrheitscharakter immer weniger kirchenintern noch beansprucht wird, können diese Tatsache aber auch nur beklagen: So hat Joseph Kardinal Ratzinger vor den Bischöfen in Chile vom 13. Juli 1988 erklärt:

[21] Hessen insgesamt 2012 vgl. Michael N. Ebertz (unter Mitarbeit von Burkhard Werner – Lucia A. Segler – Samuel Scherer), Was glauben die Hessen? Ergebnisse einer Untersuchung im Auftrag des Hessischen Rundfunks, Freiburg – Frankfurt 2012.

[22] Detlef Pollack – Olaf Müller, Religionsmonitor. Verstehen, was verbindet. Religiosität und Zusammenhalt in Deutschland, Gütersloh 2013, 17.

[23] Für die Protestantinnen und Protestanten in Hessen wurden 12,6%, für die Katholikinnen und Katholiken 18,5% und für die Muslime 37,5% ,Dogmatiker' ausgemacht. Vgl. Ebertz, Hessen, 71.

[24] Bertelsmann Stiftung, Religionsmonitor 2008, Tabellenband.

[25] Vgl. Ebertz, Hessen, 19. Stärker als ihre Glaubensgenossen in Deutschland insgesamt relativieren die religiös Gebundenen in Hessen ihre eigene Religion, indem 81,8% der Katholiken, 71,4% der Protestanten und 70,8% der befragten Muslime unterstellen, dass „jede Religion einen wahren Kern" hat.

[26] Das Item in Pollack – Müller, Religionsmonitor 2013, heißt (wie im Religionsmonitor 2008): „Ich greife für mich selbst auf Lehren verschiedener religiöser Traditionen zurück", während das Item in der Hessenstudie lautet: „Ich orientiere mich in meinem Leben an verschiedenen religiösen Traditionen." Die Muslime in Gesamtdeutschland (42,0%) bzw. in Hessen (54,2%) scheinen mehr Synkretismusfreudige in ihren Reihen zu haben als die hessischen Katholiken (51,7%) und die hessischen Protestanten (45,8%), die aber ihrerseits wiederum synkretismusfreudiger zu sein scheinen als die Katholiken und Protestanten in Gesamtdeutschland.

[27] ,Exklusionismus': Meine eigene Religion ist im Recht, andere im Unrecht; ,Relativismus': Jede Religion hat einen wahren Kern; ,Synkretismus': Ich orientiere mich an verschiedenen religiösen Traditionen.

> „Richtig aber ist, dass es in der geistigen Bewegung der Nachkonzilszeit vielfach ein Vergessen und ein Verdrängen der Wahrheitsfrage gegeben hat, ja, vielleicht ist dies sogar das eigentliche Problem für die Theologie und für die Pastoral von heute. ‚Wahrheit' schien plötzlich ein zu hoher Anspruch zu sein, ein ‚Triumphalismus', den man sich nicht mehr leisten durfte. Am deutlichsten ist dieser Vorgang zu sehen in der Krise, in die der Missionsgedanke und die missionarische Praxis geraten sind: Wenn es bei der Verkündigung unseres Glaubens nicht um die Wahrheit geht und wenn die Wahrheit nicht wesentlich ist für das Heil des Menschen, dann verliert Mission ihren Sinn."[28]

Die Einzelperson gerät damit, wenn sie denn überhaupt an der religiösen Option jenseits des Sektenformats festhält, in einen Zwang zur religiösen ‚Autogestion'[29] und zur ‚Dauerreflexion'. Die christliche Wahrheit bedarf deshalb zu ihrer Legitimation neben Predigt und Ritus anderer Formen der Kommunikation, die der Individualisierung und Unkontrollierbarkeit des Glaubens Rechnung trägt. Hier sei an eine vor beinahe 55 Jahren gemachte Aussage Helmut Schelskys erinnert, man habe die Lage des Christentums in der modernen Gesellschaft oft mit der Formel zu begreifen versucht, „dass das Christentum sich heute einem neuen Heidentum in der modernen Welt (…) gegenübersähe; diese Parallele übersieht aber", wie Schelsky bemerkte, „dass heute mit dem Christentum keine neue Wahrheit in eine alte Welt kommt, sondern sich eine alte Wahrheit gegenüber einer neuen Welt behaupten muss." Daraus erwachsen Christentum und Kirchen, so Schelsky weiter, die „Aufgabe, ihre ewige Wahrheit in veränderten, weltlich autonom gewordenen Sozialstrukturen neu zu gründen" und „eine neue soziale Gestaltung der Heilswahrheit zu finden". Damals hat Schelsky auf das Gespräch als Kommunikationsform der Dauerreflexion hingewiesen:

> „Dass ‚man miteinander spricht', scheint die institutionelle Grundforderung dieser Glaubensform zu sein. Dieses Gesprächs-Prinzip liegt allen modernen Versuchen

[28] Joseph Kardinal Ratzinger, „Eine „Konzilskirche" gibt es nicht, in: vaticanmagazin 3–4/2013, 46–52, hier 52. Vgl. dagegen Claudio Monge OP, Multikulturelles und religiöses Zusammenleben in Europa. Ein notwendiger Dialog, in: Dominikanische Perspektiven für Europa 4 (2008), 28–36, hier 36: „Würde man sich hingegen in die unnachgiebige Verteidigung der Wahrheit, in deren alleinigen Besitz man zu sein glaubt, versteigen, dann würde die Wahrheit selbst in Gefahr gebracht, da sie reduziert wird auf ein identifizierendes Element einer ethnokulturellen Identität, wobei sie ihren universalen und somit metakulturellen Status verlieren würde. Im pluralistischen Paradigma sind damit die Hindernisse für den Dialog (man denke an die Behauptung der Überlegenheit einer Wahrheit über die anderen Wahrheiten) auch Hindernisse für die Mission selbst, die als Zeugnis für den eigenen Glauben zu verstehen ist."

[29] Vgl. Pierre Bourdieu, Die Auflösung des Religiösen, in: Ders., Rede und Antwort, Frankfurt a. M. 1992, 231–237, hier 236.

zugrunde, die in sozialer Wirksamkeit eine Verlebendigung des Glaubens, eine Wiederbekehrung oder eine Sicherung der religiösen Existenz erreichen wollen (...). Den Grund dafür finden wir in der Struktur der modernen Glaubensform: Die soziale Verbindlichkeit ritueller oder nomineller Glaubensaussagen setzt eine Gleichheit der inneren religiösen Erfahrung und der Gegenständlichkeit ihres Bewusstwerdens voraus, die im dynamischen Innenleben der modernen Subjektivität und Individualität nicht mehr ohne weiteres gefunden werden kann; so muss man als primären sozialen Prozess erst einmal die subjektiven Erfahrungen und Selbstdeutungen des anderen zu Gesicht bekommen, zu verstehen versuchen und sich womöglich auf einen Bestand von Gemeinsamkeiten der Subjektivität, auf ein Verständigtsein einigen, das als sozial gemeinsame Grundlage einer Gemeinschaft im Glauben dienen kann. Da der Gefühls-, Gedanken-, Vorstellungs- und Redestrom, die Reflexionen der Subjektivität aber weiterfließen und sich auf keine Objektivierung fixieren lassen, bleibt auch diese Grundlage unstabil und ihre Wiederherstellung – das Gespräch – wird chronisch und fundamental für das Leben einer Glaubensgemeinschaft moderner Menschen."[30]

4 Erwachsenenbildung als Ort des Gesprächs und der Selbstreflexion

Das genau ist der Ort der katholischen Erwachsenenbildung, der in der Kirche von heute einen ähnlich prominenten Status benötigt wie die Liturgie, die Nächstenliebe, die Verkündigung und die Communio. Als Ort des religiösen Gesprächs und der Selbstreflexion hat sie einen stärkeren Gegenwartsbezug, ohne die religiöse Überlieferung zu ignorieren, und ist konsequent dialogischer zugeschnitten als die Predigt. Indem sie den persönlichen Erfahrungsraum der Einzelpersonen ernst nimmt und diese zu Wort kommen lässt, ist sie als Ort des religiösen Gesprächs und der Selbstreflexion autozentrischer ausgerichtet als die Diakonie, obwohl auch diese ohne Selbstliebe nicht praktiziert werden kann. Als Ort des religiösen Gesprächs und der Selbstreflexion setzt sie eher auf diskursive, denn auf präsentative und repräsentative Kommunikationsformen, obwohl auch sie Gesprächsrituale und Tabus braucht, ohne die keine Kommunikation funktioniert. Als Ort des religiösen Gesprächs und der Selbstreflexion liebt sie die Problematisierung, die Widersprüche und die Auseinandersetzung, damit sie der hochgradig pluralen gesellschaftlichen und religiösen Erfahrung der Gegenwart Rechnung trägt. Wer die katholische Erwachsenenbildung nur als ‚fünftes Rad' am Kirchenwagen begreift, hindert die Kirche und ihre Mitglieder daran, heutig zu werden und sich

[30] Schelsky, Dauerreflexion, 289f.

permanent fortzubilden („aggiornamento"). Und wer sie abschaffen will, hat noch nicht begriffen, dass der Gott der Christen ein „Gott der Zumutungen"[31] ist, der selbst zur Reflexion aufruft, indem er in seiner Selbstoffenbarung auch Rätsel aufgibt, jedenfalls auf der Adressatenseite seiner Botschaftskommunikation; denn – mit Paulus – „jetzt sehen wir in einen Spiegel und sehen nur rätselhafte Umrisse, (...) jetzt erkenne ich unvollkommen" (1 Kor 13,12). So wird „alle erreichbare Wahrheit, der vorgegebene Sinn der Welt, die transzendente Wahrheit Gottes im Geist der Menschen selbst noch einmal hervorgebracht. Neidlos setzt sich Gott", so Gottfried Bachl weiter,

> „dem Findeprozess aus und mutet sich der entdeckerischen Kraft der Geschöpfe zu, er will das Ergebnis nicht über sie hinweg erreichen, sondern durch sie, durch ihre innerste Kraft hindurch. Der in seinem Selbstsein unerreichbare Initiator wirft sich in die Rätselgestalt und wird im Herzen des Menschen geboren, der sucht und findet."[32]

Die katholische Erwachsenenbildung kann sich deshalb auch als Ort verstehen, an dem das „Kreuzworträtsel"[33] Gottes prominent mitgelöst wird – mit anderen, versteht sich, die zur Kreuzworträtselgemeinschaft namens Kirche gehören. Damit wird auch

> „Unterhaltung angeboten und genossen (...). Wer sich darauf einlässt, ein Kreuzworträtsel aufzulösen, weiß zum Schluss: nicht nur das Ergebnis, sondern der ganze Vorgang ist das Gute, der gesamte Aufwand dafür, die Zeit, die Anstrengung, die Fehler, das Gelingen."[34]

---

[31] Gottfried Bachl, Wir leben mit einem Gott der Zumutungen. Sexauer Gemeindepreis für Theologie, H. 13, Sexau 1997.
[32] Ebd., 13.
[33] Ebd., 8f.
[34] Ebd., 11.

Kirchliche Erwachsenenbildung als „Bildungspastoral"

Rainer Bucher

1 In neuen Gegenden[1]

Kirchliche Erwachsenenbildung ist Teil kirchlichen Handelns. Was das bedeutet, ist freilich alles andere als selbstverständlich. Gerade das macht es notwendig, kirchliche Erwachsenenbildung unter einer pastoraltheologischen, also auf das Gesamte des kirchlichen Handelns bezogenen Perspektive zu betrachten. In der Pastoraltheologie geht es darum, dass die (katholische) Kirche nicht in der bloßen Erinnerung an ihren Ursprung oder an vermeintlich bessere Zeiten stecken bleibt und auch nicht in der bloßen Sorge um ihr institutionelles Funktionieren.[2] Beides sind sehr aktuelle Gefahren von Kirche in jenen neuen, noch ziemlich unbekannten Gegenden, in denen sie sich offenkundig befindet, hier in unseren Breiten, aber durchaus nicht nur hier.

Denn allen Kontinuitätsfiktionen zum Trotz muss man festhalten: Wir leben in wirklich neuen kulturellen Gegenden. Sicher: Die aktuellen Revolutionen kommen seit einiger Zeit eher leise und vor allem unvorhergesehen daher. Aber das ist nur ihre postmoderne Erfolgsgarantie. Die Gegenwart, das ist die Zeit von Revolutionen, die irreversibel sind, wenn sie bemerkbar werden, und die so ziemlich alle ausgesprochen überraschend daherkommen.

Was die Umwälzungen der letzten Jahrzehnte bereits alles auf den Kopf gestellt haben und noch auf den Kopf stellen werden, ist erst nur zu erahnen. Man betrachte das Medium Internet oder die Erlebnisse vom 11. September 2001. Was es wirklich bedeutet, dass Frauenbiografien nicht mehr länger an Männerbiografien zwangsgekoppelt sind, dass sich jenseits der Gutenberg-Galaxie plötzlich neue mediale und also Zeichen-

---

[1] Siehe zum Folgenden ausführlicher Rainer Bucher, Wenn nichts bleibt, wie es war. Zur prekären Zukunft der katholischen Kirche, Würzburg [2]2012, 15–55.

[2] Vgl. dazu Rainer Bucher, Theologie im Risiko der Gegenwart. Studien zur kenotischen Existenz der Pastoraltheologie zwischen Universität, Kirche und Gesellschaft, Stuttgart 2010.

Universen auftun[3], dass der globale Kapitalismus auch kulturell hegemonial wird, das deutet sich erst an.
Die kulturellen Grundlagen unserer Existenz verändern sich unter der Alltagsoberfläche einer mittlerweile sehr brüchigen Kontinuitätsfiktion permanent. Das geht seit Jahrhunderten und ist daher nichts wirklich Neues. Das Neue dürfte seit einiger Zeit darin liegen, dass der Wandel schneller und anders geschieht, als unser Begreifen und Planen es sich denken wollte. Während vormoderne Zeiten sich als die eher kleinen Nachfolger einer großen Vergangenheit begriffen und moderne Zeiten glaubten, die großen Vorläufer noch größerer Zeiten zu sein, ahnt die Gegenwart, dass wir die ebenso handlungsmächtigen wie ein wenig ratlosen Macher einer Zukunft sind, von der wir zwar wissen, dass wir sie gemacht, aber wahrscheinlich so nicht gewollt haben.
Wir leben in ziemlich neuen kulturellen Gegenden mit enormem Überraschungspotential. Kein Wunder, dass die katholische Kirche in einer Krise ist, wenn denn „Krise" hier wie alltäglich verstanden wird, zu spüren, dass es nicht mehr weiter geht wie bisher, aber auch nicht genau gewusst wird, wie es weiter gehen könnte. Wenn Jürgen Habermas „Krise" als jenen Zustand definiert, in dem „die Struktur eines Gesellschaftssystems weniger Möglichkeiten der Problemlösung zulässt, als zur Bestandserhaltung des Systems in Anspruch genommen werden müssten"[4], dann meint das nichts viel anderes.

2 Verflüssigungen[5]

Wenn auch der Bestand der großen christlichen Kirchen nicht zuletzt auf Grund einigermaßen vorteilhafter rechtlicher und finanzieller Absicherungen in Deutschland aktuell nicht unmittelbar gefährdet scheint und der staatliche Rettungsschirm aus den großen Religionsgemeinschaften noch einige Zeit halten dürfte, der Schock über ihre „zweite Entmachtung", diesmal in den Köpfen ihrer eigenen Mitglieder, steckt den Kirchen noch ziemlich in den Knochen – vor allem der einst so institutionsstolzen katholischen Kirche.

---

[3] Vgl. Jochen Hörisch, Der Sinn und die Sinne. Eine Geschichte der Medien, Frankfurt a. M. 2001; Norbert Bolz, Am Ende der Gutenberg-Galaxis. Die neuen Kommunikationsverhältnisse, München 1993.
[4] Jürgen Habermas, Legitimationsprobleme im Spätkapitalismus, Frankfurt a. M. 1973, 11.
[5] Grundlegend: Zygmunt Bauman, Flüchtige Moderne. Frankfurt a. M. 2003 [Original Zygmunt Bauman, Liquid Modernity, Cambridge 2000].

Dafür spricht nicht zuletzt ihre beobachtbare interne Pluralisierung, etwa die immer spannungsreichere Ausdifferenzierung zwischen neo-orthodoxistischen Kristallisierungen einerseits und kulturreligiösen Angeboten an die aktuelle Eventkultur andererseits, eine von manchen Binnenpluralisierungen der Kirchen, die sich als Reaktionsdifferenz auf die Herausforderungen durch die neue religiöse Situation der Gegenwart interpretieren lassen.

Nun ist der religionsgemeinschaftliche Abstieg der deutschen katholischen Kirche unvermeidlich. Alle Indikatoren, zuletzt sogar die Tauf- und Trauquoten, weisen nach unten – mit Ausnahme übrigens ausgerechnet des Kirchensteueraufkommens[6] und auch dieses droht auf lange Sicht wegen Schwund und Überalterung der Kirchensteuerzahler zu sinken. Auch werden die traditionellen Wege kirchlicher Sozialisation kaum mehr beschritten. Dass zur Zeit in Deutschland aus Geld- und Gläubigenmangel die ersten Kirchengebäude verkauft oder umgenutzt werden, ist da mehr als ein symbolisches Aperçu.[7]

Zur Zeit bricht jenes „konstantinische" Konstitutionssystem der Kirchen zusammen, das sie seit der Spätantike durch alle geschichtlichen Brüche hindurch stabil und gleichzeitig flexibel gehalten hatte und das im „katholischen Milieu" der Pianischen Epoche noch einmal (defensiv-) triumphale Verdichtung erfahren hatte, mit welchen Folgelasten auch immer, wie etwa mangelnder Zeitgenossenschaft und defizitärer politischer Analysefähigkeit.

Die Lizenz, sich der Religion und ihren Institutionen gegenüber frei zu verhalten, ist nunmehr auch bei den religiöse Herrschaft durchaus gewohnten Katholikinnen und Katholiken angekommen. Dieser „Einbruch der Moderne" traf gerade die katholische Kirche ziemlich hart. Die Schleifung ihrer im 19. Jahrhundert sorgfältig errichteten und theologisch abgesicherten Institutionsfestung in der Mitte des 20. Jahrhunderts hat sie einigermaßen überraschend getroffen. Vor allem die Tatsache, unter den

---

[6] http://www.dbk.de/fileadmin/redaktion/diverse_downloads/Diagramm-Kirchensteuer_1991-2011.pdf. Die Taufquote (mindestens ein Elternteil katholisch) sank von 86,9% (1960) auf 70% (2010). Die Zahl der katholischen Trauungen halbierte sich von über 110.000 Ende der 1980er Jahre auf 46.021 im Jahr 2011. Demgegenüber nahm die Zahl der zivilen Eheschließungen nur wenig von 398 608 im Jahre 1989 auf 377 816 im Jahre 2011 ab (https://www-genesis.destatis.de/genesis/online/link/tabelleErgebnis/12611-0001). Siehe dazu auch das informative Buch Thomas von Mitschke-Collande, Schafft sich die katholische Kirche ab? Analysen und Fakten eines Unternehmensberaters, München 2012, 103.

[7] Vgl. Angelika Büchse u.a. (Hg.), Kirchen. Nutzung und Umnutzung, Münster 2012.

permanenten Zustimmungsvorbehalten der eigenen Mitglieder geraten zu sein, bereitet der katholischen Kirche nach wie vor große Adaptionsprobleme.

Religiöse Partizipation und religiöse Praktiken organisieren sich dramatisch abnehmend in den Kategorien von exklusiver Mitgliedschaft, lebenslanger Gefolgschaft und umfassender religiöser Biografiemacht, wie sie klassisch für das Konzept (katholische) „Kirche“ charakteristisch waren. Religiöse Praktiken werden im Zuge der globalen Durchsetzung eines liberalen, kapitalistischen Gesellschaftssystems in die Freiheit des Einzelnen gegeben und folgen damit nur vielen anderen, ehemals der Entscheidungsfreiheit des Individuums entzogenen Praktiken, etwa der Orts-, Kleidungs-, Berufs- oder Partnerwahl.

An Stelle normativer Integration tritt situative, temporäre, erlebnis- und intensitätsorientierte Partizipation auch im religiösen Feld.[8] Seit einiger Zeit, wenn auch noch nicht lange, gilt das auch für Katholikinnen und Katholiken. In den ehemaligen monopolistischen religiösen Institutionen wird ihre Abhängigkeit vom Entscheidungskalkül ihrer eigenen Mitglieder zumeist unter den negativ besetzten Kategorien „Wahlchristentum“, „Synkretismus“ oder „Säkularisierung“ kommuniziert. Denn solch eine „dekonstruktive“ Situation, der Zwang also in den Ruinen des zerfallenden kirchlichen Machtsystems zu leben, demütigt und ist nicht leicht zu ertragen.

3 Die Rolle der Erwachsenenbildung bisher[9]

Auf die Individualisierungs- und Pluralisierungskrise, auf die Krise mithin der ans Individuum übergebenen Gestaltungslizenz des Religiösen haben die reichen katholischen Ortskirchen Österreichs und Deutschlands sehr früh und sehr spezifisch reagiert. Ausgestattet mit enormen finanziellen und auch personalen Ressourcen entwickelten sie in der Krise ihrer, im 19. Jahrhundert entstandenen, Sozialform in den 60er und 70er Jahren des 20. Jahrhunderts eine Doppelstrategie: „Pastoral-konzeptionelle Ge-

---

[8] Vgl. dazu Markus Hero, Das Prinzip „Access“, in: Zeitschrift für Religionswissenschaft 17 (2009), 189–211.

[9] Das Folgende greift zurück auf Rainer Bucher, Bildungspastoral. Zur notwendigen Kirchlichkeit katholischer Erwachsenenbildung, in: EB 57 (2011), 27–30; Ders., In der Geld-Krise. Was man in ihr lassen sollte und was man versuchen könnte, in: EB 50 (2004), 173–176; Ders., Vor der Krise. Die katholische Kirche und ihre Erwachsenenbildung, in: EB 47 (2001), 189–193.

meindeprivilegierung bei realem Funktionsverlust der Gemeinde.“ Man wertete damals, ungefähr ab den 70er Jahren, (vor allem pastoral-) theologisch, aber auch sozialpsychologisch die (Pfarr-)Gemeinde enorm auf, differenzierte gleichzeitig aber immer mehr ihrer Funktionen aus ihr hinaus.

Im Rahmen dieser Doppelstrategie entstehen, wachsen und gedeihen Diakonie, Jugendarbeit und viele und vieles andere – und auch die katholische Erwachsenenbildung. Im gewissen Sinne ist diese Doppelstrategie bis heute die Basis ihrer Existenz, es betrifft sie daher, wenn diese Basis brüchig wird. Denn genau diese Doppelstrategie, pastoral-konzeptionelle Gemeindeprivilegierung bei realem Funktionsverlust der Gemeinde, funktioniert nicht länger. Sie ist aus Ressourcengründen nicht länger durchzuhalten und so wird jene interne Selbstwidersprüchlichkeit, an der sie von Anfang an litt, nun endgültig unübersehbar.

Denn der ekklesiologischen, vor allem aber der pastoral-praktischen Privilegierung der Gemeinde entsprach ganz gegenläufig ein realer Funktionsverlust der Gemeinden. Kirchliches Handeln hatte sich schon im vorkonziliaren katholischen Milieu zunehmend professionalisiert, damals aber, begünstigt durch das spezifisch deutsche Kooperationsmodell von Kirche und Staat, beschleunigte sich diese Entwicklung rasant. Die alte Pfarrerrolle wurde in ein Set von Hauptamtlichenberufen ausdifferenziert. Kirchliches Handeln geschah nun zunehmend durch eine immer größere Zahl von gut und sektorenspezifisch ausgebildeten kirchlichen Mitarbeiterinnen und Mitarbeitern.

Die Logik dieser institutionellen Expansion war auf professionalisiertes Handeln vor Ort hin angelegt und ließ sich in immer mehr kirchlichen Handlungsfeldern auch nicht mehr wirklich unter priesterliche Kontrolle bringen. Seit den 70er Jahren professionalisierte und entklerikalisierte sich kirchliches Handeln rasant.

Professionalisierung bedeutet immer auch langsames, aber unaufhaltsames Hinauswandern der sich professionalisierenden Handlungsfelder aus der Gemeinde. Das galt für die Diakonie, das galt für die Schule, das galt auch für die Erwachsenenbildung. Die katholische Kirche in Deutschland agiert gegenwärtig zum einen als zunehmend schwächelnde Gemeindekirche und andererseits als Bündel relativ unabhängiger kirchlicher Service-Center, die sich in ihren jeweiligen gesellschaftlichen Teilmärkten (Wohlfahrtssystem, Bildungssystem, Schule) offenkundig relativ erfolgreich schlagen.

4 Welche Herausforderungen ergeben sich aus dieser Situation für die katholische Erwachsenenbildung?

Diese Strategie „Pastoral-konzeptionelle Gemeindeprivilegierung bei realem Funktionsverlust der Gemeinde“ kommt aber nicht nur an finanzielle und personelle Ressourcengrenzen, auch die Tatsache, dass nicht mehr die Gemeinde der selbstverständliche soziale Mikrokosmos der persönlichen Religion ist, sondern die weitgehend selbstentworfene Religion den Kosmos bildet, in dem Menschen ihre religiösen Orte und Praktiken suchen oder verwerfen, verändert die Grundlagen.

Damit dürfte aber die zentrale Herausforderung für katholische Erwachsenenbildung innerhalb der aktuellen kirchlichen Situation beschreibbar werden: Als weitgehend gemeindeunabhängiger, weitgehend professionalisierter und ebenso weitgehend entklerikalisierter Handlungsort der Kirche kommt sie dann in eine Krise, wenn jene Doppelstrategie „Pastoral-konzeptionelle Gemeindeprivilegierung bei realem Funktionsverlust der Gemeinde“ nicht mehr länger durchhaltbar ist. Das aber ist gegenwärtig der Fall.

Rein logisch gibt es daraus drei Auswegstrategien: Zum einen wäre es natürlich denkbar, katholische Erwachsenenbildung wieder in den Dienst der Gemeinde oder gleich des Klerus zu stellen, mithin zur inneren Formierung und äußeren Missionierung zu instrumentalisieren. Letztlich liefe es darauf hinaus, kirchliche Erwachsenenbildung als spezifische und thematisch etwas weiter gefasste Form der Katechese zu betreiben. Das dürfte dem entsprechen, was – neben der Kompensation des katholischen Bildungsdefizits – vorkonziliar Zweck und Ziel von Erwachsenenbildung gewesen ist, heute allerdings wohl nur in kleinen, wiewohl nicht ganz einflusslosen Kreisen ausgesprochen konservativer bis traditionalistischer Katholikinnen und Katholiken gewünscht wird.

Zum anderen, und das scheint schon mehrheitsfähiger zu sein, kann die katholische Erwachsenenbildung natürlich auch versuchen, sich aus der Kirche „hinauszuretten“. Das wäre dann der Versuch, sich auf dem Markt der außerschulischen Bildung mehr oder weniger einen gesellschaftlichen Unverzichtbarkeitsstatus zu erarbeiten: durch professionelle Kompetenz, inhaltliche Prägnanz und institutionelle wie personelle Präsenz. Das wäre das logische Handlungsmodell innerhalb einer Zivilgesellschaft, die, außergewöhnlich genug für die deutsche Gesellschaftsgeschichte, endlich weniger dem Staat als einem pluralen Geflecht nicht-staatlicher Akteure, etwa auch im Bildungswesen, vertraut.

Diese beiden Reaktionsvarianten auf die neue Lage der kirchlichen Erwachsenenbildung umgehen die Herausforderungen, die in dieser Krise stecken. Die erste Variante will zurück zur Kirche als geschlossenem System mehr oder weniger homogener Biografien, Doktrinen und kultureller Milieus – und wird an der Inhomogenität der Biografien, des Denkens und der kulturellen Milieus scheitern. Die zweite Variante operiert sehr pragmatisch und umgeht die Herausforderungen durch Kontrastabblendung: Man will dann letztlich mit dem ungemütlichen Rest der Kirche nicht mehr viel zu tun haben. Nur entgeht man so den innerkirchlichen Herausforderungen wohl nur eine kurze Zeit. Vor allem aber verspielt man den potentiellen Ressourcengewinn, der in der eigenen Kirchlichkeit steckt.

Womit eine dritte Variante, jenseits von Reintegration der Erwachsenenbildung in die Pfarrpastoral oder ihrer tendenziellen Flucht vor der eigenen Kirchlichkeit, gefunden werden muss. Diese Variante kann nur gefunden werden, wenn die Herausforderung einer neuen Lage der kirchlichen Erwachsenenbildung wirklich angenommen wird.

Worin aber liegt diese Herausforderung? Wenn die oben angestellten Analysen zutreffen, dann steckt die katholische Kirche in einem massiven Integrations-, besser Desintegrationsproblem. Zur Zeit bricht die Wahrnehmung dieser Desintegration kirchlicher Handlungsorte massiv in die kirchliche Selbsterfahrung herein, was in hohem Maße wechselseitige Legitimationsanwürfe produziert.

Was sich jetzt schon etwa an wechselseitigen Ressentiments zwischen Priestern und Laientheologinnen und -theologen abspielt, das wird sich in Zeiten verknappender Ressourcen und sinkender Anteile am Markt des Religiösen innerkirchlich aller Voraussicht nach verallgemeinern. Diese vorhersehbare Desintegrationswahrnehmung stellt für alle kirchlichen Handlungsfelder eine enorme Herausforderung dar, vor allem aber für jene, welche einerseits nicht (mehr) gemeindenah arbeiten, andererseits aber einen hohen Finanzierungsanteil durch die Kirche aufweisen. Das ist bei der kirchlichen Erwachsenenbildung der Fall und daher steht sie auch mit am schärfsten im Wind des Sparens.

Nun ist dem kirchlichen Handlungsort „katholische Erwachsenenbildung" in dieser Situation, die grundsätzlich alle kirchlichen Handlungsorte betrifft, ein Spezifikum zu eigen: Er reproduziert dieses Integrationsproblem teilweise auch in sich selbst. Was nämlich mit Diakonie, Gemeinde, Bildungseinrichtungen, Hilfswerken institutionellen kirchlichen Handlungsorten entspricht, das bearbeitet kirchliche Erwachsenenbildung thematisch in einer ganz ähnlichen Bandbreite zwischen Beziehungsklärung und Gottesfrage, zwischen politischem Seminar und Sorge um sich in Körper und Kreativität.[10]

Katholische Erwachsenenbildung als primär diskursiver Ort bearbeitet thematisch und also sprachlich jene Vielfalt, welche die ausdifferenzierte und professionalisierte Kirche der Bundesrepublik in ihren Handlungsorten institutionell reproduziert. In der skizzierten Situation einer zwar vollzogenen, aber letztlich nicht theologisch wirklich begriffenen und daher bedrohten Ausdifferenzierung kirchlichen Handelns könnte genau diese Eigenschaft, die der katholischen Erwachsenenbildung bisweilen als Beliebigkeit vorgeworfen wird, zur Chance werden. Man sollte ja generell immer versuchen, aus seinem Stigma ein Charisma zu machen.

Was ist das Stigma der kirchlichen Erwachsenenbildung? Alles ein wenig zu machen und für nichts ganz zu stehen. Daraus kann ein Charisma werden, wenn es die kirchliche Erwachsenenbildung schafft, aus dem Kontrast ihrer Themen etwas Kreatives zu machen, sie also weder banal zu harmonisieren, noch autoritär zu hierarchisieren, noch additiv zu summieren, sondern zur wechselseitigen Erschließung zu nutzen.

Sie könnte dann ein Experimentierfeld sein, auf dem die säkulare Bedeutsamkeit des Glaubens und der religiöse Sinn des Säkularen heute entdeckt werden können. Genau darin wäre sie ein Vorbild für die Kirche. Katholische Erwachsenenbildung wäre dann als paradigmatischer pastoraler Ort in spätmodernen Zeiten zu verstehen und wichtiger noch zu entwerfen.

„Pastoral" ist seit dem Zweiten Vatikanischem Konzil ein Gesamtbegriff für das Evangeliums gemäße Handeln der Kirche in ihrer Gegenwart.[11] Pastoral meint jenes Handlungsverhältnis der Kirche zur Welt, welches das Volk Gottes vom Evangelium her aufzubauen hat. Pastoral ist damit ein kriteriologischer, kein institutionalistischer Begriff: Er bezeichnet ein spezifisches Handeln des Volk Gottes und nicht automatisch das Handeln spezifischer kirchlicher Institutionen.

Katholische Erwachsenenbildung als pastoralen Handlungsort der Kirche zu verstehen und zu entwerfen bedeutet, sie dort anzusiedeln, wo seit ei-

[10] Vgl. etwa die instruktive statistische Dokumentation der durchgeführten Veranstaltungen und ihrer thematischen Verteilung im Jahresbericht 2000 der KBE, Bonn 2001, 45–52.

[11] Zum Pastoralbegriff des Konzils siehe Elmar Klinger, Armut – eine Herausforderung Gottes. Der Glaube des Konzils und die Befreiung des Menschen, Zürich – Einsiedeln – Köln 1990, 96–134.

niger Zeit das Leben aller Christen angesiedelt ist – im Kontrast der multiplen Perspektiven auf die Themen des Glaubens. Genau das aber, das Evangelium handlungsbezogen in den Kontrasten der Gegenwart zu entdecken, meint „Pastoral". Katholische Erwachsenenbildung ist kein „Vorfeld" der Pastoral, sie ist ein unverzichtbarer, also konstitutiver Ort der Pastoral, ja vielleicht sogar ein privilegierter.

Sie sollte daher „Religion, Spiritualität und Theologie" nicht neben ihren sonstigen Themen an den Mann und an die Frau bringen wollen, sondern als Laboratorium der Entdeckung der säkularen Bedeutsamkeit des Glaubens und des religiösen Sinns des Säkularen sich entwerfen.

5 Die katholische Erwachsenenbildung in einer zukünftigen Sozialform der Kirche

Das brächte die kirchliche Erwachsenenbildung zurück ins Zentrum kirchlicher Konstitutionsdebatten und -prozesse. Freilich spricht nichts dafür, dass sich die jetzige, recht unüberschaubare diskursive, politische und strukturelle Gemengelage auflösen und Klarheit und Einmütigkeit darüber bestehen wird, was denn Kirchlichkeit konkret meint. Selbst wenn es einen solchen Konsens gäbe, bedeutete dies nicht, dass man auch wirklich die Realität danach ausrichtet. Denn so einfach läuft Steuerungshandeln in hochkomplexen Organisationen nicht, zumindest nicht mehr.

Unter diesen etwas desillusionierenden Voraussetzungen sehe ich dann aber doch vielversprechende Perspektiven für die kirchliche Erwachsenenbildung in der zukünftigen Pastoral der Kirche. Dabei setze ich voraus, dass sich die Verantwortlichen der katholischen Erwachsenenbildung (endlich) einmischen in das Gespräch um diese zukünftige Pastoral, dass sie also nicht zuerst an sich, sondern an das Ganze denken. Denn es hängt für die kirchliche Erwachsenenbildung alles davon ab, wie die Kirche auf ihre irreversiblen Abstiegserfahrungen reagiert, ob mit einem Modell der Exklusion oder einem Model der Inklusion, sozialtechnologisch-modern oder geistlich-konziliar.

Im ersten Fall würde die kirchliche Erwachsenenbildung zur innerkirchlichen Immunisierungsinstanz gegen die Relativismen der modernen Welt regredieren. Das kann man natürlich versuchen, aber wirklich brauchen wird man solch eine Erwachsenenbildung nicht: staatlich und gesellschaftlich sowieso nicht, innerkirchlich aber auch nur sehr begrenzt, denn Immunisierung ist kein Bildungsprozess, sondern so ziemlich das Gegenteil.

Am wichtigsten aber: Die kirchliche Erwachsenenbildung muss sich nicht zur „Pastoral" in Beziehung setzen, sondern sich als Pastoral erweisen, wenn sie unverzichtbar sein will. Kirchliche Erwachsenenbildung ist selbst pastorales Handeln, wenn denn Pastoral mit dem Konzil die kreative, situative, handlungsbezogene Konfrontation von Evangelium und Existenz in Wort und Tat meint.

Als „Pastoral zweiter Reflexionsstufe" ist kirchliche Erwachsenenbildung nun aber ein zentraler Ort, um gegen die drohende Exkulturation des Christentums aus spätmodernen Gesellschaften anzugehen. Oliver Roy hat schlüssig dargelegt, dass die Kehrseite des Säkularisierungsprozesses, also der legitimen Entstehung nicht religiös dominierter gesellschaftlicher Bereiche, die Entstehung kulturell desintegrierter, alternativer religiöser Vergesellschaftungsformen ist. Säkularisierung und Globalisierung hätten „die Religionen gezwungen", so Roy, „sich von der Kultur abzulösen, sich als autonom zu begreifen und sich in einem Raum neu zu konstituieren, der nicht mehr territorial und damit nicht mehr der Politik unterworfen ist."[12] Ob das ein Zwang oder eine Verführung ist und vor allem, wie sich dieser Exkulturationsdruck zur eigenen Botschaft verhält, genau diese Frage steht an.

Bei Paul VI. wird der parallele Befund anders gedeutet, wenn er in *Evangelii nuntiandi* schreibt: „Der Bruch zwischen Evangelium und Kultur ist ohne Zweifel das Drama unserer Zeitepoche."[13] Jedenfalls gibt es diesen Exkulturationsdruck und christlich gesehen ist er eindeutig eine Verführung, denn das Christentum ist eine inkarnatorische, universalistische Erlösungsreligion.

Die kirchliche Erwachsenenbildung hat hier auf der Basis des für sie konstitutiven Bildungsbegriffs eine zentrale Aufgabe. Denn Bildung ist in ihrem klassischen Verständnis zuerst Selbstbildung, Entwicklung von Persönlichkeit. Sie ist nicht Zurichtung des Individuums zu einer spezifischen Brauchbarkeit, sondern hat ihr letztes Kriterium an der Menschwerdung der Adressaten der Bildungsarbeit selbst. Dieser Gedanke ist dem Bildungsbegriff von seiner Herkunft im deutschen Idealismus her eingeschrieben.

---

[12] Olivier Roy, Heilige Einfalt. Über die politischen Gefahren entwurzelter Religionen, München 2010, 20.

[13] Paul VI., Apostolisches Schreiben über die Evangelisierung in der Welt von heute „Evangelii nuntiandi" vom 08. Dezember 1975 (VApS 2), Bonn 1975, 23.

Der personale Charakter des Bildungsprozesses, immer noch die zutreffendste Unterscheidung des Bildungs- von anderen Erkenntnisprozessen, beruht auf der personalen Relevanz der Bildungsinhalte für den Einzelnen. Diese personale Relevanz entzieht sich in der Regel der unmittelbaren Nachprüfbarkeit, bisweilen übrigens auch für den Einzelnen selbst. Bildungsarbeit ist daher je relevanter, desto ergebnisoffener und erfolgsunsicherer sie ist.

Die christliche Religion ist aber ein Bildungsinhalt par excellence, nicht nur, weil es in ihr um die größten denkbaren Kontraste und Differenzen, jene zwischen Gott und Welt, zwischen Schöpfung und Erlösung, zwischen Gut und Böse geht. Sondern auch, weil sie das Ziel jeder Bildungsarbeit, die Menschwerdung, teilt und als Menschwerdung vor Gott und in Gottes Liebe fußt.

Wenn Inkulturation in strukturell säkularisierten Gesellschaften mit individueller Religionsnutzung eben nicht mehr in großkollektiven, traditionell bestimmten, also alternativlosen, selbstverständlichen Räume geschieht, sondern plural und dezentral, ergebnisoffen und revisionsfähig, dann braucht es viele Orte, an denen der Bruch zwischen Evangelium und Kultur in einen kreativen Kontrast gebracht werden kann.

Die katholische Erwachsenenbildung kann daher als „Bildungspastoral“ beschrieben werden. Sie ist Pastoral, denn in ihr geht es oder sollte es, wie in jedem kirchlichen Handeln, um die kreative, situative Konfrontation von Evangelium und Existenz in Wort und Tat gehen. Als Bildungsprozess aber, also als persönlichkeitsbildender Erkenntnis- und Entwicklungsprozess, ist sie in einer ausdifferenzierten Bildungsgesellschaft ein wichtiger kirchlicher Vollzug. Wenn die Schnittstellen zwischen Innen/Außen, Tradition/Gegenwart, Säkularität/Religion, Institution und Existenz liquide, multipel und zunehmend festgestellt werden, wogegen kein Protest hilft, sondern nur kreative Reaktion, dann braucht es viele Orte, an denen dieser Kontrast ergebnisoffen, erkenntnisintensiv und existentiell orientiert aktualisiert wird.

Das begriffliche, ästhetische, weisheitliche Archiv des Christentums ist reich gefüllt vom Glauben unserer Mütter und Väter. Es braucht viele Orte, wo man die eigene christliche Tradition neu entdecken kann. Es braucht dazu intellektuell, ästhetisch, religiös und kommunikativ starke Orte, es braucht dazu vor allem Orte außerhalb geschlossener Räume, so einladend sie sich geben mögen und so voraussetzungsreich sie doch sind, wie etwa die Pfarrgemeinden.

Der zentrale innerkirchliche Konflikt dürfte heute und in absehbarer Zeit jener zwischen sozialtechnologischer Exklusionslogik der Moderne, dem lange auch die katholische Kirche folgte, und der geistlichen Inklusions- und Differenzierungslogik des Zweiten Vatikanischen Konzils sein. Dieser Konflikt wird sich zuspitzen, je unübersehbarer die religionsgemeinschaftlichen Abstiegserfahrungen der katholischen Kirche werden.

Das Zweite Vatikanische Konzil widersetzte sich jenem Exkulturationspfad, den ihr die moderne Gesellschaft anbot und der sich ihr sozialpsychologisch im gewissen Sinn sogar nahe legt. Kirchliche Erwachsenenbildung muss sich ihm um der Inkulturationsfähigkeit des Glaubens und wegen dessen konkreter Existenzbedeutsamkeit entgegenstellen. Sie kann es auch zusammen mit anderen, konkurrenzfrei und selbstlos, selbstbewusst und demütig, in realisierter Kirchlichkeit und konkreter Kompetenz.

Erwachsenenbildung und Pastoral – Ein spannungsreiches Verhältnis

Judith Könemann

Die Frage nach dem Verhältnis von Pastoral und Bildung, insbesondere unter dem Blickwinkel einer Bildung für Erwachsene, begleitet die Erwachsenbildung im Grunde seit ihrem Entstehen, stellt sich aber in den vergangenen Jahren unter den veränderten kirchlich-pastoralen Bedingungen in verschärfter Form. Seit ihrer Entstehung ist Erwachsenenbildung von dem doppelten Grundauftrag geleitet, einerseits nach innen in die Kirche hinein zu wirken und mit ihren Bildungsbemühungen innerkirchliche Prozesse wie Gemeindebildung und Pastoral sowie die Bildung der einzelnen Subjekte voranzutreiben und andererseits gleichzeitig in die Gesellschaft hinein zu wirken und die Kirche in der Gesellschaft zu vertreten und die dort stattfindenden Prozesse kritisch zu begleiten.

Dies belegt schon ein kurzer Blick in die Geschichte der kirchlichen Erwachsenenbildung.[1] So liegt die Wurzel der innerkirchlichen, auf die Gläubigen selbst gerichtete Ausrichtung der Erwachsenenbildung in der Ausdifferenzierung der Katechese als einem eigenständigen Handlungsbereich der Pastoraltheologie, die auf die Einführung und Unterweisung in den katholischen Glauben abzielte und damit auf den Bildungsprozess des gläubigen Katholiken in seinem Glauben.[2]

Dieser religiös-theologischen Erwachsenenbildung geht es – wie Adolf Exeler formulierte – um die „Aktivierung des Gläubigen in den Angelegenheiten des Glaubens"[3] und um eine Bildung aus dem Glauben. Bereits Johann Michael Sailer (1751–1832) unterschied zwischen der Erziehung und der Bildung, die für ihn chronologisch aufeinander folgten. Diese

---

Der Text fußt auf einem Vortrag, der im Rahmen der Tagung „Theologische Erwachsenenbildung zwischen Pastoral und Katechese" anlässlich des 40-jährigen Bestehens des Münchner Bildungswerks gehalten wurde. Für die Druckfassung wurde er leicht überarbeitet.

[1] Vgl. Josef Olbrich – Horst Siebert (Hg.), Geschichte der Erwachsenenbildung in Deutschland. Opladen 2001; Hans Tietgens, Der Beitrag der Erwachsenenbildung zur gesellschaftlichen Emanzipation, in: Horst Siebert (Hg.), Begründungen gegenwärtiger Erwachsenenbildung, Braunschweig 1977, 122–131.

[2] Selbstverständlich gibt es die Katechese nicht erst seit diesem Zeitpunkt, aber als Gegenstand intensiver Reflexion war sie im Rahmen der theologischen Fächer lange Zeit in die Pastoraltheologie integriert.

[3] Adolf Exeler, Die Bedeutung der Theologischen Erwachsenenbildung für Kirche und Gesellschaft, in: EB 16 (1970), 69–82, hier 77.

Bildung war gerade nicht auf die Heranwachsenden beschränkt, sondern richtete sich vornehmlich an Erwachsene, und sie zielte nicht nur auf die Bildung im Glauben, sondern auch auf eine allgemeine Bildung, insofern es keine religiös-theologische Bildung ohne allgemeine und keine allgemeine ohne religiös-theologische Bildung gibt. Dadurch, dass Sailer ein Bildungsverständnis formulierte, das sowohl in der christlichen Anthropologie als auch im aufklärerischen Gedankengut wurzelte, schuf er die Basis für das, was später „Erwachsenenbildung" genannt wurde.[4]

Zugleich wurde der von Sailer entwickelte Ansatz entscheidend für die zweite Wurzel der Erwachsenenbildung, die in der so genannten Volksbildung des 19. Jh. als Reaktion auf die Folgen der Industrialisierung zu sehen ist und die sich mit der Tradition der Sozialpastoral verband, vor allem mit einem engen Konnex zum – modern gesprochen – Solidaritätsverständnis. Insbesondere hierin findet die gesellschaftliche Ausrichtung der Erwachsenenbildung ihren Ausdruck. So verknüpfte sich die kirchliche Bildung Erwachsener im 19. Jh. in entscheidender Weise mit der sozialen Frage und der sozialen Pastoral und hatte zusammen mit der Volksbildung das Ziel, durch Bildung und Aufklärung den Pauperismus zu überwinden.

Insbesondere die mit der Sozialpastoral verbundene Quelle der Erwachsenenbildung führte die Erwachsenenbildung dazu, sich als diakonische und solidarische zu verorten; dieses Grundverständnis nimmt die kirchliche Erwachsenenbildung nach wie vor für sich in Anspruch. Diese Verknüpfung zwischen dem Solidaritätsgedanken und kirchlicher Erwachsenenbildung hat mehrere Facetten: Eine erste Verbindungslinie zwischen Solidarität und Erwachsenenbildung besteht in Verantwortung und Partizipation, auf die sowohl Erwachsenenbildung als auch Solidaritätshandeln hin ausgerichtet sind. Beide zielen auf die Möglichkeit und Wahrnehmung von Verantwortung für die eigene Person wie für die Gesellschaft sowie auf die Möglichkeit der Partizipation des Individuums an gesellschaftlichen Prozessen. Eine zweite Verbindungslinie ist darin zu sehen, dass beide, Erwachsenenbildung wie Solidaritätshandeln, von allen kirchlichen Praxisfeldern am meisten von den gesellschaftlichen Modernisierungs- und Veränderungsprozessen betroffen sind.

---

[4] Vgl. Johann Michael Sailer, Kleinere pädagogische Schriften und Abhandlungen, Paderborn 1911, 129f; Berthold Uphoff, Kirchliche Erwachsenenbildung. Befreiung und Mündigkeit im Spannungsfeld von Kirche und Welt, Stuttgart 1991, 82f.

Man könnte auch sagen: Nirgendwo berühren sich Kirche und moderne Welt/Gesellschaft mehr als in den kirchlichen Praxisfeldern der Erwachsenenbildung und des Solidaritätshandelns und deshalb sind diese beiden Arbeitsfelder auch diejenigen, die am meisten durch die gesellschaftlichen Einflüsse mitbestimmt werden. Eine dritte Verbindungslinie liegt in den sich überschneidenden Zielen von Bildung und Solidaritätshandeln, die mit den Stichworten der Mündigkeit, Verantwortung, Partizipation und Ermächtigung benannt werden können. Diese Ziele werden aus einem konkreten Bildungsverständnis hergeleitet, welches der kirchlichen Erwachsenenbildung zugrunde liegt.

Trotz dieser historisch auszuweisenden Wurzeln und innerkirchlichen Begründungsstrukturen ist die kirchliche Erwachsenenbildung in den letzten Jahren sowohl seitens des Staates, durch den sie zum großen Teil finanziert wird, aber auch innerkirchlich zunehmend unter Druck geraten und gefordert, sich als wesentlicher Teil kirchlicher Bildungsverantwortung zu legitimieren. Sie hat vermehrt auszuweisen, wie sie sich angesichts sowohl gesellschaftlicher als auch angesichts der Veränderungsprozesse im religiösen Feld, sowie einer innerkirchlich veränderten Landschaft positioniert und welchen Beitrag sie konkret im Kontext neuer pastoraler Strukturen leisten kann. Diese Veränderungen, denen sich die kirchliche Erwachsenenbildung gegenübersieht, werden im Folgenden vor allem mit Blick auf die Pastoral und die innerkirchlichen Veränderungen skizziert, bevor dann mit Überlegungen zur sozialräumlichen Verortung von Pastoral und Erwachsenenbildung Chancen zur Verknüpfung beider Felder im Kontext des Sozialraums aufgezeigt werden.

1 Kirchliche Rahmenbedingungen angesichts der Veränderungen im religiösen Feld

Massive Auswirkungen auf die kirchliche Erwachsenenbildung und eine sich lebensweltliche verstehende Pastoral haben die deutlichen Veränderungen im religiösen Feld der letzten Jahrzehnte. So wirft etwa die kulturelle und religiöse Pluralisierung die Frage auf, wie wir gesellschaftlich, vor allem aber innerkirchlich mit Pluralität, insbesondere religiöser Pluralität umgehen. Die Ermöglichung interreligiöser Verständigung und dies vor allem auch angesichts der Schwierigkeiten, denen ein interreligiöser Dialog im Rahmen kirchlicher Erwachsenenbildung gegenübersteht, gehört zu den wichtigen gegenwärtigen und künftigen Aufgaben der kirchlichen Erwachsenenbildung. Ferner zeitigen die deutlichen Entkirchlichungsprozesse und die Veränderungen auf der Ebene individueller Religiosität, die mit einer starken Subjektivierung und Biografisierung von Religion und Religiosität verbunden sind[5], sowie die hohe Bedeutung von Spiritualität als Entfaltung des eigenen Selbst[6] deutliche Folgen für die kirchliche Erwachsenenbildung, die in hohem Maße mit diesen Veränderungen konfrontiert ist und ihrerseits vielerorts mit entsprechenden Angeboten reagiert, damit aber zugleich mancherorts seitens der Kirchenleitungen unter Verdacht gerät, sich zu sehr vom eigentlich Christlichen zu entfernen.

Innerkirchlich führten verschiedene Entwicklungen wie etwa die seit einigen Jahren zutage getretene schwierige Finanzsituation in verschiedenen Bistümern, der massive Priester- und Personalmangel sowie der Skandal um sexuelle Gewalt in kirchlichen Einrichtungen zu einer starken Konzentration der Kirche auf sich selbst. Folge dieser im Einzelnen sehr unterschiedlichen Vorgänge ist das Bemühen einer Konzentration der kirchlich-pastoralen Aufgaben, das bis heute seinen beredten Ausdruck in der Rede vom so genannten Kerngeschäft findet.

Eine wesentliche Folge dieser Erosionsprozesse sind die neuen pastoralen Strukturen, etwa die neu eingerichteten pastoralen Großräume, die seit einigen Jahren in fast allen deutschen Diözesen gegründet wurden und die vor allem auf die Sicherung einer Pastoral auf der Ebene der territorialen Pfarrgemeindestruktur abzielen. Dies hat auch zur Folge, dass die kirchliche Erwachsenenbildung mehr und mehr eine ihrer beiden Wurzeln, nämlich ihre auf die Gesellschaft ausgerichtete Aufgabe, beraubt wird und damit auch ihrer Brückenfunktion zwischen Kirche und Gesellschaft und umgekehrt; in den letzten Jahren hat sich schleichend eine Indienstnahme kirchlicher Erwachsenenbildung durch die (gemeindliche) Pastoral vollzogen. Zur Erläuterung dieser These bedarf es jedoch noch einiger grundsätzlicher Bemerkungen zum Verhältnis von Pastoral und Erwachsenenbildung.

Die eingangs benannten beiden Wurzeln kirchlicher Erwachsenenbildung, Katechese und Sozialpastoral, standen schon immer in einer gewissen

---

[5] Vgl. Judith Könemann, Biographie als Bezugspunkt heutiger Religion und Religiosität. Wie wird das Christentum anschlussfähig für zeitgenössische Lebensführung?, in: Christoph Gellner (Hg.), „… biographischer und spiritueller werden“. Anstöße für ein zukunftsfähiges Christentum, Zürich 2009, 29–43.

[6] Vgl. Hubert Knoblauch, Populäre Religion. Auf dem Weg in eine spirituelle Gesellschaft, Frankfurt a. M. 2009.

Spannung zueinander, was sich nicht zuletzt an den konzeptionellen Auseinandersetzungen und Klärungen zeigte, die in der zweiten Hälfte des 20. Jh. unter den Begriffen „Erwachsenenbildung als Verkündigung" oder „Erwachsenenbildung als Diakonie" geführt wurden, und die angesichts einer starken Rezeption des lebensweltorientierten Ansatzes und in Besinnung auf die in ihrem gesellschaftlichen Engagement gründende Wurzel der Erwachsenenbildung dazu führte, eher dem Paradigma der Diakonie den Vorrang gegenüber demjenigen der Verkündigung einzuräumen.[7] In diesem Kontext grenzte sich die Erwachsenenbildung deutlich gegenüber der Pastoral ab und betrachtete sich so gerade nicht als deren Teil. Die Pastoral wiederum wurde hier vermutlich aber auch eher in einem eng gefassten Sinne als Seelsorge verstanden, man denke etwa an das programmatische Wort Franz Pöggelers aus jener Zeit, dass kirchliche Erwachsenenbildung gerade nicht „der verlängerte Arm der Seelsorge, sondern eine eigene Form christlichen Weltdienstes"[8] sei. Heute dagegen dominiert die Selbstverortung der Erwachsenenbildung als Teil der Pastoral.[9]

Entscheidend ist hier jedoch, was unter Pastoral zu verstehen ist: Versteht man Pastoral im Anschluss an das Lexikon für Theologie und Kirche als das „Gesamt kirchlichen Handelns", mit dem die Kirche ihren Grundauftrag erfüllt[10] und als eine „Heilssorge um den Menschen, um die Gemeinschaft aller Menschen, um die Welt", wie im Handbuch der Pastoraltheologie ausgeführt ist[11], dann ist in diesem weiten Verständnis von Pastoral auch Bildung und eben auch Erwachsenenbildung mit impliziert.

In einem eher engeren Verständnis von Pastoral als einer auf die Pfarrgemeinde ausgerichtete Tätigkeit – und dieses Verständnis liegt in der Regel den pastoralen Umstrukturierungsmaßnahmen zu Grunde – wird der gesamte Bildungsbereich und so auch die Erwachsenenbildung gerade nicht der Pastoral zugeordnet; sie ist zwar auf diese hin geordnet, aber ihr nicht

---

[7] Vgl. Judith Könemann, Erwachsenenbildung – und die Option für die Armen. Plädoyer für eine diakonische Erwachsenenbildung, in: EB 50 (2004), 66–71.

[8] Kulturbeirat des Zentralkommitees der deutschen Katholiken, Gutachten 1973, 112.

[9] Vgl. Presseerklärung der KBE vom 29.06.2011: Erwachsenenbildung stellt sich in den Dialogprozess der Kirche; Vgl. dazu Konferenz der Bischöflichen Beauftragten für Erwachsenenbildung: Erwachsenenbildung in der Gemeinde der Zukunft, Perspektivenpapier 2003.

[10] Josef Müller, Art. „Pastoral", in: LThK [3] 8 (2006), Sp. 1434.

[11] Vgl. Karl Gastgeber, Art. „Pastoral", in: Ferdinand Klostermann – Karl Rahner – Hansjörg Schild (Hg.), Handbuch der Pastoraltheologie, Bd. V, Freiburg i. Br. 1972, 374–378, hier 374.

zugehörig, sondern eigenständig. Dieses Verständnis von kirchlicher Erwachsenenbildung liegt also dann nahe, wenn man einem engeren Verständnis von Pastoral folgt.

Eine Indienstnahme der kirchlichen Erwachsenenbildung durch gemeindliche Pastoral zeigt sich nun meines Erachtens in der seit einigen Jahren hohe innerkirchliche Aufmerksamkeit, Zustimmung und Engagement genießenden Erwachsenenkatechese, die Erwachsenenbildung vorrangig als Verkündigung und Glaubensvermittlung, als Bildung im Glaubenswissen versteht und so für gemeindliche Pastoral und für katechetische Belange in Dienst nimmt, was sich ja nicht zuletzt auch in der Begriffsverschiebung von „Erwachsenenbildung“ zu „Erwachsenenkatechese“ zeigt. Die Frage nach der Legitimation der Erwachsenenbildung wird dementsprechend zumindest implizit mit Hinweis auf ihre entsprechend bestimmte „eigentliche“ Ausrichtung und Aufgabe (Katechese als Teil klassischer Pastoral) beantwortet.[12]

Für die skizzierte Veränderung bzw. Verschiebung hin zur Erwachsenenkatechese können folgende Gründe ausgemacht werden: Zum einen führen die Entkirchlichungsprozesse und die Veränderungen im Bindungsverhalten der Mitglieder und Noch-Mitglieder zu einem deutlichen Verlust an explizitem Glaubenswissen und zwar nicht nur bei Kindern und Jugendlichen, sondern auch bei Erwachsenen. In Frage steht damit eine religiöse Sozialisation der Kinder, wenn die Erwachsenen letztlich nicht religiös sozialisieren können, weil ihnen das notwendige Wissen dazu fehlt. Zum anderen führt die religiöse Pluralisierung institutioneller wie nicht institutioneller Religionsformen vielfach zu einer Relativierung bzw. zu einer abnehmenden Fähigkeit, Glaubensgehalte klar einzelnen Religionen und Traditionen zuordnen zu können. Hier besteht gerade auch bei Erwachsenen deutlicher Bildungsbedarf im Sinne einer klassischen Verkündigung. Ein dritter Grund ist die religiöse Pluralisierung als solche, die seit einigen Jahren den Ruf nach fundiertem Wissen über und nach Profilierung der eigenen Religion innerhalb der Kirche so aktuell macht.

Die Indienstnahme der Erwachsenenbildung durch die Pastoral erfolgt also dort, wo Erwachsenenbildung auf Katechese reduziert und darin ihre

[12] Von dieser Entwicklung ausgenommen sind möglicherweise (noch) die klassischen kirchlichen Akademien, aber auch hier könnte aufgrund von Sparzwängen vermehrt Druck auf deren Bildungsverständnis und konkreter Aufgabenbestimmung erzeugt werden.

vorrangige Aufgabe gesehen wird. Sie erfolgt zudem auch dann, wenn Angebote kirchlicher bzw. religiös-theologischer Erwachsenenbildung eng an pastoralen Bedürfnissen von Gemeinden ausgerichtet werden und damit vor allem die Bildungsbedürfnisse im Zusammenhang gemeindlicher Pastoral erfüllen sollen, z. B. dann, wenn Erwachsenenbildung von Pastoralabteilungen Aufträge erhält, wie die Bildungsarbeit auszurichten ist und welche Fortbildungen für Gemeindemitglieder angeboten werden sollen. Das geht aber am ursprünglichen Kern und Auftrag von kirchlicher Erwachsenenbildung vorbei, weil sie auf die Funktion einer Dienstleisterin für die Pastoral reduziert wird. Im Hintergrund solcher Überlegungen mag auch ein theologisches Denken stehen, das die Kirche Jesu Christi primär in der (Territorial-)Gemeinde verwirklicht sieht und deshalb die Pastoral darauf konzentriert.

Dass im Hinblick auf die religiöse Sozialisation der nachwachsenden Generation und auf die notwendige interreligiöse Verständigung auch wieder vermehrt Glaubenswissen vermittelt werden muss, ist unbestreitbar, und auch die Verbindung von Gemeinde und Erwachsenenbildung, die im Übrigen nicht immer eingefordert wird, bzw. eine bestimmte Dienstleistungsfunktion der Erwachsenenbildung im Blick auf die Pastoral, beispielsweise in Form von Multiplikatorinnen- und Multiplikatorenfortbildung, steht außer Frage.

Bedenklich ist jedoch die wachsende Tendenz der Identifikation von Erwachsenenbildung und Erwachsenenkatechese, denn Bildung und Katechese haben unterschiedliche inhaltliche Zielperspektiven und teilweise unterschiedliche Zielgruppen, weshalb die Unterscheidung, die die Würzburger Synode zwischen Katechese und Religionsunterricht vorgenommen hat, auch für die Arbeit mit Erwachsenen nach wie vor sinnvoll und hilfreich ist.[13]

Nachdenklich stimmt zudem die Zuspitzung von Erwachsenenbildung vor allem auf pastorale Belange und Bedürfnisse insbesondere der Gemeinden, denn damit wird die Chance aufgegeben, die gerade in der doppelten Verortung der Erwachsenenbildung und in ihrer Brückenfunktion zwi-

[13] Vgl. dazu die beiden Dokumente der Würzburger Synode Der Beschluss „Der Religionsunterricht in der Schule", in: Gemeinsame Synode der Bistümer in der Bundesrepublik Deutschland, Offizielle Gesamtausgabe I, Freiburg – Basel – Wien 2012, 123–152; Und Arbeitspapier „Das katechetische Wirken in der Kirche, in: Gemeinsame Synode der Bistümer in der Bundesrepublik Deutschland, Offizielle Gesamtausgabe II, Freiburg – Basel – Wien 2012, 37*–97*.

schen Kirche und Gesellschaft gegeben ist, nämlich sowohl als Vermittlerin fungieren als auch einen Außenblick auf die kirchliche Pastoral zur Verfügung stellen zu können. Deshalb sollen im Folgenden die Möglichkeiten von Anknüpfungspunkten zwischen Erwachsenenbildung und Pastoral gerade angesichts neuer und veränderter pastoraler Strukturen sowie unter der Perspektive einer Verortung im jeweiligen Sozialraum und damit die Chancen einer wechselseitigen Verknüpfung ohne Identifikation beider bzw. ohne Reduktion der Erwachsenenbildung auf eine pure Dienstleistungsfunktion im Feld der Pastoral noch näher reflektiert werden.

Diese Anknüpfungspunkte ergeben sich dann, wenn man grundsätzlich das Gemeindeverständnis reflektiert, welches nicht nur für das Verständnis von Pastoral im Allgemeinen, sondern auch für die Verhältnisbestimmung von Bildung und Pastoral im Besonderen von Bedeutung ist. Denn Gemeinde Jesu Christi ist mehr als die territoriale Ortsgemeinde, sie ereignet sich überall dort, wo „zwei oder drei im Namen Jesu versammelt sind“ (Mt 18,20). Gemeinde betont den „freie[n] Zusammenschluss von Personen (...), die sich zum Evangelium Jesu Christi bekennen.“[14] Sie realisiert sich also auch in einer Zielgruppen- oder kategorialen Pastoral und in diesem Sinne auch in der bzw. an Orten von Erwachsenenbildung, etwa in einer kirchlichen Akademie oder in einer Pax Christi Gruppe, die sich weiterbilden möchte, um ihre Aufgaben noch besser vollziehen zu können. Insofern ist auch kirchliche Erwachsenenbildung genuiner Ort von Gemeinde.

Nimmt man dies ernst, dann wird man es aber auch nicht mehr länger mit Bedauern zur Kenntnis nehmen, dass manche Christinnen und Christen, die eigentlich einer Territorialgemeinde zugehören, es vorziehen, etwa die Kar- und Ostertage oder auch ihre eigene Eheschließung in einer nahe gelegenen Erwachsenenbildungsstätte zu feiern statt in der „eigenen“ Gemeinde. Sie sind dann nicht schlichtweg „verloren“ für die Gemeinde Jesu Christi, sondern sie kommen wieder stärker als Glaubende, zugleich aber auch als Suchende und Fragende in den Blick – und genau hier ist die Erwachsenenbildung am Zug.

Denn eine ihrer entscheidenden Chancen ist darin zu sehen, dass sie nach wie vor in der Lage ist, Menschen zu erreichen, die ein Interesse an Reli-

[14] Karl Lehmann, Gemeinde, in: Franz Böckle u.a. (Hg.), Christlicher Glaube in moderner Gesellschaft, Bd. 29, Freiburg i. Br. 1982, 8.

gion, auch an christlicher Religion haben, deren Interesse und Religionsverständnis aber nicht oder nicht immer mit den Gehalten des christlichen Glaubens übereinstimmt und die deshalb nie oder selten in einer klassischen Pfarrgemeinde auftauchen.

2 Anknüpfungspunkte zwischen Erwachsenenbildung und (gemeindlicher) Pastoral unter den Bedingungen des Sozialraums

Vier Aspekte sind zu benennen, die für das Verhältnis von Erwachsenenbildung und Pastoral auch in der Zukunft entscheidend sind: die Fragen nach Vernetzung zwischen Pastoralräumen und dem Sozialraum der Stadt und Region, nach Kommunikation, nach der Notwendigkeit einer inneren Differenzierung innerhalb der Pastoralräume und nach der wachsenden Bedeutung von intermediären Strukturen für die Verortung von Kirche in der Gesellschaft. Alle vier genannten Aspekte eröffnen Anknüpfungspunkte für die Erwachsenenbildung, im Kontext von Pastoral mitzuwirken, ohne ihr genuines Profil aufgeben zu müssen.

2.1 Die Vernetzung von Pastoral und Sozialraum[15]

Damit ist zunächst die Vernetzung im Binnenraum der Gemeinde gemeint, d. h. zwischen den für die verschiedenen Bereiche Verantwortlichen und den verschiedenen Gruppierungen in der Gemeinde. Dazu gehört aber auch eine Vernetzung zwischen verschiedenen Perspektiven und Auffassungen von Pastoral, z.B. Territorial- versus Zielgruppenpastoral. Insbesondere geht es aber um die Vernetzung zwischen Seelsorgearbeit/pastoraler Arbeit und anderen Institutionen und kirchlichen Einrichtungen, z.B. die Vernetzung zwischen der Caritasarbeit und der Gemeindepastoral auf dem Gebiet eines konkreten Pastoralraums.

Die Aufgabe der Vernetzung geht aber auch über den eigenen Pastoralraum hinaus und richtet sich auf das so genannte säkulare Umfeld, also die (profane) Stadt und die Region, aber auch auf andere auf dem jeweili-

[15] Vgl. dazu näher Reinhard Feiter, Von der Pfarrei zur Pfarrgemeinde zum „größeren pastoralen Raum". Pastoraltheologische Überlegungen zur Zukunft der Pfarrei in der Stadt, in: Werner Freitag (Hg.), Die Pfarrei in der Stadt. Siedlungskern – Bürgerkirche – Urbanes Zentrum (Städteforschungen. Veröffentlichungen des Instituts für vergleichende Städtegeschichte in Münster A/82), Köln – Weimar – Wien 2011, 245–263. Seine Überlegungen sind hier für den Bereich der Erwachsenenbildung weitergedacht.

gen Gebiet angesiedelte Religionsgemeinschaften.[16] Erwachsenenbildung kann nun gerade durch ihre Außenorientierung und Außenperspektive ein geeigneter Ort sein, solche Vernetzungsprozesse zu befördern. Sie kann zur Vermittlung z.B. unterschiedlicher Pastoralkonzepte innerhalb des pastoralen Raumes beitragen, diese moderieren und ihre Sichtweise einbringen.

Ihre eigentliche Aufgabe wäre es jedoch, ein Vermittlungsscharnier zwischen Pastoralraum und der Stadt bzw. Region und den in ihr lebenden Menschen, die sich nicht zwingend zur Gemeinde zählen, zu bilden. Dies läge ganz auf der Linie ihrer eigenen Kompetenz und ihrer Grundbestimmung, im Spannungsfeld zwischen Kirche und Gesellschaft angesiedelt zu sein. Diese Aufgabe der Vernetzung ist vor allem auch deshalb so wichtig, weil es Christinnen und Christen geht, dass alle Menschen gut leben können und nicht nur die Angehörigen der eigenen Religion. Pastorale Umstrukturierungsprozesse sind deshalb auch nie nur rein innerkirchliche Angelegenheiten, da sie immer auch das sie jeweils umgebende Feld beeinflussen und umgekehrt durch diese beeinflusst sind. Erwachsenenbildung kann hier entsprechend ihres eigenen diakonischen Selbstverständnisses eine „lebensraumorientierte" Diakonie unterstützen oder sich beispielsweise in der Stadtteilarbeit engagieren.

Dies bedeutet aber für beide, Pastoral wie Erwachsenenbildung, einen Perspektivwechsel: Zum einen müsste auf Seiten der pastoralen Umstrukturierungsprozesse und dann in den pastoralen Räumen das soziale Feld, in dem sie sich ansiedeln, eine größere Rolle und deutlich mehr Beachtung im Sinne eines Gesprächspartners finden. Auf Seiten der Erwachsenenbildung müsste anerkannt werden, dass diese noch vielmehr vor Ort ihren „Ort" hat als bisher bedacht.

Damit würde die kirchliche Erwachsenenbildung zum einen ihrem Ruf entgegenwirken, nur Eliten und Besserverdienende anzusprechen, und zum anderen würde sie mit ihrem Anspruch, diakonische Erwachsenenbildung zu sein, wirklich Ernst machen. Erwachsenenbildung ist gerade aufgrund ihrer konzeptionell doppelten Ausrichtung geradezu prädestiniert, solch einen Perspektivwechsel zu vollziehen wie zu unterstützen.

---

[16] Vgl. Feiter, Pfarrei, 260f.

2.2 Die Kommunikation zwischen Organisationen untereinander sowie zwischen Individuum und Organisation

Diese Kommunikation tritt in Organisationsgesellschaften immer stärker in den Vordergrund und davon sind auch in hohem Maße die Kirchen betroffen, dic in den letzten Jahrzehnten ihren Organisationsgrad immer stärker erhöht haben.[17] Neben allen Vorteilen, die dies für die Kirchen hat, führte dies jedoch dazu, dass Kirchen und ihre Pastoral immer stärker als Dienstleistungsgesellschaft wahrgenommen werden, während ihre Kennzeichnung als Glaubensgemeinschaft und die Aufgabe der Berufung aller Gläubigen zur Pastoral deutlich in den Hintergrund treten. Erwachsenenbildung mit ihrer Kompetenz gerade auch im persönlichkeitsorientierten Bereich kann hier die Interaktion von Person zu Person fördern und wieder den Blick für die Person und für die interpersonalen Prozesse sowie für die religiöse Kommunikation zwischen den Personen unterstützen.

2.3 Die Notwendigkeit interner Differenzierungsprozesse in größeren Pastoralräumen

Sollen Pastoralräume nicht in der Struktur erstarren, sondern Strukturen ausbilden, die dem Leben dienen, bedarf es unterschiedlicher Initiativen, kleiner und kleinster Gemeinden im größeren Pastoralraum, bedarf es also einer Binnendifferenzierung innerhalb des größeren Pastoralraums.[18]
Binnendifferenzierung schließt unabdingbar das Zulassen von Beteiligung ein: Wo immer (kleine) Gruppen von Gläubigen (vgl. Mt 18,20) sich als Gemeinden innerhalb des pastoralen Großraums entwickeln und existieren, gilt es, diese zu fördern und zu unterstützen. Denn ihre Lebensfähig-

[17] Vgl. dazu Karl Gabriel, Modernisierung als Organisierung von Religion, in: Michael Krüggeler – Karl Gabriel – Winfried Gebhardt (Hg.), Institution – Organisation – Bewegung. Sozialformen der Religion im Wandel, Bd. 2, Opladen 1999, 19–37; Judith Könemann, Religion und Kirche in einer säkularisierten Gesellschaft. Gesamtgesellschaftliche und gesamtkirchliche Parameter des Laienengagements, in: René Pahud de Mortanges (Hg.), Mitgestaltungsmöglichkeiten für Laien in der katholischen Kirche. Rechtslage und pastorale Perspektiven (Freiburger Veröffentlichungen zum Religionsrecht Bd. 29), Fribourg 2013, 5–28.

[18] Vgl. Reinhard Feiter – Judith Könemann, Gemeinden als Orte lebendiger Gemeinschaft im Glauben, in: Marianne Heimbach-Steins – Gerhard Kruip – Saskia Wendel (Hg.), Das Memorandum 2011. Ein notwendiger Aufbruch. Argumente zum Memorandum, Freiburg i. Br. 2011, 167–177.

keit hängt zum einen davon ab, ob sie seitens der Kirchenleitung zugelassen und nicht zerschlagen oder erneut fusioniert werden, und zum anderen davon, ob den sich freiwillig Engagierenden seitens der kirchlichen Verantwortlichen Selbstständigkeit und eigenverantwortliches Handeln zugestanden und evtl. mittels Beauftragung auch offiziell und formal anvertraut wird.[19]

So belegen Erfahrungen aus Pfarrgemeinden, die schon lange ohne eigenen Pfarrer sind, „dass Gemeinden innerhalb größerer Pfarrverbünde oder pastoraler Räume dann lebensfähig sind, wenn die ehrenamtlich Engagierten wirklich selbstständig und eigenverantwortlich handeln können."[20]

Dies befördert zudem auch Veränderungen in den Rollenverständnissen der hauptamtlichen Mitarbeiterinnen und Mitarbeiter, denn diese werden auf Dauer nicht mehr alle Aufgaben selbst übernehmen können und ihre Rolle wird sich (noch) stärker dahingehend verändern, ein Gespür dafür zu entwickeln, was auf welche Weise neu zu entwickeln ist, welches kurz-, mittel- oder langfristige Projekt etwa gerade zu diesem „Ort", Stadtteil etc. passt und welches nicht.

Hauptamtliche Mitarbeiterinnen und Mitarbeiter werden auf diese Art und Weise mehr und mehr zu Initiatoren, zu Unterstützern und Begleitern von Initiativen und Prozessen. Ihr Charisma ist es, andere dazu befähigen, ihre Charismen zu entdecken und an den richtigen Orten einzusetzen. Pastoraler Dienst wird somit künftig zunehmend ein Dienst an anderen Diensten sein.

Die Chance und Aufgabe von Erwachsenenbildung liegt hier auf der Hand: Es ist ihre Aufgabe, diese Prozesse zu begleiten, sowohl auf der Ebene der Hauptamtlichen mit entsprechenden Fortbildungen als auch in den konkreten Prozessen vor Ort. Sie kann also ihre Kompetenzen im Bereich der Fort- und Weiterbildung einbringen und so wesentlich zur notwendigen Qualifizierung und Veränderung beitragen und sie kann die Entwicklung kleiner und kleinster Gruppierungen und Gemeinden und ihre Vernetzung unterstützen und in ihrem Selbstbewusstsein stärken. Damit leistet sie auch einen Beitrag für die notwendige Nähe im pastoralen Großraum.

---

[19] Ebd.,175f.
[20] Ebd., 175f.

2.4 Intermediäre Projekte

Diese sind nicht ausschließlich auf der Ebene der Pfarrgemeinde angesiedelt und werden von dieser getragen, sondern sind mit anderen kirchlichen Akteuren oder auch nicht-kirchlichen Akteuren übergeordnet vernetzt und hinsichtlich ihrer Trägerschaft breiter aufgestellt. Sie sind somit stärker auf der Ebene des zivilgesellschaftlichen Engagements zu verorten, d.h. auf der Ebene nicht-staatlicher und nicht-ökonomischer Organisationen und Bewegungen, die zwischen der Privatsphäre und der Öffentlichkeit des demokratischen politischen Systems vermitteln.[21]

So könnte z.B. ein Projekt der Sozialpastoral von Mitgliedern einer Gemeinde oder aus einem pastoralen Raum initiiert werden, sich dann aber mit Engagierten nicht-kirchlicher Träger vernetzen, z.B. mit Amnesty International, und mit diesen als gemeinsame Träger des konkreten Projekts auftreten. Im Projekt würden sich dann Gemeindemitglieder und Mitglieder von Amnesty International gleichermaßen engagieren und dieses Projekt gemeinsam tragen; finanziert würde es jedoch möglicherweise von verschiedenen Trägern.

Solche Projekte bleiben, obgleich sie nicht von der Gemeinde allein verantwortet werden, dennoch zentrale Projekte der Gemeinde und sind nicht allein privates christliches Engagement der Beteiligten, die dann nebenbei auch noch einer Gemeinde angehören. Eine Gemeinde zählt dieser Perspektive entsprechend auch dann Projekte zu ihrer eigenen Tätigkeit, wenn diese Projekte zwar von einigen Gemeindemitgliedern unterstützt werden, sie aber weder örtlich auf Gemeindegebiet liegen noch die Gemeinde explizite Trägerin und Organisatorin des Projektes ist.

Diese Projekte sind so einerseits nicht genuiner Bestandteil der Pastoral der Gemeinde, andererseits aber auch nicht von der Gemeinde losgelöst, sondern bleiben personell u.U. auch teilinstitutionell an diese rückgebunden.

Das wirft selbstverständlich die Frage nach der Zugehörigkeit derjenigen auf, die sich in solchen übergeordneten intermediären Projekten engagieren. Zum einen wird in solch einem intermediären Engagement ein Verständnis von Gemeindezugehörigkeit grundgelegt und ausgebildet, wel-

[21] Vgl. ausführlicher dazu Judith Könemann, Welche Chancen bietet die kirchliche Erwachsenenbildung? Der Beitrag kirchlicher Erwachsenenbildung zur Verortung von Kirche in gesellschaftlicher Öffentlichkeit, in: Freiburger Zeitschrift für Theologie und Philosophie 55 (2008), 205–218.

che Zugehörigkeit nicht über Beteiligung an der Gottesdienstgemeinde regelt, sondern über ein beispielsweise diakonisches Engagement, das über die Gemeindepastoral im engeren Sinn hinausgeht und sich unter Beteiligung anderer kirchlicher wie eben auch nicht-kirchlicher Akteure intermediär aufstellt. Zum anderen wird nicht mehr das Ziel verfolgt, dass diejenigen, die sich in solchen kirchlich intermediär angebundenen Projekten engagieren, sich sukzessiv auf die gottesdienstliche Kerngemeinde zubewegen.

Es wird also auf die normative Kennzeichnung der gottesdienstlichen Kerngemeinde als „eigentliche Gemeinde Jesu" oder gar als die „bessere Gemeinde" verzichtet. Das macht verschiedene Formen und Weisen der Verwirklichung der Gemeinde bzw. Kirche Jesu Christi möglich, zugleich aber ohne Verlust von Zugehörigkeit, und das hat im Übrigen auch Folgen für die gesellschaftliche Verortung der Kirchen, weil diese aufgrund jener intermediären Projekte anders wahrgenommen werden können als bisher.

Kirchliche Erwachsenenbildung kann nun einerseits diese intermediären Projekte unterstützen und begleiten und sie kann sich andererseits selbst schon als ein solches intermediäres Projekt verstehen, gerade aufgrund ihrer eingangs skizzierten gesellschaftlichen Brückenfunktion und ihrer strukturellen Verankerung im kirchlichen wie öffentlichen Bildungsauftrag.

Sie kann Menschen dazu befähigen, zu intermediären Akteuren zu werden und so die genannten Projekte zu initiieren und zu tragen, und sie kann selbst solche Projekte initiieren, kann selbst als zivilgesellschaftlicher Akteur auftreten und sich mit anderen Akteuren verbinden und so gemeinsam ein konkretes Projekt realisieren, ohne dabei ihren Charakter als kirchliche Erwachsenenbildung zu verlieren oder preiszugeben.

Darin liegt ein großes Zukunftspotential für die kirchliche Erwachsenenbildung. Kirchliche Erwachsenenbildung kann also aufgrund ihrer traditionellen Rolle als Vermittlungsagentin zwischen innerkirchlicher und gesellschaftlicher Realität die genannten Aufgaben, Projekte und Prozesse begleiten und mit ihrer spezifischen Kompetenz unterstützen. Gelingt dies, dann wirkt die kirchliche Erwachsenenbildung auch auf der Ebene der Pastoral mit an der Gesamtverantwortung der Kirche für das „Leben der Menschen und die Zukunft der Gesellschaft.“[22]

Die skizzierte Umbruchsituation ist dann aber genau besehen weniger Krise als Chance für die kirchliche Erwachsenenbildung und um deren Zukunft ist es dann womöglich gar nicht so schlecht bestellt, vorausgesetzt, die in der Erwachsenenbildung wie in der Pastoral Verantwortlichen sind zu den skizzierten Veränderungen und Perspektivwechseln in ihrem Selbstverständnis und in ihrer konkreten Arbeit bereit.

[22] Der Beschluss „Schwerpunkte kirchlicher Verantwortung im Bildungsbereich“, in: Gemeinsame Synode der Bistümer in der Bundesrepublik Deutschland, Offizielle Gesamtausgabe I, Freiburg – Basel – Wien 2012, 518.

Christsein-Lernen in lebens- und glaubensgeschichtlicher Perspektive

Ehrenfried Schulz

1 Problemanzeige: Tradierungskrise des Glaubens

Die Kirche hat vom auferstandenen Herrn den Auftrag erhalten, die Einladung der Reich-Gottes-Botschaft „bis an die Grenzen der Erde" (Vgl. Mt 28,16–20) zu tragen. Mit großem Elan befolgten die Glaubensboten während der zweitausendjährigen Weggeschichte dieses Mandat. So wurde aus der Jüngergemeinde des ersten Pfingsttages die „Kirche der Windrose". Das Zweite Vatikanische Konzil (1962–65) schärfte mit seinem Missionsdekret „Ad Gentes" diese Forderung für alle Ortskirchen ein, in sämtlichen Lebensäußerungen missionarisch zu bleiben. An die deutsche Kirche richtete der emeritierte Erfurter Bischof Dr. Joachim Wanke während seiner langjährigen Funktion als Vorsitzender der Pastoralkommission der Deutschen Bischofskonferenz (DBK) wiederholt seine mahnende Stimme, das Evangelium auf den Leuchter zu stellen und den nicht christlichen Zeitgenossen auf gleicher Augenhöhe zu begegnen: „Es ist nicht das Geld. Es sind auch nicht die Gläubigen. Unserer katholischen Kirche fehlt (einfach) die Überzeugung, neue Christen gewinnen zu können. Das ist ihr derzeit schwerster Mangel."[1]

In der Tat ist uns deutschen Katholiken weithin die Begeisterung des Kaufmanns vom biblischen Gleichnis abhanden gekommen, den „Glauben als Schatz bzw. als kostbare Perle" zu begreifen (vgl. Mt 13,44–46). Nun ist bloßes Jammern nicht hilfreich. Vielmehr sei zunächst nüchtern auf die statistischen Auskünfte hingewiesen und sodann nach den Gründen gefragt, warum der missionarische Elan verdunstet ist.

Das Zahlenmaterial – veröffentlicht 2011 von der DBK – beginnt mit dem „Vergleichsjahr 1990", dem Hoffnungsjahr nach der politischen Wende. 1990 wurden noch 300.000 Kinder getauft, im Jahr 2011 waren es nur noch 170.000. Zum einen hängt dies gesamtgesellschaftlich mit der stark gesunkenen Geburtenrate zusammen; zum anderen – und das ist eigentlich viel gravierender – entschließen sich immer weniger junge Ka-

[1] Joachim Wanke, Brief eines Bischofs aus den neuen Bundesländern über den Missionsauftrag der Kirche für Deutschland, in: „Zeit der Aussaat". Missionarisch Kirche sein vom 26. November 2000 (Die deutschen Bischöfe 68), Bonn 2000, 35–42.

tholiken zur Ehe. 1990 gaben sich 120.000 das ‚Ja-Wort fürs Leben', 2011 nur noch 49.000. In diesem Zeitraum halbierte sich die Teilnahme an der sonntäglichen Eucharistiefeier fast: 1990 waren es in der Bundesrepublik 20%, die den Gottesdienst regelmäßig besuchten, 2011 gerade noch 12,3%.[2]

Ein Füllhorn an Fragen tut sich hier auf: Woher rührt das sich epidemisch ausgeweitet habende Desinteresse an Kirchlichkeit? Liegt es am Konsum- und Freizeitverhalten der Zeitgenossen? Liegt es an den säkularisierten Medien? Liegt es an der Bequemlichkeit der Eltern? Liegt es am Unvermögen der Erzieherinnen, Erzieher und Religionslehrkräfte? Liegt es an der Lebensferne der Verkündigung? Liegt es an der eingebrochenen Glaubwürdigkeit von Priestern und Ordensleuten, als im Jahr 2010 der publik gewordene Kindesmissbrauch fatal offenkundig wurde? – Genug der Fragen. Von all dem ist sicher ein Stück daran schuld. Doch bloßes hin- und herschiebendes Auflisten von Schuld bewirkt keine Besserung. Angesichts dieses Dilemmas ist einzig allein eines erforderlich: Nämlich das redliche Bemühen aller Gläubigen, den eigenen Glauben wieder stimmig zu leben und diesen nach außen auch bekenntnisaktiv erfahrbar zu machen.

2 Grundfrage: Ist Glaube(n) erlernbar?

Ist Glaube(n) erlernbar? Geht er in irgendeinem Sinn auf Lernprozesse zurück oder in sie ein? Diese Frage verliert ihren akademischen Charakter, wenn man sich nur einmal vorstellt, Jesus habe dem reichen Mann in Mk 10,17f. auf seine Frage, wie er das ewige Leben erlangen könne, nicht die Hingabe seines Reichtums an die Armen abverlangt, sondern drei globale Lernziele genannt und ihn mit einem Lernprogramm nach Hause entlassen. Die Traurigkeit und Ratlosigkeit des reichen Manns wäre kaum geringer gewesen als die vom Evangelisten geschilderte. Die unvermittelte Radikalität der von Jesus geforderten Nachfolgeentscheidung und die Planmäßigkeit eines Lernprozesses scheinen sich ähnlich auszuschließen wie Feuer und Wasser. Und dennoch unterrichtet die Kirche die Menschen seit den Zeiten der Urgemeinde im Glauben. Wo aber liegt die Le-

[2] Vgl. hierzu Wilhelm Danberg – Staf Hellemanns, Wie sich die Kirche verändert, in: Herkorr 64 (2010), 481–485; Ulrich Waschki, Kirche in Zahlen – Wie sich die Kirche entwickelt, in: Kirchenzeitung für das Bistum Hildesheim Nr. 27/2011, 1 (Quelle mit Grafik: Deutsche Bischofskonferenz).

gitimation für solche Lehr- und Lernübungen, wenn nicht in der Lehr- und Lernbarkeit des Glaubens selbst?
Darauf ist vor allen nachfolgenden Überlegungen eine grundlegende Antwort zu geben; denn – so ist zu fragen – droht nicht eine „Pädagogisierung des Glaubens", wenn man Glauben und Lernen zu eng miteinander verknüpft?[3] Gerät man damit nicht in eine manipulierende Gefahr, den von uns Menschen inszenierten Lernprozessen mehr zuzutrauen als dem an keine Bedingung gebundenen göttlichen Gnadenhandeln?
Wie verhielten sich in der Vergangenheit zu dieser Frage die beiden großen christlichen Konfessionen? Die evangelische Position hat stets gegen jegliche „Pädagogisierung des Glaubens" massiv Front gemacht und zwar fußend auf dem Geschenk- und Widerfahrnischarakter der Bekehrung des Apostels Paulus (Apg 9,1–22).[4] Die katholische Position neigte demgegenüber mit starker Betonung der Glaubenseinübung fast zum entgegengesetzten Extrem.[5] Glauben erschien ihr deshalb als lernbar, weil sie mit der Übernahme von materialem Glaubenswissen und bestimmten rituellen Praktiken klare „kirchlich-messbare Lebensprägungen" verband, so den sonntäglichen Gottesdienstbesuch und den Sakramentenempfang.
Bis in die Mitte des zwanzigsten Jahrhunderts blieben beide religionspädagogische Überzeugungen bei diesen Positionen von Glaubensaneignung. Der Gegensatz zwischen evangelisch (Glaube als Geschenk und Entscheidung) und katholisch (Glaube als einzuübender Lernprozess) wurde schließlich überwunden, als die „lebensgeschichtliche Perspektive des Menschen" in den Blick genommen wurde: Das ist zum einen die durch eine volkskirchlich geprägte Sozialisation im Vordergrund stehende Glaubenspraxis (katholische Position), das ist zum anderen die existenzielle Entscheidung des Einzelnen für Gott (evangelische Position). Lernprozesse allein können die Wahrheit, zu der der Lernende unterwegs ist, nicht von sich aus produzieren. Aber sie können dazu beitragen, dass er

[3] Jürgen Werbick, Glaube als Lernprozess? Fundamentaltheologische Ausführungen zum Verhältnis von Glaube und Lernen – zugleich ein Versuch zur Verhältnisbestimmung von Fundamentaltheologie und Religionspädagogik, in: Konrad Baumgartner – Paul Wehrle – Ders. (Hg.), Glauben lernen – Leben lernen. Beiträge zu einer Didaktik des Glaubens und der Religion. Erich Feifel zum 60. Geburtstag von seinen Schülern und Mitarbeitern, St. Ottilien 1985, 3–18.
[4] Karl Dienst, Die lehrbare Religion. Theologie und Pädagogik. Eine Zwischenbilanz, Gütersloh 1976, 120f.
[5] Erich Feifel, Der pädagogische Anspruch der Nachfolge Christi. Ein Beitrag zur Neuorientierung in der katholischen Religionspädagogik, Donauwörth 1968, 174f.

auf dem Weg bleibt und dass er die ihm begegnende Wahrheit in seinem Leben entdeckt. Dadurch wird ihm die Wahrheit zur Verheißung. Lernprozesse haben also insoweit für die „Öffnung des Lernens“ zu sorgen als sie dem Individuum erschließen, dass das Lernen nicht allein darin Sinn haben kann, nur Nützliches zu entdecken und die technischen Möglichkeiten zu erweitern, sondern ebenso darin, „dem zu begegnen, der die Wahrheit ist!“ – Selbstredend muss und wird die Religionspädagogik offen lassen, wie sich die „Heilsamkeit des gefundenen Glaubens“ in den Lernprozessen für den Lernenden erschließt. Jedenfalls hat inzwischen – und zwar konfessionsübergreifend und ökumenisch unstrittig – der Konsens im religionspädagogischen Fachverständnis zu folgender Aussage gefunden: Der Glaube ist erstens immer ein gnadenhaftes Geschenk Gottes und niemals das Resultat von Lernprozessen. Der Glaube vermittelt/ereignet/entfaltet sich zweitens im Zusammenhang menschlicher Reifungs- und Lernprozesse.

Diese beiden Grundsätze mit ihrer bipolaren Aussage bringen sowohl den Geschenkcharakter des Glaubens als auch sein Mit-Hervorgebracht-Werden durch Lernprozesse ausgewogen zur Geltung. Das uneingeschränkte existenzielle Zutrauen des Glaubenden zum Geschenk der Einladung Gottes („credo“ von „cor dare“: Ich gebe dir mein Herz; ich vertraue mich dir mit meiner ganzen Existenz an) ist niemals erlernbar und kann durch keinen noch so didaktisch aufbereiteten Lernprozess eingeholt werden. Aber ebenso gilt: Die „Gnadengabe des Vertrauen vermittelnden Glaubens“ ereignet sich in, mit und unter religiösen Lernprozessen. Solche Lernprozesse werden sehr wohl von der Religionspädagogik initiiert. Darin besteht ihr inzwischen geklärtes Selbstverständnis und ihr kirchlicher Auftrag.

3 Lebenslang Glauben lernen. Perspektive: „Lernorte des Glaubens“ in ihrer Eigenständigkeit und Zuordnung

Was ist für das Glauben-Lernen charakteristisch? Zum Glauben-Lernen lässt sich weniger erziehen denn bewegen! Um den/das/im Glauben-Lernen bedarf es in der Hauptsache motivierender Faktoren. So muss es sich bei den Glaubensbegleitern, die Heranwachsenden motivieren, weniger um studierte als um in ihrem eigenen Glauben beheimatete, also um praktizierende Gläubige handeln, gemäß dem Slogan „Worte belehren, jedoch Beispiele/Vorbilder reißen mit!“ Dementsprechend gehören „Leben-

Lernen und Glauben-Lernen“ biografisch zusammen. Wie das Leben, so wird der Glaube weder beziehungs- noch ortlos gelernt. Darum gilt das weitere Augenmerk – und zwar gleichgewichtig – sowohl den „Lernorten“ als auch den in den Lernorten tätigen „Glaubensvermittlern bzw. Glaubensbegleitern“.

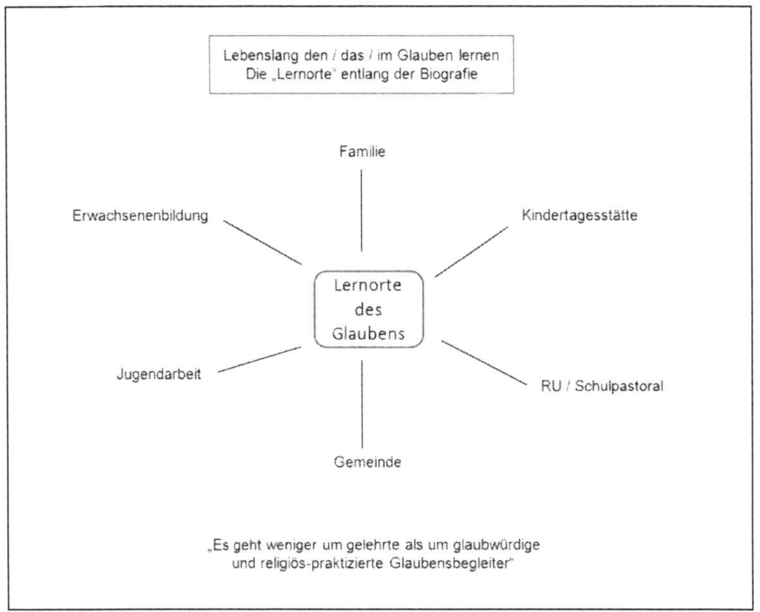

Grafik: Ehrenfried Schulz – Siegfried F. Beer

Die Vielfalt der religionspädagogischen Handlungsfelder bzw. der „Lernorte des Glaubens“ trägt der Lebenswirklichkeit Rechnung, dass jeder Mensch nicht nur in verschiedenen Beziehungskreisen lebt, sondern dass er auch durch sie für seinen Glauben wichtige und stetig ausweitende Lernerfahrungen macht. Mit Nachdruck sei darum betont, dass die einzelnen Lernorte niemals unverbunden nebeneinander stehen oder – was noch unheilvoller wäre – miteinander konkurrieren dürfen. Vielmehr sollen sie wie eine Spirale das Leben- und Glauben-Lernen für die Heranwachsenden zu einem aufstrebenden Kontinuum gestalten.

3.1 Familie

Die Bedeutung der Familie für die Persönlichkeitsentwicklung des Kindes ist als Ort der Primärsozialisation absolut einzigartig. Das gilt ebenso für die Grundlegung des Glaubens.[6] Alles erzieherische Gelingen hängt zutiefst von einem zumindest gewissen Intaktsein des elterlich-familialen Lebenshintergrunds ab. Darum ist die erschreckende Zunahme von Scheidungen, die Last berufstätiger alleinerziehender Elternteile und das sich epidemisch ausweitende Phänomen der Patchworkfamilien für das Lebens- und Glaubensschicksal des Kindes heute das größte Problem. Zu den unerlässlichen Voraussetzungen für das Gelingen religiöser Erziehung gehört die frühkindliche Erfahrung der Geborgenheit und des Angenommenseins durch die Eltern, insbesondere der Mutter. Einzig aufgrund dieser Erfahrung vermag das Kind das existenzielle Urvertrauen zu entwickeln. Hier wird anthropologisch grundgelegt, was es heißt „jemandem grenzenlos vertrauen". Gerade der emotionale Grundkonsens auf der Familienebene macht die religiösen Werte kommunikativ und gibt den religiösen Wertentscheidungen des Kindes durch die elterliche Rückmeldung stabilisierende Vergewisserung. Die Familie wird somit für das Glauben-Lernen zum wichtigsten Lernort. Sie bestimmt im entscheidenden Maße, in welcher Schicht der Kirchengemeinde (Kern-, Ritual-, Kontakt- oder Randschicht) der heranwachsende Mensch einmal platziert sein wird (Reduplikationstheorem).

Nun ist das Hervorheben der elterlichen Bedeutung bei der Glaubensvermittlung keine Entdeckung unserer Tage. Neu allerdings ist die Tatsache, dass durch die Säkularisierung der Gesellschaft die Rolle der Kirche erhebliche Einbußen erfahren hat. Dadurch erhöht sich die Verantwortung der Familie in einer Weise wie nie zuvor. Ob die Kinder zum Glauben finden, hängt letztlich vom Glauben der Eltern ab; denn Kinderglaube existiert nur als Teilhabe am Glaubensleben der Eltern. Oder um an ein geflügeltes Wort anzuknüpfen: „Was Kinder sein sollen, das müssen Eltern sein wollen."

3.2 Kinder-Tageseinrichtungen (KiTa)

Es wird heute nur noch sehr wenige Eltern geben, die bei ihrem Kind auf den Kindergarten alias die KiTas als vorschulisches Lernfeld sozialen Miteinanders verzichten (wollen). Nicht nur zwingt die zumeist außer Haus stattfindende Berufstätigkeit der Mutter zu dieser Nachfrage, son-

[6] Vgl. Ehrenfried Schulz, Religiöse Elternbildung als Lebenshilfe. Ein humanwissenschaftlich orientierter theologischer Modellentwurf, Zürich – Einsiedeln 1979; Ders., Bausteine für eine religiöse Elementarerziehung, München 1980.

dern auch die verkleinerte bzw. die oft gänzlich fehlende Geschwistergruppe (derzeit hat ein Ehepaar lt. statistischer Auskunft nur noch 1,3 Kinder). Der Ein-Kind-Haushalt hat das pädagogische Defizit der Kleinfamilie jedenfalls erheblich ansteigen lassen. Von daher ist die Erwartungshaltung der Eltern gegenüber der weiterführenden und kompensatorischen Erziehungsleistung der KiTa erheblich größer als früher. Dennoch muss ebenso klar sein, dass die KiTa – trotz der gestiegenen pädagogischen Bedeutung – lediglich eine familienergänzende Institution darstellt, nämlich den Ort der Sekundärsozialisation.[7]

Seit jeher hat der Kindergarten auch in der religiösen Erziehung familienergänzend gewirkt.[8] Das ist der Grund dafür, warum die Kirchengemeinden seit alters Kindergärten (beginnend im 19. Jh. als sog. Kinder-Bewahranstalten, zumeist von Ordensschwestern geleitet) eingerichtet und die damit verbundenen Kosten nicht gescheut haben, die solche Trägerschaft mit sich bringt. Doch auch heute, wo Kommunen und Gemeinschaften verschiedenster weltanschaulicher Provenienz in den KiTa-Bereich eingestiegen sind (Zeugen Jehovas, Waldorf, Volkssolidarität), zählt die Kirche weiterhin zu den wichtigsten „Sozialisationsagenten" im Vorschulbereich.

Gleichwohl sind verunsichernde Tendenzen aktuell unübersehbar: Zum einen ist es das leidige Problem der Kostenentwicklung für die finanziell oft klammen jungen Familien. Zum anderen ist die „Wahrung des christlichen Profils", verursacht durch die große Zahl von Kindern muslimischen Glaubens und des Weiteren, dass vornehmlich die jüngeren Erzieherinnen oft nur noch ein rudimentäres christliches Wissen mitbringen[9], zur oft belastenden Frage geworden. Wie aber lässt sich in einer solchen KiTa noch beten, von Jesus erzählen und religiöses Liedgut und Brauchtum pflegen?[10] Nun muss Glauben-Lernen in den KiTas erheblich mehr sein und umfassender verstanden werden als die besagten Tätigkeiten. Glauben-Lernen im Kindergarten heißt vor allem eingebunden sein in ei-

[7] Vgl. Norbert Huppertz, Erleben und Bilden im Kindergarten. Der lebensbezogene Ansatz als Modell für die Planung der Arbeit, Freiburg – Basel – Wien [3]1999.

[8] Vgl. Johann Hofmeier, Der Kindergarten in der Pfarrgemeinde. Ein pädagogisches und pastorales Handlungsfeld, Würzburg [2]1993.

[9] Vgl. Peter Beer, Wozu brauchen Erzieherinnen Religion? Ein Arbeitsbuch für Ausbildung und Praxis, München 2005.

[10] Vgl. Heinz Manderscheid, Kirchliche und gesellschaftliche Interessen im Kindergarten. Ein pastoraltheologischer Beitrag zur Frage nach dem katholischen Profil, Freiburg – Basel – Wien 1989.

ne Atmosphäre, die gemeinsames Leben in Solidarität und Freiheit eröffnet. Wenn Kinder an sich und im Miteinander erfahren können, was es heißt, wie Jesus versöhnend mit den Menschen umgegangen ist, dann bleibt die KiTa durchaus jener Begegnungs- und Erfahrungsraum, in dem die „Frohe Botschaft von der Vaterliebe Gottes“ wahrgenommen werden kann.[11]

Unverzichtbar gehört zum religionspädagogischen KiTa-Verständnis die kompensatorische Förderung behinderter und sozial wie familiär benachteiligter Kinder, des weiteren gezielte sprachliche Fördermaßnahmen und Integrationshilfen für die Mädchen und Buben von Migranten. All das signalisiert ein immenses und oft belastendes Arbeitsfeld für die Erzieherinnen und Erzieher, denen neben einer deutlich zu verbessernden finanziellen Vergütung auch die dankende Anerkennung von Eltern und kirchlichen Leitungsverantwortlichen gebührt.

3.3 Schule (Religionsunterricht/Schulpastoral)

Die zentrale Stellung, die der Religionsunterricht (RU) bis in die späten siebziger Jahre des letzten Jahrhunderts in den alten Ländern der Bundesrepublik Deutschland innehatte, kommt ihm heute nicht mehr zu. Der Grund liegt nicht in einer kirchlicherseits geminderten Wertschätzung, auch nicht in der vielerorts extremen Diasporasituation (hauptsächlich in Nord- und Mitteldeutschland), vielmehr haben sich die gesellschaftlichen und demografischen Rahmenbedingungen verändert.[12]

Sieht man einmal von der bildungspolitischen Ausnahmesituation der kirchlichen Privatschulen ab, deren große Nachfrage – trotz Schulgeld und weiter Anfahrtswege – ungebrochen anhält, so ist der RU im staatlichen und kommunalen Schulsystem nicht mehr in ein konfessionelles Schulwesen eingegliedert. Hinzu kommt die Tatsache enorm ausgebauter Schulzentren, die – bereits räumlich bedingt – kaum noch irgendwelche Berührungspunkte zur Kirchengemeinde aufweisen. Bis vor wenigen Jahren war der RU in den Schulen der alten Bundesländer weitgehend von jenem klassischen Konzept geprägt, wonach die Schüler einer Konfession

---

[11] Vgl. Welt entdecken, Glauben leben. Zum Bildungs- und Erziehungsauftrag katholischer Kindertageseinrichtungen vom 25. September 2008 (Die Deutschen Bischöfe 89), Bonn [3]2013.

[12] Vgl. Ehrenfried Schulz, Religionsunterricht – Spannungsfelder und Chancen, in: Konferenz der Bayerischen Pastoraltheologen (Hg.), Christliches Handeln. Kirchesein in der Welt von heute, München 2004, 9–21.

aus ein, zwei oder mehr Klassen mit einer Lehrkraft gleichen Bekenntnisses eine Gruppe bildeten, die nach einem von ihrer christlichen Konfession verantworteten Lehrplan im Fach Religion unterrichtet wurden (die sog. ‚Trias' von Schülern, Lehrkraft und Lehrplan).

Das sieht heute vielfach ganz anders aus: Der formale Rahmen, in dem der RU stattfindet, also die Zusammensetzung der Lerngruppe und der Lehrenden sowie die inhaltliche Verantwortung, ist größer, breiter und dementsprechend unübersichtlicher geworden. Der entscheidende Grund dafür liegt in der veränderten religiösen Struktur der Bevölkerung insgesamt. So war im Jahr 2008 in den alten Bundesländern noch etwa je ein Drittel katholisch, evangelisch oder konfessionslos. Rapide vermehrte sich die Zahl der Konfessionslosen und vor allem der Angehörigen anderer Religionen, unter denen wiederum – durch Zuzug und Geburtenzahl – die Muslime die weitaus größte Gruppe stellen.

In den neuen Bundesländern weist die Konfessionsstatistik noch einmal ganz andere Zahlen aus: Im Großen und Ganzen sind dort etwa 70% der Bevölkerung konfessionslos, 20% evangelisch, 10% katholisch. Hier wird, wenn die Schülerzahl erreicht wird (Zwölf ist die Mindestgrenze einer für den Stundenplan relevanten Gruppe), der RU wie in den alten Bundesländern erteilt. Eine Ausnahme bilden Berlin und Brandenburg, die wie Bremen die Kirche anhalten, den RU in Gemeinde eigenen Räumen zu erteilen. Weil sich die Verhältnisse von Bundesland zu Bundesland so unterschiedlich darstellen, variieren die Versuche – je nach Schulart und Schulort – mit dieser Situation umzugehen. Trotz alledem und eingedenk der schwieriger gewordenen Rahmenbedingungen sind die Möglichkeiten des „RU als Lernort des Glaubens" nicht gering zu schätzen. Denn der RU erreicht, wie sonst kein „Lernort des Glaubens", noch immer nahezu alle Schüler. Jedoch genügt der bloße Verweis auf dessen juristisch-verbriefte Absicherung im Grund-Gesetz längst nicht mehr.[13] Kirchlicherseits heißt es heute, für alle Denkmodelle offen und weiterhin heuristisch zu sein. Da der RU im Schnittpunkt von Schule und Gemeinde, von Gesellschaft und Kirche angesiedelt ist, kann er wie kein anderes Schulfach den Schülern die Wechselbeziehung von Profan- und

[13] Vgl. Hans Schmid, Reli – ein Fach wie kein anderes? Abschottung von der pluralen Gesellschaft oder Chance für Identität und Dialog? Podiumsdiskussion auf dem ÖKT 2010 in München, in: „unterwegs". Die Mitgliederzeitung des DKV 3/2010, 12–13.

Kirchengeschichte, von Geistes- und Naturwissenschaft und vor allem von Glauben und Leben für ihr eigenes Leben erschließen.
Eine ganz wichtige Bedeutung kommt im RU der Lehrperson zu. Der Religionslehrer (RL) ist für die Schüler der entscheidende Beglaubiger der christlichen Botschaft.[14] An ihm lesen sie ab, ob und wie im Alltag der Glaube gelebt werden kann. Der RU wirkt auch heute überzeugend, wenn die Schüler durch die glaubwürdige Erschließung der Botschaft Jesu Christi durch dessen konkreten Überbringer „Orientierung für ihr Leben aus dem Glauben“ erfahren. Bei solcher Transparenz des Zeugen, der sich selber von Glaubenszweifeln nicht frei weiß und gegenüber Kritikwürdigem an Gesellschaft und Kirche nicht hinter dem Berge hält, erhalten sowohl die kirchlich-praktizierenden als auch die kirchlich-distanzierten Schüler Zugänge zum Glauben und echte Lebenshilfe.
Zusätzlich zum Religionsunterricht ist der Kirche vom Gesetzgeber die Möglichkeit eingeräumt worden, einen „Dienst zur Humanisierung des Schulalltags“, dem hinzugekommenen Bereich Schulpastoral, zu leisten. Dieser schulbezogene Dienst findet seine theologische Begründung im „Für-die-Menschen-Sein Jesu Christi“[15]. Konkret wird Schulpastoral erfahrbar in einer Fülle von Beziehungspunkten am Rande und außerhalb des schulischen Religionsunterricht, wie in Morgenandachten, geistlichen Orientierungstagen, Wochenendseminaren, Diskussionsforen, Gottesdiensten und Wallfahrten, aber auch in einer Vielzahl sozialer Projekte (als Compassion gegenüber sozialen Brennpunkten).
Bei solchem gemeinsamen engagierten Umgang vertiefen sich zwischen dem ‚Religionslehrer alias Schulseelsorger‘ und den Schülern die persönlichen Beziehungen erheblich, weil sich beide hier in besonderer Weise als Glaubenspartner erfahren. Was die Gestaltung der Gottesdienste betrifft – jeweils zum Schuljahresbeginn und zum Schuljahresabschluss – können diese für Lehrer und Schüler zu einem „konfessionsverbindenden ökumenischen Lernort des Glaubens“ werden.

[14] Vgl. Jacques Schepens – Ludwig Mödl, Der Religionslehrer – Handlungsfeld praktischer Spiritualität, in: Konferenz der Bayerischen Pastoraltheologen (Hg.), Christliches Handeln. Kirchesein in der Welt von heute, München 2004, 22–36.
[15] Vgl. Jan Heiner Schneider, Art. „Schulseelsorge“, in: Norbert Mette – Folkert Rickers (Hg.), Lexikon der Religionspädagogik Bd. 2, Neukirchen 2001, Sp. 1959–1961.

3.4 Gemeinde (Gottesdienst/Predigt/Katechese/Gruppen)

Ging es der Würzburger Synode insgesamt darum, die Konzilsbeschlüsse des Zweiten Vatikanischen Konzils auf die deutschen Verhältnisse zu übertragen, dann intendiert der Beschluss „Verantwortung des ganzen Gottesvolkes für die Sendung der Kirche“[16] dieses Anliegen noch einmal speziell für die Gemeinden. Tatsächlich hat sich seither das „Lebenselement Gemeinde“ als „verortete Kirche“ spürbar verstärkt. Umso mehr beklagt die Religionspädagogik seit längerem den Umstand, dass Schule und Gemeinde kaum mehr voneinander Notiz nehmen. Schließlich muss das Glauben-Lernen auf Erfahrungsräume verweisen können, in denen das, was gelehrt, auch gelebt wird. Insofern ist der RU wesensmäßig auf Gemeinde bezogen. Doch da bereits durch die Demokratisierungsbewegung der 68er Generation immer deutlicher wurde, dass vom RU keine Garantie mehr für die Weitergabe des Glaubens erwartet werden konnte, wiederbelebte ein weiterer Würzburger Synodenbeschluss bezüglich der Sakramentenpastoral die frühkirchliche Institution der Katechese[17] als der Gemeinde ureigenste Aufgabe. Inzwischen sind Eucharistie- und Firmgruppen zu so vertrauten Einrichtungen des Gemeindelebens geworden, dass man fast meinen möchte, es sei nie anders gewesen. Für die Religionspädagogik erwuchs aus der Wiederbelebung der (Gemeinde-)Katechese ein unverzichtbarer Zugewinn: die Einsicht in den Zusammenhang von Glauben-Lernen und Gemeinde-Werden.

Was die Predigt[18] als einen weiteren „Lernort des Glaubens“ betrifft, so lässt sich Folgendes sagen: Nach dem Vorbild Jesu und seinem ausdrücklichen Auftrag als Auferstandener ist das Evangelium allen Menschen in der Welt bekannt zu machen (Vgl. Mt 28,16–20). Und da nach Paulus der Glaube durch aufnahmebereites Hören geweckt wird (Vgl. Röm 10,13–18), stellt sich gar nicht die Frage, ob und wo verkündigt werden soll. Drängend geworden ist vielmehr die Frage nach dem Wie der Predigt. Wie muss die Predigt gestaltet sein, damit Gottes Heilstaten bekannt gemacht und heute überzeugend zur Sprache gebracht werden?

[16] Der Beschluss „Verantwortung des ganzen Gottesvolks für die Sendung der Kirche“, in: Gemeinsame Synode der Bistümer in der Bundesrepublik Deutschland. Offizielle Gesamtausgabe I, Freiburg – Basel – Wien 2012, 637–677.

[17] Der Beschluss „Schwerpunkte heutiger Sakramentenpastoral“, in: Gemeinsame Synode der Bistümer in der Bundesrepublik Deutschland. Offizielle Gesamtausgabe I, Freiburg – Basel – Wien 2012, 227–275.

[18] Vgl. Ehrenfried Schulz, Wo ein Christ ist, da predigt er. Pastoraltheologische Erwägungen zur derzeitigen Verkündigungssituation, in: Diakonia 23 (1993), 21–28.

Bereits im Neuen Testament werden zwei Grundarten der Verkündigung unterschieden: die vorrangig mit „Kerygma“ bezeichnete Erstverkündigung und die mit „Didaskalia/Didache“ bezeichnete Entfaltungsverkündigung. Der Erstverkündigung eignet der Neuheitscharakter, der Entfaltungsverkündigung die planmäßig-entfaltende Auslegung. Die aus beiden Formen historisch abgeleitete Unterscheidung der „Missionspredigt“ für Nichtchristen und der „Gemeindepredigt“ für die eingeweihten Gottesdienstchristen dürfte in unserer säkularisierten Zeit zumindest problematisch geworden sein.[19] Zum einen stimmt die biblische Voraussetzung des Heidentums in einer sich als nachchristlich verstehenden Gesellschaft so nicht, zum anderen wirft das Phänomen der distanzierten Kirchlichkeit vieler Gottesdienstbesucher (und das besonders an kirchlichen Hochfesten) Zweifel auf, ob der Prediger nur Eingeweihte als Hörer vor sich hat. Er wird darum gut beraten sein, nicht nur an hohen Feiertagen, sondern auch bei Kasualspendungen die Form der homiletischen Erstverkündigung zu wählen.

Beim Wort „Gemeinde“ denken wir gewohnheitsmäßig fast immer an die Pfarrgemeinde. Doch hat sich aufgrund individueller Bedürfnisse und sozialer Lebensverortung inzwischen auch hier eine vielgestaltige kirchliche Landschaft gebildet, von ganz unterschiedlichen gemeindlichen Gruppierungen angefangen bis hin zur lebensraumorientierten Kirchengestalt.[20] Doch je mehr sich die Gläubigen über die wohnraumorientierte Pfarrgemeinde in lebensraumorientierte Präsenzformen hineinbegeben, desto mehr entsteht für die Menschen innerhalb der Kirche eine Wahlmöglichkeit, nicht zuletzt verursacht von ihrer problembeladenen Biografie (z.B. wiederverheiratete Geschiedene). Wenn sich auch die Frage stellt, ob sich bei solchen lebensraumorientierten Gemeindeformen (Bibelkreise, Therapie- und Selbsthilfegruppen) der Gemeindebegriff in Vollgestalt abbildet, so sind diese nicht nur aus anthropologischer Bedürftigkeit legitim; denn die Mitglieder wollen sich ganz bewusst vom „Wort Gottes“ leiten und beschenken lassen.[21]

---

[19] Vgl. Erich Feifel, Art. „Verkündigung“, in: NHThG, Bd. 4, München 1985, 241–251.

[20] Vgl. Paul Wehrle, Religionsunterricht in missionarischer Perspektive?, in: Erzbischöfliches Seelsorgeamt Freiburg (Hg.), Freiburger Materialdienst für die Gemeindepastoral. Lebensräume: Schule und Kirche. Pastoral und Bildung, H.3, Freiburg 2004, 25–29.

[21] Vgl. Ottmar Fuchs, Art. „Gemeinde“, in: Walter Fürst – Jürgen Werbick (Hg.), Katholische Glaubensfibel, Rheinbach 2004, 166–169.

Hinsichtlich Liturgie und Verkündigung sind die Ansprüche der Gläubigen in den letzten Jahren erheblich gewachsen mit der Folge, dass wegen gehaltvoller Predigten, musikalisch feierlich gestalteter Gottesdienste und für Kinder und Jugendliche ausgerichtete Feiern immer „Anteile der Pfarrgemeinden" zu „Fahrgemeinden" werden; denn in der Region finden jene suchenden Zeitgenossen das Profil des so gestalteten Sonntagsgottesdienstes, das ihnen am meisten zusagt. Nun könnte man meinen, heute, in Zeiten von Television, Handy- und Internetkommunikation wäre das Face-to-Face-Bedürfnis überholt.

Doch wie so oft im Leben existiert hier eine gleichzeitige Ungleichzeitigkeit: Auf der einen Seite Handy und Internet, auf der anderen Seite die Nachfrage nach guten Orten, wo der Mensch sich eine Heimat sucht. Nicht von ungefähr explodiert seit einigen Jahren das Feierbedürfnis, das sich in Nachbarschafts- und Stadtteilfesten, in Betriebsfeiern und Schulfeten artikuliert. Wenn also die Kirche die Menschen heute erreichen und beheimaten will, dann muss sie auch weiterhin Priester und pastoral Hauptamtliche im personalen Nahbereich aufbieten. Wo Menschen vor Ort – sei es am Lebensmittelpunkt des Wohnorts oder in verbindlichen Gruppen – zusammenleben, dort müssen sie der Reich-Gottes-Botschaft begegnen können.

Für die Glaubenskommunikation in Gottesdienst und Predigt, in Katechese und Gruppenleben heißt das: Die Territorialgemeinden als jene guten Orte sind unbedingt beizubehalten, damit die Menschen als Glaubende oder als nach dem Glauben Suchende zusammenkommen können, wo sie ihre Hoffnungen und Enttäuschungen austauschen sowie ihre guten wie schweren Erfahrungen erinnernd feiern können.

3.5 Jugendarbeit

Sollte man ein Charakteristikum nennen, das für die kirchliche Jugendarbeit[22] im Vergleich zu den anderen Lernorten des Glaubens typisch ist, dann heißt das Freiwilligkeit. Aber auch das Freiwilligkeitsprinzip gibt es, wie alles auf der Welt, nur in der Ambivalenz: Einerseits eröffnet es spezifische Möglichkeiten der Gestaltung, andererseits signalisiert es unüberschaubare Grenzen.

---

[22] Vgl. Martin Lechner, Pastoraltheologie der Jugend. Geschichtliche, theologische und kairologische Bestimmung der Jugendpastoral einer evangelisierenden Kirche, München 1996.

Das Attraktive der Jugendarbeit, ob sie nun in der offenen Form oder in Verbänden[23] organisiert ist, wird vor allem durch folgenden Slogan ausgedrückt: „Selbstverwirklichung durch Freiwilligkeit."[24] Freiwillig schließen sich Jugendliche mit Gleichaltrigen (peer groups) zusammen, interagieren in diversen Rollen, greifen Initiativen auf, übernehmen Aufgaben und Dienste. Weil sämtliche Aktivitäten freiwillig erbracht werden, setzt das Kräfte frei, motiviert es und prägt bisweilen die Heranwachsenden dergestalt, dass es gar nicht so selten vorkommt, wenn selbst in die Jahre gekommene Erwachsene noch immer begeistert vom einstigen Engagement in der Jugendarbeit erzählen, sogar diese Phase ihres Lebens auch im Hinblick auf ihre Glaubensbiografie für die wichtigste halten.[25] Am ‚Prinzip Freiwilligkeit' werden aber auch die Grenzen deutlich: Denn während der RU noch nahezu alle jungen Menschen erreicht, schließt sich der kirchlichen Jugendarbeit lediglich noch eine Minderheit an.[26] Eine weitere Grenze liegt in der mangelnden Verbindlichkeit. Schnell kann nämlich das Engagement der jungen Menschen wieder erlahmen, vor allem dann, wenn sie mit ihren – oft einseitig und postulierend vorgetragenen – kritischen Einstellungen bei Funktionsträgern der Kirche auf Unverständnis stoßen; denn die jungen Heranwachsenden und dementsprechend auch die Jugendverbände sehen nicht selten ihre Aufgabe darin, gesellschaftspolitische Vorstellungen in das kirchliche Leben einzubringen, wie das Suchen nach neuen Lebensstilen oder die Veränderungen im Rollenbild von Mann und Frau, aber auch das Aufdecken von versteckten Machtstrukturen und nicht zuletzt ihren Einsatz für weltweite Gerechtigkeit, Frieden und Bewahrung der Schöpfung. Dass die Jugendlichen bereit sind, sich auch auf dem Boden der Gemeinde zu engagieren, zeigt nicht nur ihre Sympathie für Spiritualität und Gottesdienstgestaltung (Taizé-Gebet, Jugendvespern u.a.), sondern auch für das Evangelium überhaupt (Teilnahme an sozialen Projekten und Kirchentagen). Selbstverständlich

[23] Vgl. Marianne Brandl u.a. (Hg.), Engagement & Performance. Kirchliche Jugend(verbands)arbeit heute, Haus Altenberg 2007.

[24] Vgl. Erzbischöfliches Jugendamt München und Freising (Hg.), Leitlinien für die kirchliche Jugendarbeit, München 2010, 7–12.

[25] Vgl. Erzbischöfliches Jugendamt München und Freising (Hg.), „jung, prophetisch, anders": Lebensstile – Glaubensstile. Jugendseelsorge: hip and holy? Dokumentation der Jahrestagung 2009, München 2010.

[26] Vgl. Stephan Mokry, Die Zeichen der Zeit erkennen? Zur Zeitdiagnose nach dem Zweiten Vatikanischen Konzil, in: Patrick Becker – Ders. (Hg.), Jugend heute – Kirche heute? Konsequenzen aus der Jugendforschung für Theologie, Pastoral und (Religions-) Unterricht, Würzburg 2010, 49–63.

darf nicht übersehen werden, dass die Jugend viele Gesichter und Vorlieben hat, die im Zeitrhythmus rasch wechseln können.[27]
Mit Fug und Recht darf jedoch behauptet werden, dass die meisten Widersprüche in Urteil und Lebensform nicht von den Jugendlichen selbst stammen, sondern aus dem gesellschaftlichen Umfeld, in dem sie leben – also aus der Medien- und Erwachsenenwelt. Ohne die Frage hier beantworten zu können, sei sie aber dennoch gestellt: Wo können heute unsere Jugendlichen für sich Vorbilder finden, nur in Discotheken, beim Sport und im Internet – oder auch in unseren Gemeinden?[28] Jedenfalls fällt angesichts verbreiteter gesellschaftlicher Wertediffusion der kirchlichen Jugendarbeit genau diese wichtige Orientierungsfunktion zu. Ob die kirchliche Jugendarbeit letztlich mehr darstellt als nur ein zusätzliches Freizeitangebot zu Musik- und Sportvereinen hängt davon ab, ob aus einer die Jugend betreuenden Kirche eine „Kirche mit (!) der Kirche" wird.
In einem weiteren Impuls sollte die kirchliche Jugendarbeit die jungen Menschen zur Übernahme von Aufgaben in Politik und Gesellschaft motivieren, damit auch in Zukunft die christlichen Grundpositionen „um der Menschen willen" in der Öffentlichkeit nicht verstummen.[29] Desgleichen wird sichtbar, dass in dieser Lebensphase weniger der katechetisch-unterweisende als der diakonische Einsatz der Kirche gefragt ist. Das hatte auch die Würzburger Synode erkannt, als sie die Erarbeitung des Beschlusstextes „Ziele und Aufgaben kirchlicher Jugendarbeit"[30] nicht der Sachkommission „Glaube und Verkündigung", sondern der Sachkommission „Diakonie" zuwies. Mit diesem Beschlusstext zur kirchlichen Jugendarbeit, der sich ganz am Leitbild der kommunikativen und diakonischen Praxis Jesu orientiert, gelang wirklich ein prophetisches Dokument, das auch heute nach fast vierzig Jahren an Trefflichkeit nichts eingebüßt hat. Die kirchliche Jugendarbeit leistet, das sei hier abschließend und mit

[27] Aus diesem Grund ediert die Deutsche Shell AG im Zweijahresrhythmus jeweils eine Jugendstudie. Vgl. hierzu Jugend 2010, 18. Shell Jugendstudie. Konzeption & Koordination: Klaus Hurrelmann u.a., Frankfurt a. M. 2011.
[28] Vgl. Birgitta Kleinschwärzer-Meister, Sportidole, Werbeslogans, Psychoszene – profane Heilsversprechen und kirchliche Heilsverkündigung, in: Patrick Becker – Stephan Mokry (Hg.), Jugend heute – Kirche heute? Konsequenzen aus der Jugendforschung für Theologie, Pastoral und (Religions-) Unterricht, Haus Altenberg 2010, 64–81.
[29] Vgl. Ute Benz –Wolfgang Benz (Hg.), Jugend in Deutschland. Opposition, Krisen und Radikalismus zwischen den Generationen, München 2003.
[30] Der Beschluss „Ziele und Aufgaben kirchlicher Jugendarbeit", in: Gemeinsame Synode der Bistümer in der Bundesrepublik Deutschland. Offizielle Gesamtausgabe I, Freiburg – Basel – Wien 2012, 277–311.

Anerkennung vermerkt, für die heranwachsenden jungen Menschen einen unverzichtbaren Beitrag „orthopraktischen Glauben-Lernens".

3.6 Erwachsenenbildung (Eltern/Senioren)

Der religionspädagogische Denkansatz vom lebenslangen Glauben-Lernen, der die Lernspirale rundend in den weitgesteckten Zeitraum der „Erwachsenenbildung" einmünden lässt, hätte mit den verschiedenen Lebensphasen (des jungen, mittleren und älteren Erwachsenen) und mit den entsprechend inhaltlich zu differenzierenden und didaktisch aufzubereitenden Lernangeboten eine erheblich umfassendere Einlassung verdient.[31] Doch – wiederum aus der gebotenen Konzentration – kann hier nur Problemanzeigendes vorgetragen werden.

Auf dem Lernverständnis von „long life learning" zugrundegelegt, wonach die Lernfähigkeit des Erwachsenen, auch des älteren Menschen,[32] als erwiesen gilt, will die theologische Erwachsenenbildung „die Kirche in eine Lerngemeinschaft (...) verwandeln, in der Meinungs- und Willensbildung im Glauben geschieht."[33] Auch wenn es unzweideutig um das „Glauben-Lernen" geht, so ist die Erwachsenenbildung keine Glaubensunterweisung oder Glaubensverkündigung in informativer Form, denn das ist die Aufgabe der Erwachsenenkatechese. Vielmehr will sie die Teilnehmer in einem Lernprozess aktivieren. Sie will – und das ist das theologisch Hochbedeutsame – den „Glaubenssinn der Gläubigen" (LG 35) in die theologische Verantwortung einbringen und damit eine überkommene „theologische Verbraucherhaltung" überwinden.

Damit ist angedeutet, dass das Glauben-Lernen Erwachsener didaktisch folgendermaßen konzipiert sein muss: partnerschaftlich, zielgruppenorientiert und erfahrungsbezogen. Will man darüber hinaus den Lernzu-

---

[31] Vgl. Martina Blasberg-Kuhnke, Erwachsenenbildung, in: Hans-Georg Ziebertz – Werner Simon, Bilanz der Religionspädagogik, Düsseldorf 1995, 434–447.

[32] Vgl. Marianne Habersetzer, „Selbstbewusstsein" – Lebens- und Glaubensgeschichte gestalten, in: Martina Blasberg-Kuhnke – Andreas Wittrahm (Hg.), Altern in Freiheit und Würde. Handbuch christliche Altenarbeit, Würzburg 2007, 121–125.
Das Münchner Bildungswerk als die Katholische Erwachsenenbildung in der Stadt und im Landkreis München bietet mit der Seniorenakademie ein „Studium generale" ohne Prüfungen und Zugangsbeschränkungen an. In einem sechssemestrigen Grund- und einem viersemestrigen Aufbaustudium können Interessierte ab 55 Jahren nicht nur ihren Wissensdurst stillen, sondern auch ein Diplom erwerben. Die kontinuierlich große Nachfrage belegt die enorme Lernmotivation des älteren Menschen.

[33] Vgl. Erich Feifel, Glaubenssinn und theologischer Lernprozess. Funktion und grundlegende Strukturen theologischer Erwachsenenbildung, in: Ders. (Hg.), Erwachsenenbildung, Zürich – Einsiedeln – Köln 1972, 13–77.

wachs messen – denn die Aktivierung Erwachsener in Fragen des Glaubens ist ein hohes Postulat – dann wird man um die Erhebung subtiler Auskünfte nicht umhin können. Diese Aufgabe kann jedoch hier nicht geleistet werden. Doch war der kursorische Verweis auf das Anliegen der kirchlichen Erwachsenenbildung insofern wichtig, als er deutlich macht, dass das Glauben-Lernen eben ein lebenslanger Prozess ist, der erst mit der „visio beatifica" enden und dann zur staunenden Vollendung gelangen wird.

4 Exkurs „Perspektive Lebensgeschichte": Gemeinsam Leben- und Glauben-Lernen zwischen den Generationen

Das zentrale Anliegen des Rundgangs durch die „Lernorte des Glaubens" war es, sichtbar zu machen, dass es in den religionspädagogischen Handlungsfeldern weniger auf vollständige Glaubensinhalte (Glaubenswissen) ankommt als auf die in den jeweiligen Lernorten gemachte „lebensprägende Glaubenserfahrung, dass Gott mein Leben trägt". Somit ergibt sich nun als letzter Gedankengang der Blick auf den lebensgeschichtlichen Zusammenhang des Glauben-Lernens.

Wie aus einer Reihe bemerkenswerter Buchveröffentlichungen in der jüngeren Vergangenheit ersichtlich wird, hat die „Perspektive der Lebensgeschichte" eine erstaunliche religionspädagogische Aufmerksamkeit bekommen.[34] Die Besinnung auf die Biografie und deren Ablauf erweist sich als durchaus ergiebig; denn im Reflektieren meiner Lebensgeschichte entdecke ich mich sinnierend und fragend, sinnsuchend und deutend: Ist mein Leben, so wie es verlaufen ist, richtig verlaufen? Was hätte anders sein sollen, anders sein können? Mein Fragen wird somit zum Ausgangspunkt religiösen Denkens und Handelns.

Eine ausdrückliche religionspädagogische Dimension gewinnt solches Reflektieren nach dem Verhältnis von Glauben und Leben besonders durch das Fragen nach dem Verhältnis von Glaubensstufen und Lebens-

[34] Vgl. hierzu u.a. Lothar Kuld, Glaube in Lebensgeschichten. Ein Beitrag zur theologischen Autobiographieforschung, Stuttgart 1997; Andrea Pichlmeier, Wes Geistes Kind. Zum Verhältnis von Spiritualität und Biographie, Würzburg 2000; Elke Hentschel – Pierre Teilhard de Chardin, Synthese von Glaube und Naturwissenschaft aus der Sicht der Biographieforschung, Hamburg 2004.

phasen.[35] Weil zwischen dem „Leben-Lernen und Glauben-Lernen" nachweislich ein innerer Zusammenhang besteht, darum unterscheidet sich der Glaube eines Kindes signifikant von dem eines Jugendlichen und dessen Glaube wiederum von dem eines Erwachsenen. Die „Phasenstruktur eines Lebens", die nach den Aussagen der Entwicklungspsychologie vom Menschen zum Identitätserwerb psychisch, kognitiv und sozial durchlaufen werden muss, wird so zu einer wichtigen Vorgabe für die „Entwicklungslinie des Glauben-Lernens."

Es lässt sich aber auch umgekehrt sichtbar machen, dass die theologischen Aussagen aus dem „am Glauben Erlernbaren" – wie Vertrauen und Zuversicht – in Beziehung zu setzen sind mit den grundlegenden Aussagen der Humanwissenschaften über die Stadien im menschlichen Lebenszyklus. Damit könnte es von einer Theologie der Kindheit über die des Jugend- und Erwachsenenalters schrittweise zu einer Lebensaltertheologie kommen. In einer solchen Lebensaltertheologie könnte aufscheinen, wie Glauben und Lernen in der konkreten Lebenswelt des Menschen anzusiedeln wären. Es könnte des Weiteren sichtbar werden, dass religiöse Erziehung und Bildung zur Menschwerdung verhilft, sofern sie auf den verschiedenen Stufen der Entwicklung zur Identitätsfindung beiträgt.

Unschwer lässt sich durch das Bemühen um eine „Theologie der Lebensalter" das Glauben-Lernen lebensgeschichtlich folgendermaßen konkretisieren: In der frühen Kindheit geht es um die Sicherung und Erweiterung kindlicher Grunderfahrungen, etwa der Erfahrung des Urvertrauens. Es ist jene Erfahrung, die dem Kind sein unbedingtes Erwünscht-Sein vermittelt. Im Schulalter sollen dem Heranwachsenden neue Erfahrungsräume erschlossen werden, in denen es möglich wird, unreflektierte Formen des Lebens und des Glaubens aufzubrechen, um so Werthaltungen aus dem Glauben aufzubauen. Im Jugendalter bedarf es der Hilfe beim Finden eines identitätsstiftenden Lebensentwurfs. In den Phasen des Erwachsenenalters steht das Aufmerksamwerden auf die innere Lebenslinie im Mittelpunkt. Und schließlich möchte der Glaube dem altgewordenen Menschen eine Annäherung an den Lebenssinn des Alters finden lassen. Sicher sind diese Perspektiven knapp, vereinfachend und generalisierend ausgezogen, aber die von der Religionspädagogik erwarteten Impulse für den inneren

[35] Vgl. James Fowler, Stufen des Glaubens. Die Psychologie der menschlichen Entwicklung und die Suche nach Sinn, Gütersloh ^{2}2001.

Aufbau und das „Gelingen der Glaubensbiographie“[36] sollten deutlich geworden sein.

Bei den hinführenden Überlegungen zu den „Lernorten des Glaubens“ wurde aus gutem Grund auf die mögliche Gefahr aufmerksam gemacht, dass die einzelnen Lernorte, weil sie aus methodischen Gründen nur nacheinander behandelt werden können, oft zu wenig in ihrer Verschränkung gesehen werden; aber in genau deren Verschränkung liegt der eigentliche Gewinn der lebensgeschichtlichen Betrachtungsweise; denn Eltern und Kinder, Alte und Junge, Erzieherinnen, Erzieher und Schutzbefohlene, Lehrer und Schüler sind zum „gemeinsamen Leben- und Glauben-Lernen“ aufgefordert:[37] Zum einen bedürfen die Heranwachsenden von der Erwachsenenwelt altersspezifische Lern- und Glaubenshilfen, zum anderen gibt es generationsübergreifend durchaus lebensthematische Kontinuitäten.

Das gemeinsame Leben- und Glauben-Lernen beginnt an der Stelle und zu dem Zeitpunkt, wo die Beteiligten fähig werden, die Entwicklungslinien ihres Lebens wahrzunehmen. Im gemeinsamen Leben- und Glauben-Lernen wird somit jene tiefe Wirklichkeit deutlich, dass weder Kinder noch Jugendliche noch die Erwachsenen fertige Menschen und Christen sind. Vor Gott stehen sie alle gemeinsam als ständig Lernende! Einander geben sie wechselseitig Anteil von dem, was der eine dem anderen voraus hat. Das wiederum impliziert einen Rückverweis an die „Lernorte des Glaubens“, wo im konkreten Fall zu untersuchen wäre, wann, wer, wem der eine dem anderen Lehrer und Begleiter ist.[38] Die Aufgabe der Religionspädagogik lässt sich treffend mit aktiver Glaubensbegleitung auf dem Weg des Glaubens beschreiben. Dabei muss sie offen und hellhörig bleiben für die sich im Leben und Glauben eines Menschen öffnende, oft ganz überraschende und immer zuvorkommende Gnade Gottes, gleichzeitig aber nicht minder sensibel sein gegenüber den Einsichten aus Humanwissenschaften und Theologie.

---

[36] Vgl. Rudolf Englert, Glaubensgeschichte und Bildungsprozess. Versuch einer religionspädagogischen Kairologie, München 1985.

[37] Vgl. Martina Blasberg-Kuhnke, Erwachsene glauben. Voraussetzungen und Bedingungen des Glaubens und Glaubenlernens im Horizont globaler Krisen, St. Ottilien 1992.

[38] Vgl. Erich Feifel, Gemeinsam Glauben- und Leben-Lernen zwischen den Generationen, in: Stephan Leimgruber – Michael Langer (Hg.), Erich Feifel: Religiöse Erziehung im Umbruch, München 1995, 176–183.

Arbeitsfelder

Bildung managen in Einrichtungen der katholischen Erwachsenenbildung

Ulrich Iberer / Ulrich Müller

Im Streben um eine weitere Professionalisierung der Erwachsenenbildung treten – neben den didaktischen und professionsbezogenen Aspekten – vermehrt Fragen nach einem dezidierten Management- und Leitungshandeln in den Fokus. So wird heute von Bildungseinrichtungen in katholischer Trägerschaft erwartet, dass sich die von ihr geleistete Bildungsarbeit sowohl über eine souveräne Organisation von Lehr- und Lernprozessen, als auch über eine an strategischen Zielen orientierte Führungsarbeit auszeichnet. Unter dem Begriff „Weiterbildungsmanagement"[1] werden in Theorie und Praxis entsprechende Modelle und Instrumente thematisiert, um damit pädagogische und ökonomische Anforderungen „zusammenzudenken"[2] und bewältigen zu können. Für die konfessionelle Bildungsarbeit bietet das Weiterbildungsmanagement eine solide Ausgangsbasis im Hinblick auf generelle Leitungsaufgaben in Bildungsorganisationen. Gleichzeitig ist die Praxis von Führungsarbeit in Einrichtungen der katholischen Erwachsenenbildung aber auch von für sie typischen Fragen und Anforderungen sowie dafür notwendigen Steuerungsfunktionen gekennzeichnet. Welche Managementaufgaben sind für die katholische Erwachsenenbildung maßgeblich, welche spezifisch? Benötigt die katholische Erwachsenenbildung deshalb ein eigenes, besonderes Managementverständnis? Dieser Beitrag nimmt die katholische Erwachsenenbildung aus organisationaler Perspektive in den Blick und fokussiert dabei die Strukturmerkmale der Führungsprozesse in funktionsbezogener und personenbezogener Hinsicht. Er will damit Anstöße sowohl für eine weitere theoretische Systematisierung, als auch Impulse für Reflexionen in der Leitungspraxis geben.

---

[1] Vgl. Klaus Meisel, Weiterbildungsmanagement, in: Rudolf Tippelt – Aiga von Hippel (Hg.), Handbuch Erwachsenenbildung/Weiterbildung, Wiesbaden [5]2011, 427–436.
[2] Heide von Felden, Bildungsmanagement, in: Rolf Arnold – Sigrid Nolda – Ekkehard Nuissl (Hg.), Wörterbuch Erwachsenenbildung, Bad Heilbrunn 2010, 46–47.

1 Bildungsmanager/-innen in der katholischen Erwachsenenbildung

Die katholische Erwachsenenbildung ist nach den Volkshochschulen der zweitgrößte Anbieter allgemeiner, öffentlich verantworteter Erwachsenenbildung in der Bundesrepublik Deutschland und größter nichtkommunaler Anbieter von religiöser, kultureller und personenbezogener Weiterbildung[3]. Die Trägerorganisationen (Rechts- und Unterhaltsträger) sind die einzelnen Bistümer, Vereine und Verbände sowie selbstständige Bildungsinstitutionen wie Familienbildungsstätten. Aber auch verschiedene bundesweit agierende kirchliche Organisationen wie beispielsweise Wohlfahrtsverbände, die katholischen Hilfs- und Missionswerke, kirchennahe Gewerkschaften und Arbeitgebergruppierungen, konfessionelle Sport- und Freizeitverbände beschäftigen eigene Bildungsreferenten, initiieren Weiterbildungsprojekte oder bieten Programme zur beruflichen Fort- und Weiterbildung an, z.B. Caritas-Akademien.
Nach den Berechnungen der Katholischen Bundesarbeitsgemeinschaft für Erwachsenenbildung (KBE), in der vor allem die erstgenannten Träger (offene Erwachsenenbildung) zusammengeschlossen sind, erreichte die katholische Erwachsenenbildung in Deutschland 2011 in 168.000 Veranstaltungen etwa 3,8 Millionen Teilnehmerinnen und Teilnehmer.[4] Zum Vergleich: Die bundesdeutschen Volkshochschulen konnten in diesem Jahr insgesamt 6,4 Millionen Kursteilnehmerinnen und -teilnehmer für sich gewinnen.[5] Hinter diesen Zahlen stehen mehr als 600 hauptamtliche Akademieleiter/-innen, Bildungsreferentinnen und -referenten und pädagogische Mitarbeiter/-innen sowie mehr als 5.000 ehrenamtlich Tätige, die sich als Vorstände oder Mitarbeiter in Kreisbildungswerken für die Erwachsenenbildung vor Ort engagieren. All sie tragen dazu bei, dass für die gesamte Bevölkerung ein qualifiziertes Bildungsangebot bereitgestellt wird. Sie organisieren, koordinieren und steuern vor dem Hintergrund knapper Ressourcen die Bildungsarbeit und nehmen dabei mehr und mehr die Rolle von Bildungsmanagerinnen und Bildungsmanagern ein.

---

[3] Vgl. Katholische Bundesarbeitsgemeinschaft für Erwachsenenbildung http://www.kbe-bonn.de; Vgl. Stephan Dietrich, Institutionalstruktur von allgemeiner und beruflicher Weiterbildung in Deutschland, in: REPORT, 2007, 32–41.
[4] Vgl. KBE-Statistik 2011.
[5] Vgl. Hella Huntemann – Elisabeth Reichart, Volkshochschul-Statistik. 50. Folge, Arbeitsjahr 2011, [o.O.] 2012, 2.

Ihre Tätigkeit als Bildungsreferent oder Akademieleiter erfüllen sie mit großem Einsatz in einem komplexen und sich zunehmend schneller wandelnden Umfeld. Die Rahmenbedingungen, unter denen Bildungsanbieter heute handeln, sind vielfältig, verändern sich schnell und tiefgreifend, und können hier auch nur ansatzweise wiedergegeben werden, exemplarisch seien die Reformen im europäischen Bildungsraum (z.B. Bologna-Reform), die demografischen Umbrüche und die fortschreitende Dynamik in der Technologieentwicklung genannt.[6] Die Leistungserwartungen an Bildungsorganisationen reichen weit über das Akquirieren von Dozenten und Organisieren von Räumlichkeiten hinaus. Mit ihren Dienstleistungen sollen sie dazu verhelfen, praktische Lebens- bzw. Arbeitsanforderungen zu bewältigen, ganzheitliche Kompetenzen zu entwickeln, Informelles und Selbstgesteuertes unterstützen. All dies soll so gestaltet werden, dass niemand ausgeschlossen bleibt und die Bevölkerung in ihrer ganzen Breite erreicht wird, also auch z.B. bildungsferne Milieus oder Menschen mit Behinderung.

Menschen handeln in immer komplexeren Situationen, die in ein kaum überschaubares Netz vielfältiger Zusammenhänge technischer, wirtschaftlicher und kultureller Art eingebunden sind. Organisationen agieren zunehmend grenzüberschreitend, ihre Mitarbeiterinnen und Mitarbeiter arbeiten in Teams zusammen, deren Mitglieder unterschiedlichen Nationalitäten, Kulturkreisen oder Religionsgemeinschaften angehören.

Die globalen Veränderungen treffen die Einrichtungen der Erwachsenenbildung in doppelter Weise: Zum einen ist es ihre Aufgabe, die Lernenden auf die Bewältigung von Unsicherheiten vorzubereiten, zum anderen agieren die Bildungsorganisationen selbst unter diesen Unsicherheiten.[7] So sehen sich die Anbieter katholischer Erwachsenenbildung mit einem schier unerfüllbaren und sich noch dazu ständig wechselnden Erwartungshorizont konfrontiert. Sie sollen drängende gesamtgesellschaftliche, über die konfessionelle Gemeinschaft hinausreichende Fragen aufgreifen, gleichzeitig sich im zunehmenden Wettbewerb um knappe Ressourcen behaupten und mit ihrer Bildungsarbeit die katholische Kirche im gesell-

[6] Michaela Knust – Anke Hanft, Rahmenbedingungen des Bildungsmanagements, in: Michael Gessler (Hg.), Handlungsfelder des Bildungsmanagements. Ein Handbuch, Münster 2009, 39–65.

[7] Ulrich Müller, Bildungsmanagement – ein orientierender Einstieg, in: Gessler, Handlungsfelder des Bildungsmanagements, 70f.

schaftlichen Wettbewerb um Aufmerksamkeit, Mitarbeit und Mitgliedschaft profilieren.
Auch für eine Bildungsorganisation ist eine zielorientierte und auf Effizienz bedachte Steuerung ihrer Kernprozesse, d.h. das Planen und Durchführen von Bildungsangeboten offenkundig. Bildungseinrichtungen und ihre Leistungen werden heute auch an ökonomischen Kriterien gemessen, wie z.B. zielorientiertem Handeln und effektiver Ressourcenbewirtschaftung. Es gilt, Menschen dafür zu gewinnen und zu motivieren, um gemeinsam die Ziele der Organisation zu erreichen. Für Qualitätsmanagement, Marketingaufgaben, Organisations- und Personalführung sowie betriebswirtschaftliche Entscheidungen sind entsprechend ausdifferenzierte Managementkompetenzen unerlässlich.[8]
Lange Zeit schien es so, dass solche Managementkonzepte bzw. das damit verbundene Managementdenken für Organisationen im staatlichen bzw. Nonprofit-Bereich weniger bedeutsam wären. Nicht zuletzt aufgrund der skizzierten veränderten Rahmenbedingungen müssen sich Bildungsorganisationen unabhängig ihrer monetären Ziele diesen Anforderungen stellen:[9]

- Immer mehr werden Bildungsorganisationen aus geschützten Bereichen entlassen und müssen sich in Wettbewerbssituationen bewähren. Sie werden dadurch anfälliger für Krisen und benötigen entsprechende Management-Instrumente, um mögliche Auslöser rechtzeitig zu erkennen.
- Die generelle Mittelknappheit (z. B. Rückgang von Fördermitteln) zwingt Bildungseinrichtungen dazu, die Aufgabenvielfalt unter finanziellen und personellen Einschränkungen neu zu organisieren. Führungs- und Projektverantwortliche müssen sich zunehmend mit Begriffen wie „Effizienz“ und „Wirtschaftlichkeit“ beschäftigen.
- Nicht zuletzt auf Grund der Abhängigkeit von Fördergeldern und staatlicher Unterstützung nimmt der Rechtfertigungsdruck zu.

---

[8] Georg Kortendieck – Frank Summen (Hg.), Betriebswirtschaftliche Kompetenz in der Erwachsenenbildung, Bielefeld 2008.
[9] Vgl. auch Christian Horak – Peter Heimerl, Management von NPOs – Eine Einführung, in: Christoph Badelt – Michael Meyer – Ruth Simsa (Hg.): Handbuch der Nonprofit-Organisation. Strukturen und Management, Stuttgart 2007, 167f.

Geldgeber und auch andere Interessensgruppen wollen verstärkt darüber informiert werden, was mit ihren Mitteln bewirkt wird.

- Für öffentlich agierende Bildungsorganisationen ist es eine besondere Herausforderung, eindeutige „Kunden"-Beziehungen zu finden und zu gestalten. Unterschiedliche Gruppierungen melden ihre eigenen Interessen und Bedürfnisse an und es wird zunehmend schwieriger, den verschiedenen Ansprüchen gleichermaßen gerecht zu werden.
- All dies erfordert ein Handeln unter Zeitdruck und mit engen Fristen: Die modernen Informations- und Kommunikationstechnologien ermöglichen einerseits einen einfacheren und schnelleren Austausch, bringen aber gleichzeitig auch einen höheren Zeitdruck bei der Entscheidung und Umsetzung von Maßnahmen mit sich. Für das Weiterbildungsmanagement ergibt sich damit die paradoxe Situation, einerseits Freiraum für Lernprozesse ermöglichen zu wollen und gleichzeitig in vorgegebenen engen Zeiträumen Lernerfolge erzielen zu müssen.

Führungskräfte und Programmverantwortliche im Bildungsbereich benötigen zur Bewältigung dieser anspruchsvollen Aufgaben neue und umfassende Managementkompetenzen – vor allem die Fähigkeit, trotz all dieser Anforderungen den Überblick zu bewahren.

In einer ersten Annäherung kann man unter „Bildungsmanagement" Führungs- bzw. Leitungsaufgaben in eigenständigen Bildungseinrichtungen sowie Bildungsbereichen innerhalb der Kirche verstehen. Dabei geht es um die Ausrichtung und Steuerung der Bildungsorganisation oder einzelner Aufgaben und Prozesse auf bestimmte Ziele hin. Diese Aufgaben umfassen planende, koordinierende und kontrollierende Tätigkeiten auf Gebieten wie Personal, Organisation, Finanzen, Marketing, Programmplanung oder Qualität. „Leitung" bezieht sich dabei auf den eher sachbezogenen Aspekt dieser Aufgaben, „Führung" auf den eher personenbezogenen. Beide Aspekte sind vielfältig miteinander verschränkt, der Begriff „Management" fasst sie zusammen.[10]

[10] Vgl. Ulrich Iberer – Gabriele Freytag – Ulrich Müller, Handbuch Bildungsmanagement im organisierten Sport, Köln 2013, 18f.

2 Bildung managen

Mit den beiden Begriffen „Bildung“ und „Management“ sind wir in gewisser Weise mit zwei Rationalitäten konfrontiert. In dem Spannungsgefüge zwischen Subjektorientierung auf der einen Seite und Verwertungsinteressen, Streben nach Effektivität und Effizienz auf der anderen Seite, müssen sich Bildung und Management bewähren. Die Einführung von Denkweisen, Begrifflichkeiten und Instrumenten aus dem Bereich des Managements hat im Bildungsbereich in den letzten Jahrzehnten vielfältige Irritationen und Diskussionen ausgelöst.

Teilweise wird das Management-Denken in Frage gestellt, weil damit Assoziationen wie „Gewinnmaximierung“, „Rentabilität“, „ökonomisches Verwertungsinteresse“ mitschwingen. Es wurde die Gefahr einer völligen Ökonomisierung und Instrumentalisierung beschworen, ein mangelndes pädagogisches Professionsbewusstsein vermutet und in Abrede gestellt, dass sich Bildung überhaupt managen lässt.[11] Allerdings scheint diese Unvereinbarkeit auf einer kulturkritischen Grundhypothese zu basieren, die davon ausgeht, dass eine Orientierung an wirtschaftlichen Überlegungen den pädagogischen Idealen zwangsläufig und unvereinbar konträr gegenübersteht. Dass diese Fundamentalkritik an der Bildungswirklichkeit vorbeiläuft, zeigt der heute weit ausdifferenzierte Weiterbildungsmarkt. Es findet sich darin durchaus auch jenes Bildungspublikum, das bereit ist, für qualitativ hochwertige Bildungsangebote einen entsprechend angemessenen Preis zu zahlen.

Beileibe ist „Bildung“ kein Produkt, das einfach verkauft und konsumiert werden kann wie Autos oder Waschmittel. Bildung wird von den lernenden Subjekten selbsttätig angeeignet und bedarf im besonderen Maße der eigenen Anstrengung. Für die Erwachsenenbildung in konfessioneller Trägerschaft ist dieses Bildungsverständnis außerordentlich prägend. Konfessionelle Erwachsenenbildung leistet einen Beitrag zur Lebensweltgestaltung ihrer Teilnehmenden. Mit unterschiedlichen Themenschwerpunkten sollen die Teilnehmenden dabei unterstützt werden, sich in ihrer sozialen Lebenswelt auf Basis christlicher und bürgerlicher Werte zurechtzufinden, aber auch als informierte und aufgeklärte Individuen auf der Basis ethischer und politischer Leitmotive selbst zu handeln. Nicht die

[11] Zusammenfassend: Detlef Behrmann, Reflexives Bildungsmanagement, Frankfurt a.M. 2006, 44.

fachsystematische Zuordnung eines Bildungsangebots entscheidet über den Verwendungszusammenhang des angeeigneten Lernangebots, sondern die von den Teilnehmenden ausgehende Suchbewegung und lebensweltliche Integrationsleistung.[12]

Diese Aneignung ist notwendigerweise vom lernenden Subjekt selbst zu leisten, die Bildung als solche ist daher für jedwede Art von Management nicht verfügbar. Das, was eine Bildungseinrichtung anbietet, ist nicht die Bildung selbst, sondern Unterstützung und Hilfe bei Bildungsprozessen in Form von Bildungsangeboten. Nur in diesem Sinne, als Dienstleistung, kann man Bildung managen. Dabei unterscheiden sich Bildungsdienstleistungen von anderen Dienstleistungen unter anderem durch das außergewöhnlich hohe Maß an Mitwirkung des Kunden.[13] Zur Entwicklung eines tragfähigen Konzeptes für Bildungsmanagement sollten daher Management-Konzepte aus den ökonomischen Wissenschaften nicht unkritisch übernommen werden, sondern es ist zu prüfen, ob sie dem besonderen Charakter von Bildungsprozessen und den daraus resultierenden Aufgaben der Leitung von Bildungseinrichtungen gerecht werden. Vor diesem Hintergrund soll folgende Arbeitsdefinition von Bildungsmanagement die weiteren Überlegungen leiten: Bildungsmanagement bezeichnet die Gestaltung, Steuerung und Entwicklung von Organisationen als soziale Systeme, die dem Zweck der Bildung von Menschen mit dem Ziel der Urteils- und Handlungsfähigkeit dienen.[14] Bildungsarbeit in kirchlicher Trägerschaft hat den Anspruch, alle Bereiche zwischen Pastoral und Katechese gleichermaßen anzusprechen und miteinander zu verknüpfen. Die Managementaufgaben stehen dabei in engem Kontext zu den zivilgesellschaftlichen Erwartungen an die Kirche einerseits und der religiösen Erwartungshaltung der Gläubigen andererseits.

Wie auch andere Management-Spezifizierungen (z.B. Kulturmanagement, Sozialmanagement) fokussiert das Bildungsmanagement die zweckorientierte Gestaltung von Strukturen und Prozessen in Organisationen und unterscheidet dabei nach sachbezogenen und personenbezogenen Dimensionen. Ein gängiges, einfaches Konzept für die sachbezogene Dimension

---

[12] Vgl. Norbert Vogel, Erwachsenenpädagogische Perspektiven der katholischen Erwachsenenbildung im gesellschaftlichen Kontext, in: Ders. – Michael Krämer (Hg.), Perspektiven katholischer Erwachsenenbildung im gesellschaftlichen Kontext, Bielefeld 2013, 29.

[13] Vgl. Erhard Schlutz, Bildungsdienstleistungen und Angebotsentwicklung, Münster 2006, 20f.

[14] Vgl. Ulrich Müller, Bildungsmanagement – ein orientierender Einstieg, 76.

wird in Form eines Regelkreises aus „Ziele festlegen", „planen", „durchführen" und „kontrollieren bzw. entscheiden" beschrieben. Fredmund Malik formuliert die „Resultatorientierung" als den ersten Grundsatz für Management: „Management ist der Beruf des Resultate-Erzielens oder des Resultate-Erwirkens. Der Prüfstein ist das Erreichen von Zielen und die Erfüllung von Aufgaben."[15] Die personenbezogene Dimension hat die Führung und Motivation der Mitarbeiter zum Gegenstand und wird oftmals als Erfolgsfaktor für den Erfolg von Organisationen bewertet, gerade in Bildungseinrichtungen, wo der „Faktor Mensch" im Mittelpunkt vieler Handlungen steht.

Die Fähigkeit bzw. der Aspekt Personen zu motivieren und zu führen, wird unter dem Ausdruck „Leadership" beschrieben und vom rein sachbezogenen Management abgegrenzt. Die verhaltensorientierte Managementlehre entwickelt ihre Modelle ausgehend von der Frage, warum sich Menschen in Organisationen in einer bestimmten Art und Weise verhalten und wie dieses Verhalten beeinflusst werden kann. Demgegenüber wird in neueren, vor allem systemtheoretischen Ansätzen die generelle Steuerbarkeit von menschlichem Verhalten in Organisationen angezweifelt und umgekehrt betrachtet, d. h. Managementhandeln wird vom Anweisungs- bzw. Steuerungshandeln zum Angebotshandeln: Mensch und Organisation werden als selbstgesteuert und prinzipiell autonom betrachtet. Die Steuerung sozialer Systeme kann dabei nur Selbststeuerung sein, die durch Managementhandeln angeregt werden kann, aber nicht zwingend muss.[16]

3 Spezifika von katholischer Erwachsenenbildung und Implikationen für Management

Die katholische Erwachsenenbildung nimmt im Spektrum der Weiterbildungslandschaft einen viel beachteten Platz ein. Sowohl in ihrem Selbstverständnis als auch in der Außenwahrnehmung wird sie als Teil der öffentlich verantworteten Erwachsenenbildung wahrgenommen und „stellt sich mit ihrem offenen Angebot in den Dienst des einzelnen Menschen

---

[15] Fredmund Malik, Führen – Leisten – Leben. Wirksames Management für eine neue Zeit, Frankfurt a.M. 2000, 73.

[16] Vgl. Ulrich Müller, Kann man Bildung managen? in: Gerd Schweizer – Ulrich Müller – Thomas Adam (Hg.), Wert und Werte im Bildungsmanagement. Nachhaltigkeit – Ethik – Bildungscontrolling, Bielefeld 2010, 13–26.

wie auch der gesamten Gesellschaft."[17] Ihr Anspruch ist es, individuellen Bedürfnissen nach ganzheitlicher, persönlicher Entwicklung genauso gerecht zu werden wie auf große gesellschaftliche Fragen zum sozialen, wirtschaftlichen und politischen Zusammenleben Antworten zu geben. Das Motto „Wer nichts weiß, muss alles glauben" ziert nicht von ungefähr das Programm mancher katholischer Erwachsenenbildungseinrichtung (z.B. Münchner Bildungswerk).[18]

Worin die besonderen organisationalen Momente der katholischen Erwachsenenbildung zu entdecken sind, ist breit erschlossen. Zuletzt hat Norbert Vogel[19] verschiedene Potenziale im Hinblick auf eine weitere Professionalisierung aufgezeigt, indem er die spezifischen Strukturmerkmale von Trägern, Institutionen und Angebote der katholischen Erwachsenenbildung detailliert darlegt und interpretiert. Seine Ausführungen greifen wir im Folgenden erneut auf, ergänzen sie um das Moment „Leitungspersonal" und entwickeln daraus wesentliche Implikationen für das Management von Institutionen in der katholischen Erwachsenenbildung.

3.1 Verortung im Bildungssystem

Die Erwachsenenbildung in Deutschland ist von einer großen Zahl an vielfältigen Institutionen und Institutionenformen geprägt, so dass man von einer pluralen Bildungslandschaft sprechen kann. Die Einrichtungen der konfessionellen Erwachsenenbildung nehmen hierin nicht nur aus ihrer historischen und theologischen Legitimation heraus, sondern auch im Zusammenhang von gesellschafts- und demokratietheoretischen Begründungen eine eigenständige und quantitativ wie qualitativ bedeutsame Rolle wahr. Wie für alle anderen gesellschaftlichen Interessensgruppen wird der katholischen Kirche zugestanden, sich in die Gesellschaft mit eigenen Lern- bzw. Bildungsangeboten einzubringen.[20] Darüber hinaus werden die katholische und evangelische Erwachsenenbildung neben den Volkshochschulen, der politischen und gewerkschaftlichen Erwachsenenbildung in die staatliche Förderung einbezogen.

[17] Vogel, Erwachsenenpädagogische Perspektiven, 17.

[18] Siehe http://www.muenchner-bildungswerk.de.

[19] Vgl. Vogel, Erwachsenenpädagogische Perspektiven.

[20] Vgl. Vogel, Erwachsenenpädagogische Perspektiven, 19; Vgl. auch Ingeborg Wirth, Institution, Institutionalisierung, in: Dies. (Hg.), Handwörterbuch der Erwachsenenbildung, Paderborn 1978, 384–392.

Die öffentliche Finanzierung fußt auf der Unterstellung, dass all diese Einrichtungen im öffentlichen Interesse handeln und dass ihre Angebote möglichst allen Interessierten unterschiedlicher Kulturen, Weltanschauungen und sozialer Milieus offen stehen.[21] Die katholische Erwachsenenbildung postuliert ihren programmatischen Anspruch weniger in der Lobbyarbeit ihrer eigenen, partikularen Interessen als religiöse Glaubensgemeinschaft, sondern vielmehr darin, als bedeutender Teil der Zivilgesellschaft an erwachsenenpädagogischen Bildungsprozessen der Gesamtgesellschaft aktiv mitzuwirken. Der Charakter von Zivilgesellschaft in der Bildungsarbeit lässt sich durch die Attribute Demokratie, Toleranz, Verantwortung, Vertrauen, Gewaltfreiheit und Gemeinsinn beschreiben.[22]

Zivilgesellschaftliche Bildungsarbeit, wie sie von der katholischen Erwachsenenbildung vertreten wird, findet überwiegend als nonformale und informelle Bildung statt und stellt daher ein wichtiges Komplementär zum formalen Bildungssystem (Schule, Hochschule) dar. Es ist ein Spezifikum des Bildungsmanagements in katholischen Organisationen, dass diese sich stark an den Bedürfnissen der Teilnehmenden orientieren können und damit die Bildungsbedarfe der Bevölkerung ausgesprochen lebensnah erschließen können. Dieses wechselseitige und demokratische Konzept der Bildungsbedarfserschließung markiert den besonderen Stellenwert im gesamten Bildungssystem. Norbert Vogel folgert konsequenterweise, dass die „damit verbundene finanzielle Alimentationen nicht unwiderruflich gelten, sondern einem ständigen Legitimationsbedarf unterliegen."[23] Trotz oder möglicherweise gerade wegen der Stärke und des Gewichts der katholischen Erwachsenenbildung unterliegen Leitungsverantwortliche von Einrichtungen der katholischen Erwachsenenbildung einer besonders kritischen öffentlichen und bildungspolitischen Aufmerksamkeit. Ihre Tätigkeiten werden nicht nur daran gemessen, inwieweit sie ein attraktives und anspruchsvolles Bildungsprogramm auf die Beine stellen. Eine bedeutsame, da die Existenz sichernde, Aufgabe bildet das fortwährende Entwickeln von Argumenten und Begründungen für die Bildungseinrichtung als solche.

[21] Vgl. Dieter Gnahs, Träger der Erwachsenenbildung, in: Arnold – Nolda – Nuissl (Hg.), Wörterbuch Erwachsenenbildung, 289.

[22] Vgl. Annette Zimmer, Die verschiedenen Dimensionen von Zivilgesellschaft, 2012.

[23] Vogel, Erwachsenenpädagogische Perspektiven, 21.

3.2 Trägerstrukturen

Während Bezeichnungen wie „kirchliche Erwachsenenbildung“ oder als „Erwachsenenbildung in kirchlicher Trägerschaft“ eine große Nähe zur katholischen bzw. evangelischen Amtskirche aufweisen und die organisationale Herkunft betonen, unterstreichen Begriffe wie „religiöse Erwachsenenbildung“ oder „theologische Erwachsenenbildung“ den pädagogisch-inhaltlichen Bezugspunkt. Mit der Bezeichnung „katholische Erwachsenenbildung“ werden die spezifischen konfessionellen Grundhalten und Wertbezüge in den Mittelpunkt gerückt. Ob Bildungseinrichtungen damit in die Strukturen der Amtskirche eingebunden sind, ist damit zunächst noch nicht festgelegt.

Wenn von Erwachsenenbildung in katholischer Trägerschaft gesprochen wird, schließt dies auch mit ein, dass in einem möglicherweise bedeutenden Umfang die Bildungsarbeit auch von Laienvertretern wahrgenommen und verantwortet wird. Tatsächlich agieren viele katholische Erwachsenenbildungseinrichtungen in der Rechtsform als Verein bzw. Verband relativ autonom. Die kooperativ angelegte Trägerschaft der Bildungseinrichtungen in katholischer Trägerschaft bewirkt ein durchaus produktives Spannungsverhältnis zwischen verbandlichen bzw. vereinsmäßigen Organisationsstrukturen einerseits, und Orientierungen bzw. Abhängigkeiten von inhaltlich-theologischen Vorgaben der Amtskirche andererseits.

Für das Bildungsmanagement folgt daraus eine Fülle an kooperativen und koordinierenden Aufgaben, die zentral gebündelt oder an Fachstellen innerhalb des Verbandes bzw. der Amtskirche delegiert werden (Mittelbeschaffung, Mittelverteilung, Konzeption und Weiterentwicklung, Vertretung gegenüber den zuständigen politischen Gremien und der Öffentlichkeit).

Erwachsenenbildung in katholischer Trägerschaft schafft eine institutionelle Plattform, in der katholische Laien in Kooperation mit der Amtskirche Bildungsarbeit als ureigene Aufgabe von engagierten Christinnen und Christen wahrnehmen und neben ihrer Lebenserfahrung ihre jeweiligen Kompetenzen in diese Arbeit einbringen:

> „Von ihrem Ursprung her war die konfessionelle Erwachsenenbildung in Deutschland weniger von der Amtskirche selbst getragen als von einzelnen Persönlichkeiten, die sehr stark von sozialem und christlichem Engagement geprägt waren.“[24]

[24] Josef Olbrich – Horst Siebert (Hg.), Geschichte der Erwachsenenbildung in Deutschland. Opladen 2001, 66.

Die ehrenamtlich engagierten Akteure stellen Führungskräfte und Programmverantwortliche vor besondere Herausforderung im Personalmanagement und in der Führungsarbeit: Stütze ich (als Leiter/-in einer Erwachsenenbildungseinrichtung) meine strategische Personalentwicklung auf kompetente Mitarbeiterinnen und Mitarbeiter oder vertraue ich auf Personen, die engagiert sind? Nicht immer stehen zum jeweiligen Zeitpunkt genau die Personen bereit, die das ideale Kompetenzprofil mitbringen. Und auch hinsichtlich des Engagements von hauptberuflich wie ehrenamtlich Tätigen kann nicht an jedem Tag von sprühender Begeisterung ausgegangen werden.

Dort, wo ehrenamtliche Vorstände einer Erwachsenenbildungseinrichtung vorstehen, ergibt sich eine weitere strukturelle „Schräglage", wenn hauptamtliche Geschäftsführer, als Bildungsmanager professionell qualifiziert, gegenüber diesen gewählten Personen, in der Regel ohne eine solche Qualifizierung, rechenschaftspflichtig sind. Das wachsende Bedürfnis nach einem Dialog auf Augenhöhe über religiöse Fragen zwischen Laien und Geweihten, zwischen ehrenamtlich engagierten und hauptamtlichen Akteuren, zwischen Bildungsteilnehmern und Bildungsanbieter ist ein weiteres Spannungsfeld.

Das für die katholische Erwachsenenbildung bezeichnende Strukturmerkmal der „kooperativen Trägerstrukturen" impliziert somit für das Bildungsmanagement Aufgaben, die als „kooperative Organisations- und Personalentwicklung" bezeichnet werden können. Gleichwohl: Im Engagement von Laien und Ehrenamtlern liegt eine spezifische Stärke für konfessionelle Bildungseinrichtungen. Es empfiehlt sich, für diese spezielle Aufgabe auch ein dezidiertes Freiwilligen-Management einzurichten, das dieses Engagement aufgreift, mit den strategischen Zielen verknüpft und für eine effiziente Zielerreichung sorgt. Die Ressource „ehrenamtliche Mitarbeit" ist unentgeltlich, aber nicht umsonst zu haben. Ein explizites und formalisiertes Management von ehrenamtlicher Arbeit ist die Antwort auf die Frage, wie denn die vorhandene Bereitschaft zum Engagement unter Berücksichtigung der besonderen Motivation für ehrenamtliche Arbeit (Geben und Nehmen) und der individuellen Interessen (biografische Passung) in konkretes Handeln übergehen kann. Mit dieser Anforderung stehen die Bildungseinrichtungen in katholischer Trägerschaft nicht alleine da, letztlich sind alle zivilgesellschaftlichen Organisationen in ähnlicher Art und Weise herausgefordert.[25]

3.3 Angebotsstrukturen

Die föderale Struktur und das Engagement ehrenamtlicher Bürgerinnen und Bürger eröffnen strukturelle Potenziale, Bildungsangebote für Erwachsene in alle Regionen zu tragen und gleichzeitig ein eigenes Profil zu geben. Dies trifft insbesondere für die Entwicklung und Durchführung von Bildungsangeboten zu, die auf der lokalen Ebene nicht nur auf die Mitwirkung kirchlicher Gemeinden und Gruppierungen setzen muss, sondern auch die Beteiligung weiterer Gruppen und Initiativen aus allen Bereichen der Gesellschaft ausdrücklich vorsieht. Für das strategische Management einer Bildungsorganisation und ihrer einzelnen Geschäftsfelder ergeben sich daraus besondere Perspektiven.

Mehr als andere Bildungsträger können Bildungseinrichtungen in katholischer Trägerschaft ihre strategische Ausrichtung durch eine gezielte Nutzung und Einbindung dieser personellen Ressourcen ausgestalten. Die Programmentwicklung, das strategisch ausgerichtete Weiterentwickeln des Programmangebots, folgt daher primär einer angebotsorientierten Vorgehensweise. Hier gilt es, die Adressaten der Bildungsangebote in ihren Interessen und Bedürfnissen zu antizipieren und genau solche Angebote zu entwickeln, die hierzu passgenau sein könnten.[26] Das spezifische Angebotsprofil von konfessioneller (d.h. katholischer wie evangelischer) Erwachsenenbildung beschränkt sich dabei nicht auf eine isolierte Beschäftigung mit theologischen, religiösen und philosophischen Themen. Vielmehr verhindern die offenen Formen der Bildungsangebote den Verdacht, zu den hierarchischen Formen kirchlicher Arbeit zu gehören und werden auch von kirchendistanzierten Personen wahrgenommen. Auch räumlich finden sie oft in einem Umfeld statt, das nicht sofort mit der kirchlichen Verkündigungsarbeit in Verbindung gebracht wird.[27]

---

[25] Vgl. Iberer – Freytag – Müller, Handbuch Bildungsmanagement, 101ff; Dirk Steinbach – Matthias Guett – Gabriele Freytag, Training4volunteers. Mapping Strategies and Good Practices of Human Resource Development for Volunteers in Sports Organizations in Europe, 2012.

[26] Zu Strategien der Bildungsbedarfsanalyse und Programmplanung vgl. Schlutz, Bildungsdienstleistungen.

[27] Vgl. Schröer, Change Management pädagogischer Institutionen.

Norbert Vogel zieht aus seinen Beobachtungen verschiedene Konsequenzen. Das pädagogische Selbstverständnis katholischer Erwachsenenbildung[28] bildet gewissermaßen den genetischen Code für programmplanerische Managemententscheidungen. So hat sich beispielsweise das Milieumarketing als effektives Verfahren bewährt, um damit ökonomisch relevante Kundensegmente und pädagogisch definierte Zielgruppen gleichermaßen beim Programmmanagement zu berücksichtigen.[29]

Bildungsmanagement in katholischer Trägerschaft macht hier sozial definierte Problemlagen zum programmplanerischen Ausgangspunkt für erwachsenenpädagogische Zielgruppenarbeit, sei es für Paare und Familien, Alleinerziehende, Trauernde, pflegende Familienangehörigen, Migranten, Gefangene, usw. In diesen Fällen agieren Bildungsmanager eher im Sinne einer nachfrageorientierten Programmplanungsstrategie. Diese ist dadurch gekennzeichnet, dass auf vorliegende Bildungsbedarfe, die oft als Projektausschreibungen an die Einrichtung herangetragen werden, entsprechende Bildungsdienstleistungen bzw. Programm neu geschaffen werden. Hierzu zählen dann auch solche Angebote, die mit ausgewählten Kooperationspartnern entwickelt oder auch mit anderen Trägern im Verbund umgesetzt werden.

Neben der Strategie aus angebotsorientierter Programmplanung und zielgruppenorientierten Bildungsdienstleistungen ist das Management in der katholischen Erwachsenenbildung in besonderem Maße gefordert, übergreifende Trends und Entwicklungen in Gesellschaft und Kirche aufzugreifen. Erst in Form eines derart gekennzeichneten Bildungsprogramms machen Bildungseinrichtungen ihre christliche Programmatik sichtbar und werden sie ihrem zivilgesellschaftlichen Anspruch gerecht. In der programmatischen Gestaltung der Bildungsangebote geht es darum, mit herausfordernden, bisweilen auch eher unpopulären Themen neue Impulse zu setzen. Veranstaltungen in katholischen Bildungseinrichtungen zeichnen sich gerade dadurch aus, dass sie „obsolete Deutungsmuster, Denk- und Verhaltensmuster hinterfragen und überwinden helfen“ und durch offene, nicht verplante Freiräume Gelegenheit zum Unterbrechen, Ausbrechen, Entgegenstellen gewohnter Alltags-, Berufs- und Lebens-

---

[28] Vgl. Beginn des Abschnitts 3.

[29] Vgl. Heiner Barz – Rudolf Tippelt, Weiterbildung und soziale Milieus in Deutschland. Adressaten- und Milieuforschung zu Weiterbildungsverhalten und -interessen, Bd. 2, Bielefeld 2004.

muster bieten.[30] Einen solchen offenen Raum für individuelle und gemeinsame Bildungsprozesse didaktisch wie ökonomisch adäquat zu organisieren, stellt eine besondere Aufgabe für das Bildungsmanagement dar.

Der Wertschöpfungsprozess von Bildungseinrichtungen in katholischer Trägerschaft beschränkt sich nicht auf die Programmplanung und Durchführung von Veranstaltungen. Vielmehr steckt ein bedeutender Teil des Bildungsprozess-Managements in der Bereitstellung und dem Arrangieren von öffentlichen Bildungsräumen, innerhalb derer dann selbstgesteuerte Bildungsprozesse ermöglicht werden.

Nicht wenige kirchliche Gebäude, Klöster, Museen, Pfarrhäuser usw. werden von Einrichtungen der katholischen Erwachsenenbildung mit Leben gefüllt: Thematische Ausstellungen in Kreuzgängen, gestaltete Lernpfade durch den Pfarrgarten, Selbstlernmedien im Entrée des historischen Bildungshauses usw. („Kirchenraumpädagogik“[31]). Klassische Controllingsysteme können nur bedingt den ökonomischen Aufwand für diese Anlagen mit eindeutig zuordbaren Erfolgskennzahlen oder pädagogischen Indikatoren in Zusammenhang stellen. Gleichwohl gilt es, auch diese Bildungsorte als Bildungsleistungen von Bildungseinrichtungen zu begreifen und entsprechend zu managen. Bildungsmanagerinnen und Bildungsmanager benötigen daher neben klassischen Managementkompetenzen eine besondere Gestaltungskompetenz und mutige Entscheidungen für visionäre, bisweilen utopisch erscheinende Ziele.

4 Katholisches Management?

Diese Skizzen machen deutlich, dass für Führungs- und Steuerungsaufgaben in Bildungseinrichtungen in katholischer Trägerschaft umfassende Managementkompetenzen eine wichtige, aber nicht alleinige Voraussetzung darstellen. Die generellen Herausforderungen an Führungskräfte und spezifischen Aufgaben in diesen Bildungsorganisationen gilt es analog zu

---

[30] Vgl. Vogel, Erwachsenenpädagogische Perspektiven und Ralph Bergold, Stolpern lernen! Zum Unterbrechungsansatz in der theologischen Erwachsenenbildung, in: Rudolf Englert – Stephan Leimgruber (Hg.), Erwachsenenbildung stellt sich religiöser Pluralität (PRG 6), Gütersloh 2005, 195–210.

[31] Vgl. Stephan Leinweber, Inhaltsbereiche der Erwachsenenbildung. Wege zu den Menschen – theologische und religiöse Erwachsenenbildung in heutiger Zeit, in: Thomas Fuhr – Philipp Gonon – Christiane Hof (Hg.), Erwachsenenbildung – Weiterbildung. Handbuch der Erziehungswissenschaft 4, Paderborn 2011, 336.

den pädagogischen und ökonomischen Anforderungen im Rahmen des Bildungsmanagements „zusammenzudenken".

Mehr als in anderen Bildungsorganisationen wird von Bildungsmanagerinnen und Bildungsmanagern in katholischer Trägerschaft eine ausgeprägte ethische Grundhaltung und Identifikation mit christlichen Werten erwartet. Ein wertschätzendes Führungsverständnis im Umgang mit Vorständen, Mitarbeitern, Lernenden, Kooperationspartnern usw. rückt im Sinne einer wertorientierten Personalführung in den Fokus. Gleichzeitig erfahren Führungskräfte in den konfessionellen Organisationen nahezu täglich unvermeidbare Diskrepanzen:

Wie können Führungskräfte anderen Menschen (z.B. Mitarbeitern) Wertschätzung geben und sie gleichzeitig zu Bestleistungen motivieren, Ziele vorgeben und Loyalität aufbauen? Wie kann eine pädagogisch und christlich motivierte Idee gegenüber strategischen Organisationszielen bestehen? Wann ist das Marketing für ein Projekt vor dem Anspruch auf Wahrheit nicht mehr zu rechtfertigen?

Pauschale Antworten auf diese Fragen, gar in Form eines spezifischen katholischen Bildungsmanagements, sind nicht möglich. Vielmehr zeigen sie, dass das christliche Menschenbild, das als Leitprinzip für die programmatische Gestaltung und Steuerung der Bildungseinrichtungen dient, auch für den Selbstbildungsprozess von Leitungsverantwortlichen in diesen Einrichtungen eine wertvolle Leitlinie darstellen kann.

Die Notwendigkeit von ökonomischen Prinzipien unter gleichzeitiger geistiger Unabhängigkeit im Kontext christlicher Anthropologie hat Tanner sehr anschaulich zusammengefasst:

> „Der Mensch muss als leibhaft-sinnliches Wesen der materiellen Seite seiner Existenz unter den Bedingungen von Knappheit und Endlichkeit Rechnung tragen, aber nicht im einfachen Gegensatz zur geistig-ideellen Seite seiner Natur."[32]

Für Leitungsaufgaben in der katholischen Erwachsenenbildung ist somit kein dezidiertes katholisches Management, sondern vielmehr ein primär wertorientiertes Führungsverständnis erforderlich. Der Blick in die Managementliteratur offenbart eine breite Palette an Varianten von philosophisch oder christlich geprägten Managementansätzen.[33] In diesen Dar-

---

[32] Klaus Tanner, Unternehmen Kirche!, in: Joachim Fetzer u.a. (Hg.): Kirche in der Marktgesellschaft. Gütersloh 1999, 51–56, hier 53.

[33] Vgl.. Anselm Grün, Menschen führen, Leben wecken. Anregungen aus der Regel des heiligen Benedikt von Nursia, Münsterschwarzach [7]2007; Reinhard K. Sprenger, Vertrauen

stellungen werden u.a. allgemeine Lebensprinzipien auf die Aufgaben von Führungskräften bezogen und im Kontext deren Profession hervorgehoben, beispielsweise die Haltung zu Offenheit, Gelassenheit und Geduld, Zeit geben und Zeit nehmen, der Umgang mit eigenen und fremden Fehlern, mit Schuld und Versöhnung, Zukunftsglaube. Auch wenn religiöse Motive sehr wohl auf wirtschaftliches Handeln positiven Einfluss nehmen, dürfen sie mit Blick auf erfolgreiche Führungsarbeit nicht überstrapaziert werden. Ulrich Hemel folgert überaus zutreffend, wenn er vor einem doppelten Trugschluss warnt:

> „Nicht jeder, dem eine starke religiöse Bindung fehlt, ist deswegen weniger ehrlich oder korrekt als ein anderer. Und nicht jeder besonders ehrliche Manager ist auch ein guter Unternehmensführer. Die Themen Sachkunde, Kreativität, Durchsetzungsvermögen, Integrationsfähigkeit, strategischer Blick und operative Umsetzungskompetenz sind je für sich viel zu wichtig, als dass eine Engführung auf die ethische Dimension von Management für gute Unternehmensergebnisse allein ausreichen könnte. Schließlich schützen ethische Einstellungen und Verhaltensweisen noch lange nicht vor professionellem Dilettantismus!“[34]

Man kann somit argumentieren und dafür plädieren, dass eine normative wie strategische Professionalität zu den grundlegenden Voraussetzungen für die Führungsverantwortung in einer katholischen Bildungsinstitution gehört. Typischerweise erwerben Führungskräfte (nach ihrer fachspezifischen Erstausbildung) Leitungskompetenzen weitgehend außerinstitutionell und selbstorganisiert. Sie stufen die Bedeutung des Kompetenzerwerbs durch formale Weiterbildung eher gering ein, sind anderseits auch vergleichsweise lerngewohnt und verfügen über ein hohes Maß an Selbstkompetenz.[35] Hier gilt es ein Qualifizierungs- und Bildungssystem zu etablieren, das die Führungskräfte in den Bildungseinrichtungen entsprechend unterstützt und begleitet, und gleichzeitig den besonderen Wertekanon katholischer Erwachsenenbildung widerspiegelt.

---

führt: Worauf es im Unternehmen wirklich ankommt, Frankfurt a. M. [3]2005; Andreas Drosdek, Platon für Manager, Frankfurt a.M. 2012.

[34] Ulrich Helmel, Wert und Werte: Ethik für Manager – Ein Leitfaden für die Praxis, München 2005, 149.

[35] Gabriele Fietz – Annette Junge, Selbstqualifizierung für Führungskräfte in KMU: Lernarrangements für Wissensarbeiter, in: Forschungsinstitut Betriebliche Bildung (Hg.), Wie lernen Führungskräfte? Verfahren der Selbstqualifizierung für den Mittelstand, Bielefeld 2005, 19.

Konstruktivistisches Führen in der Erwachsenenbildung

Mark Achilles

In der Bedeutung, in der sich das gesamte soziale Teilsystem Bildung in den letzten beiden Jahrzehnten zu einem der meist beachteten und umstrittenen gesellschaftspolitischen Themen aufgeschwungen hat, und in dem Maße, wie sich in allen Säulen unseres Bildungssystems anhaltend einschneidende Veränderungen Bahn brechen, ist auch die offene Weiterbildung und Erwachsenenbildung von einem heftigen und anhaltenden Wandel betroffen. Öffentliche Zuschussgeber ziehen sich immer mehr aus ihrer Verantwortung einer Förderung der gemeinnützigen Erwachsenenbildung zurück.
Dies zwingt Einrichtungen zu drastischen und oft fragwürdigen Einsparmaßnahmen. Personalfreisetzung, Streichung von Projekten sowie Zusammenlegungen von bisher souveränen Einrichtungen zu größeren Einheiten machen aufwendige Organisationsprozesse und Change-Management-Anstrengungen notwendig. Fundraising und ständige Drittmittelakquise binden wertvolle personelle pädagogische Ressourcen. Die Konkurrenz auf dem hart umkämpften Weiterbildungsmarkt mit kommerziellen Anbietern und die immer stärkere Ausrichtung auf eine stärkere Kundenorientierung zwingen zur aufwendigen Einführung professioneller Qualitätsmanagementsysteme. Profilbildung und Schwerpunktsetzung führen zur Streichung ganzer Geschäftsfelder und zur Einstellung von wenig lukrativen Projekten und Bildungsmaßnahmen. Durch Anstrengungen im milieuorientierten Marketing wird versucht, neue Zielgruppen zu erreichen und den Haushaltsanteil der Eigeneinnahmen zu steigern. Daneben eröffnet die Digitalisierung des Bildungsmarkts völlig neue Wege des Wissenserwerbs rund um den Globus. Die rezipierbare Wissensmenge hat sich ins Unendliche vervielfacht und gleichzeitig ist die Halbwertszeit ihrer Gültigkeit und Aktualität erheblich gesunken. Dies macht neue Formen der Wissensaneignung und des Wissensmanagements notwendig. Es entstehen neue Lernformen als blended learning-Prozesse und das informelle Lernen, die Lernberatung und -begleitung gewinnt gegenüber formalen Lehr-Lern-Kontexten immer mehr an Bedeutung.

Die hier in aller Kürze und in groben Schlagworten skizzierten Herausforderungen, denen sich die Erwachsenenbildung aktuell gegenüber sieht – die Liste ließe sich verlängern – , stellt Führungskräfte heute vor völlig andere und neue Herausforderungen als zu Zeiten der Aufbau- und Konsolidierungsphase der Erwachsenenbildung. Vielleicht sind diese Herausforderungen sogar schwieriger zu durchschauen und stellen Einrichtungen und Führungskräfte vor größere Existenzprobleme als dies bisher in der Geschichte der Erwachsenenbildung der Fall war. Dennoch stehen Führungskräfte heute wie gestern vor der gleichen Grundaufgabe und Verantwortung. nämlich die Erreichung und Sicherung der Bildungsziele, die eine Einrichtung der Erwachsenenbildung in ihrem Tätigkeitsprofil ausrichten. Auch wenn sich der Kontext und die Rahmenbedingungen für den Sektor der Erwachsenenbildung wandeln – und das haben sie schon immer getan – stehen Führungskräfte vor den gleichen Aufgaben, die sie schon immer hatten: die Resultatorientierung und die Zielerreichung.

1 Führung bedeutet Resultatorientierung und Zielerreichung

Jedes Unternehmen, jede Organisation und jede Institution, so auch die Einrichtungen der öffentlichen Erwachsenenbildung als sog. Non-Profit-Unternehmen, legitimieren ihre Existenz allein zu einem bestimmten Sinn und Zweck, und das ist die Erreichung ihrer jeweiligen Bildungsziele. Diese Ziele sind einschlägig kommuniziert, sind verstehbar, zeitlich strukturiert, sind erfüllbar und evaluierbar. Das klingt plausibel und einfach. Werden Kollegen und Kolleginnen in der Erwachsenenbildung allerdings nach diesen Kriterien ihrer Einrichtungsziele befragt, wird schnell deutlich, wie stark dieser einfache und plausible Zielkriterienkatalog aus dem Blickfeld des Alltagsgeschäftes gerät. Führungskräfte, Bildungsmanagerinnen und -manager haben nur eine einzige Aufgabe, für die sie von ihrer Einrichtung bezahlt werden. Sie tragen Sorge für die Erreichung der Einrichtungsziele und müssen vor Auftraggebern und Aufsichtsgremien Verantwortung für deren Umsetzung übernehmen. Sie sind dafür verantwortlich, dass die Ziele in allen organisierten Prozessen und Strukturen der Einrichtung bewusst bleiben und umgesetzt werden. Allein vor dem Horizont der mit und durch die Kollegen und Kolleginnen erreichten Ergebnisse und Einrichtungsziele wird der Erfolg der Einrichtung und damit auch des durch die Führungskraft geleiteten Mitarbeiterteams gemessen.

Vor dem Hintergrund der sich stetig wandelnden Rahmenbedingungen und Herausforderungen im Bereich der Erwachsenenbildung versteht es sich von selbst, dass es mit Blick auf die Führung von Mitarbeiterinnen und Mitarbeitern nicht den einen und einzig richtigen Führungsstil geben kann, genauso wenig wie es einen festen Eigenschaftskatalog an Persönlichkeitsmerkmalen und Fähigkeiten gibt, der eine gute Führungskraft ausmacht. Längst wird auch in führungstheoretischer Forschung jedem monokausalen Ansatz eine klare Absage erteilt, der Führungserfolg hauptursächlich mit Persönlichkeitseigenschaften des Führenden oder gar mit einem bestimmten Führungsstil verknüpft.[1]

Auch wenn diese Erkenntnis noch selten bis in die konkreten Stellenausschreibungen für Führungspositionen durchgedrungen ist, die den Eindruck erwecken, als gehe es um die Suche nach Menschen mit vollkommenen Eigenschaftsprofilen und nicht um Führungskräfte, so wird jede erfolgreiche Führungskraft bestätigen, dass es für das Gelingen von Führung am wenigsten auf die eigene Persönlichkeit und die eigenen Fähigkeiten ankommt als vielmehr auf die Tatsache, die Erreichung der Einrichtungsziele nicht aus dem Blickfeld verloren zu haben. Selbstverständlich kann es hier nicht darum gehen, sich als Führungskraft starr geradeaus und blindlings auf das Erreichen der Einrichtungsziele zu stürzen. Die verantwortungsbewusste Führungskraft muss bei allen Entscheidungen immer das Ganze im Blick haben. Resultatorientierung kann nicht Zielerreichung um jeden Preis heißen; es bedeutet aber, im Führungsalltag alle Entscheidungen immer vor dem Gerichtshof einer Verwirklichung der Einrichtungsziele zu überprüfen.

Es versteht sich von selbst, dass der Führungsalltag in seiner Erfahrbarkeit und Praxis immer ein Gruppenphänomen ist, das die Interaktion zwischen zwei oder mehreren Personen einschließt.[2] Führungseigenschaften einer Führungskraft bestimmen in einem solchen Interaktionsprozess zwar das Führungsverhalten, aber immer nur in der klaren Verortung einer bestimmen Situation mit den je verschiedenen konkreten Rahmenbedingungen und Interaktionskontexten der miteinander agierenden Personen. Führungserfolg, das heißt Zielerreichung, stellt sich also

---

[1] Lutz von Rosenstiel, Grundlagen der Führung, in: Ders. – Erika Regnet – Michel Domsch (Hg.), Führung von Mitarbeitern, Stuttgart [5]2003, 3–25.

[2] Anfried Beda Weinert, Führung und soziale Steuerung, in: Erwin Roth (Hg.), Organisationspsychologie (Enzyklopädie der Psychologie 3), Göttingen 1989, 552–577.

nur dann ein, wenn das Führungsverhalten den jeweils konkreten situativen Kontextbedingungen der miteinander zirkulär kommunizierenden Personen angepasst ist.
Aus dieser hier angesprochenen grundsätzlichen Offenheit von Kommunikationsprozessen wird aber auch deutlich, dass es natürlich nicht um eine einseitige Überinterpretation der Kritik an personalen Eigenschaftstheorien gehen kann. Allein aber die einseitige Schlussfolgerung ist anzuzweifeln, nach der sich Führungserfolg sichern lässt, wenn Führungskräfte einen fest umschriebenen Profilkatalog erfüllen oder ein bestimmter (kollegialer, personaler etc.) Führungsstil einem anderen (autoritären, direktiven etc.) Führungsverhalten überlegen wäre. Selbstverständlich wird von Führungskräften ein gewisses Portfolio an Kompetenzen und Instrumenten abverlangt, das im Mitarbeitermanagement hilfreich oder sogar unerlässlich ist. Die Bedeutung von Persönlichkeitsmerkmalen und Führungseigenschaften ist allerdings geringer als ihnen im Allgemeinen zugeschrieben wird. Erfolgreicher werden Führungskräfte sein, die in ihrem Führungsalltag nicht mit einem Auge immer auf die Pflege ihrer Persönlichkeitsmerkmale und ihre Beliebtheitsskala schielen, sondern mutig nach vorne schauend die Erreichung der Ziele im Blick behalten.
Bewegt sich Führungsmanagement in der konkreten Praxis zwischen diesen beiden Prämissen einer klaren Zielerreichung auf der einen Seite und dem Hintergrund alltäglicher, völlig unterschiedlicher konkreter Interaktionskontexte auf der anderen Seite, dann drängt sich eine, noch einen Schritt weiter reichende Reflexion, erwachsenenpädagogischer Praxis für die Gestaltung der Mitarbeiterführung von Führungskräften in der Weiterbildung auf: nämlich die Frage der inneren Kongruenz von Führungspraxis und pädagogischer bzw. bildungstheoretischer Grundhaltung, die sich – durch die Ziele der Bildungseinrichtung bedingt – in der Organisation der konkreten Bildungspraxis und Gestaltung der formalen Lehr-Lern-Settings einer Bildungseinrichtung niederschlägt.

2 Führungsmanagement und pädagogischer Konstruktivismus

Die Erkenntnisse und Desiderate eines gemäßigten pädagogischen Konstruktivismus, dass nämlich der eigentliche Lern- und Aneignungsprozess des lernenden Menschen dem direkten Einfluss des Lehrenden entzogen ist und Bildung, im weitesten Sinne einer Selbstbildung (*autonom und selbstreferentiell*), ein mehr oder weniger bewusster individueller Aneignungs-, Deutungs- und Entwicklungsprozess des Menschen selbst ist, fließen nur sehr zurückhaltend in die pädagogische Praxis unseres, funktionalistisch auf den freien Arbeitsmarkt ausgerichteten, Bildungssystems ein. In den Sektoren der Schul-, Hochschul- und Berufsausbildung lässt sich kaum wahrnehmen, dass Einrichtungen und pädagogisches Personal die auf Leistungsorientierung getrimmte traditionelle Vermittlungsdidaktik zugunsten einer dem Menschen angemessenen selbstlernbefördernden sog. Ermöglichungsdidaktik weiterentwickeln. Paradoxerweise genießt dieser aus der systemischen und konstruktivistischen Theorie herausgebildete Ansatz der Ermöglichungsdidaktik[3] gerade in dem Sektor starkes Ansehen, der bildungspolitisch bis heute stiefmütterlich vernachlässigt wird und am wenigsten funktionalistisch ausgerichtet ist: der öffentlichen Weiterbildung oder Erwachsenenbildung.[4]

Ohne die bildungstheoretische Bedeutung eines konstruktivistischen Ansatzes für die pädagogische Praxis hier eingehend reflektieren zu können, ergeben sich aus ihren Desideraten einer Umsetzung in der Erwachsenenbildung interessante und herausfordernde Schlussfolgerungen auch für die Gestaltung und Steuerung von Organisationsprozessen in den Einrichtungen und für das Führen von Mitarbeiterinnen und Mitarbeitern, hier vor allem des pädagogischen Personals. Die Schlussfolgerung drängt sich auf: was für die pädagogische Praxis der Bildungseinrichtung gilt, muss sich auch in der Gestaltung und Kommunikation der Einrichtung selbst widerspiegeln; und zwar sowohl in der Art und Weise, wie grundsätzliche Ziele der Einrichtung ermittelt, formuliert und gesetzt werden als auch im Vorgehen, wie diese Ziele dann umgesetzt werden.

Wenn der eigene Aneignungsprozess beim Menschen also durch die jeweils konkreten subjektiven Kontextbedingungen sowohl äußerer wie innerer Gegebenheiten, vorhandener Kenntnisse und Fähigkeiten, sinnhafter Eindrücke und kognitiver wie emotionaler Schemata oder erfahrungsbezogener Assoziationen stattfindet (sog. *Strukturdetermination* menschlicher Erkenntnisfähigkeit), dann stellt dies nicht nur tradierte pädagogische Vermittlungs- und Lehrkonzepte in Frage, sondern ist auch eine fundamentale Anfrage unter anderem an die – zumindest für die Hochschule

---

[3] Vgl. Rolf Arnold – Claudia Gómez Tutor, Grundlinien einer Ermöglichungsdidaktik. Bildung ermöglichen – Vielfalt gestalten (Grundlagen der Weiterbildung), Augsburg 2007.

[4] Vgl. Rolf Arnold – Horst Siebert, Konstruktivistische Erwachsenenbildung. Von der Deutung zur Konstruktion von Wirklichkeit (Grundlagen der Berufs- und Erwachsenenbildung 4), Hohengehren 2006.

– wenig reformaffirmative Ausbildung und Professionalisierung des (erwachsenen-)pädagogischen Berufsstands, sondern vor allem auch ein herausforderndes Desiderat für die Gestaltung des Führungsmanagements in den konkreten Einrichtungen selbst.
Erfolgt also der eigentliche Lern- und Aneignungsprozess am wenigsten in der konkreten Unterrichtssituation unter konkreter Einflussnahme des Lehrenden, sondern höchstens als durch den formalen Lernkontext angeregter und (langfristig) nachwirkender Prozess in einer selbsttätigen und selbstständigen Erschließung von Wissen, Kompetenzen und Erfahrungen des Menschen, so muss das Ziel einer vom konstruktivistischen Ansatz geprägten Erwachsenenbildungsarbeit eine Unterstützung des Menschen sein, ihn dazu zu befähigen, seine eigene Wirklichkeitskonstruktion und die damit eng verknüpften Orientierungs-, Deutungs- und Handlungskompetenzen aufzudecken, zu vernetzen und auszuweiten, um dem Einzelnen dadurch eine Ausdifferenzierung seines Handlungsspielraums, eine Verbesserung seiner Orientierungs- und Entscheidungsfähigkeiten sowie eine Erweiterung seiner Viabilität zu ermöglichen. Lernsettings sind didaktisch und methodisch also in einer Art und Weise zu gestalten, dass auf der Grundlage vorhandener Erfahrungen und Wirklichkeitskonstruktionen, eine Ausweitung und Differenzierung dieser Erfahrungen und Wirklichkeiten möglich wird. Ein solches Lernen ist in vorzüglicher Weise durch die sog. *Kontrasterfahrung*[5] möglich.
Von hier aus ist es dann hinsichtlich der Bedeutung des konstruktivistischen Pädagogikentwurfs für die Gestaltung von Führungs- und Interaktionsprozessen in Einrichtungen der Erwachsenenbildung nur noch ein kleiner Schritt. Durch das Wahrnehmen von Unterschieden, d.h. unterschiedlichen Meinungen und Sichtweisen, gegensätzlichen Interpretationen der Wirklichkeit oder verschiedenen biografischen Kontexten etc. müssen eigene biografische Erfahrungen bestätigt oder neu interpretiert, die Konstruktion der eigenen Wirklichkeit ergänzt oder korrigiert und die eigene Meinung bestärkt oder revidiert werden. Dies gilt, gleich ob in Lehr-Lern-Situationen oder in konkreten Führungssituationen, in denen Führungskraft und Mitarbeiter/-innen sich um den je richtigen Weg bemühen, die Ziele der Einrichtung zu formulieren und diese dann zu realisieren.

---

[5] Oder Differenzerfahrung bei Horst Siebert, Theorien für die Praxis. Studientexte für Erwachsenenbildung, Bielefeld 2006.

Eine dieses Lernen fördernde Didaktik und Methodik arbeitet hier weniger vermittelnd als ermöglichend und weniger instruktiv als konstruktiv. Und auch ein diesen konstruktivistischen Ansatz ernst nehmendes Führungsmanagement ist hier weniger von direktiv-dozierendem als von kritisch-offenem, weniger von instruierendem als von zielorientiertem Charakter.

3 Führung als situierte Kognition

Für das konkrete Führungsverhalten in situativen Interaktionskontexten ergeben sich aus den verschiedenen Zugangsweisen des Ansatzes der Ermöglichungsdidaktik und der Konstruktionsmethodik ein breites instrumentelles Anwendungspotential: Ansätze aus der Biografiearbeit, die versuchen, biografisches Erfahrungswissen und Selbstbildung zu reflektieren, um dadurch Weiterentwicklung und Lösungspotential für zukünftige Konflikte und Problemfelder zu generieren; oder integrative Ansätze, die versuchen, verschiedene Menschen aus unterschiedlichen Kontexten und Lebenswelten zu problemorientierter Zielerreichung zu begleiten; oder die situierte Kognition, die versucht, Lernprozesse in konkrete und reale Verwendungs- und Anwendungssituationen zu integrieren, um durch Kontrast- bzw. Differenzerfahrungen das bisher eigene konventionelle Handeln zu überschreiten und zu eigenverantwortlichem, neuem Handeln zu befähigen.[6]
Besonders die sich aus erfahrungsbasiertem und problemorientiertem Lernen herausgebildete Theorie der sog. *situierten Kognition*[7], die besagt, dass nachhaltiges und transferorientiertes Lernen primär in konkreten situativen Kontexten möglich ist, bietet ein Erklärungs- und Zielmodell angemessener erwachsenenpädagogischer Führungspraxis:

1. Findet Lernen vornehmlich in *authentischen Kontexten* statt, um Transferpotential der eigenen und bisher integrierten Erfahrungs- und Lerninhalte zu ermöglichen und zu erhöhen, dann haben Führungskräfte in der Erwachsenenbildung die Aufgabe, Kolle-

[6] Siebert, Theorien für die Praxis.

[7] Gabi Reinmann-Rothmeier – Heinz Mandl, Lehren im Erwachsenenalter. Auffassungen vom Lehren und Lernen, Prinzipien und Methoden, in: Franz E. Weinert – Heinz Mandl (Hg.), Psychologie der Erwachsenenbildung (Enzyklopädie der Psychologie 4), Göttingen 1997, 355–403; Horst Siebert, Pädagogischer Konstruktivismus. Lernen als Konstruktion von Wirklichkeit, München 2003.

ginnen und Kollegen reale Arbeitsfelder zur Verfügung zu stellen, in denen kreatives, eigenverantwortliches und nicht heteronom bestimmtes Handeln ermöglicht wird. Diese neuen, unbekannten oder erschließungswürdigen Handlungsfelder sind insofern offen für reale Probleme mit nicht vorhersehbaren Herausforderungen und Konfliktlösungsmöglichkeiten, in denen Mitarbeiter und Mitarbeiterinnen ihre je eigenen Erfahrungs- und Wirklichkeitskonstrukte durch eigene Lösungswege und Handlungsalternativen aufbrechen und überschreiten müssen.

2. Findet Lernen vornehmlich in *multiplen Kontexten* statt, um durch verschiedene Anwendungssituationen situatives Methodenwissen und erfahrungsbezogenes Instrumentarium aufzubauen, das flexibel nutzbar ist, dann haben Führungskräfte in der Erwachsenenbildung die Aufgabe, Kolleginnen und Kollegen mit unterschiedlichsten Handlungssituationen in den verschiedensten Handlungsfeldern und mit den unterschiedlichsten Zielgruppen zu konfrontieren, in denen komplexe Kontextbedingungen reflektiert, aufgebrochen und je neu agiert und reagiert werden müssen.
3. Findet Lernen vornehmlich in *sozialen Kontexten* statt, damit das eigene in sich geschlossene Wissens- und Lernsystem durch die Kontrast- und Unterschiedserfahrung in der gegenseitigen Interaktion, im problemorientierten Diskurs und in der konträren aber lösungsorientierten Auseinandersetzung überschritten und erweitert wird, dann haben Führungskräfte in der Erwachsenenbildung die Aufgabe, Kolleginnen und Kollegen zur eigenen und gegenseitigen konstruktiven Kritik anzuregen, gemeinsame Reflexion und Interaktion zu steuern und zu fördern sowie die Aneignung gegensätzlicher und unterschiedlicher Sichtweisen und Lösungsmodelle zu ermöglichen.
4. Findet Lernen vornehmlich durch Formen *instruktionaler Unterstützung* statt, durch die Lernende zur Mobilisierung und Erweiterung ihrer eigenen Ressourcen verholfen wird, um damit die Bewältigung komplexer und kritischer Handlungssituationen zu erleichtern, dann zeichnen sich Führungskräfte in der Erwachsenenbildung eher durch ein gezielt impulsgebendes als breit inhaltsfixiertes, ein eher begleitend und beratendes als instruierendes oder unterweisendes, ein eher abwartend motivierendes als

ein adhoc lösungsorientiertes sowie ein eher selbsttätigkeitfördemdes als problemreduzierendes Verhalten aus.

Vor diesem Hintergrund wird deutlich, dass die Erreichung der Bildungsziele von Lehr-Lern-Settings bzw. die Erreichung der Einrichtungsziele in Führungssituationen alles andere als durch eine gewissenhafte Planung von Methodik oder Didaktik bzw. einer festen Umschreibung und Aneignung von Eigenschaftskatalogen verwirklicht werden kann. Die Aufgeschlossenheit für Neues, Unterschiedliches und Mehrdeutiges lässt sich nicht vornehmlich durch Planen verwirklichen, sondern durch die Gestaltung eines offenen Lehr-Lern-Settings bzw. eines Interaktions- und Führungskontextes ermöglichen.
Für ein, dieser erwachsenenpädagogischen Praxis angemessenes, Führungsmanagement muss hier das gleiche gelten wie für die operative pädagogische Arbeit. Mit anderen Worten kann mit Blick auf die Planung, Organisation und Gestaltung von Bildungsprozessen von Erwachsenenbildnern nicht erwartet werden, dass sie sich von der Vorstellung einer technologischen Machbarkeit und Beherrschbarkeit von Bildung und Kompetenzentwicklung lösen und nach den Eigenlogiken der sich in diesen Bildungsprozessen Ausdruck verschaffenden konkreten subjektiven Potenziale fragen, wenn nicht gleichzeitig auch das Führungsmanagement von einer solch grundsätzlichen Offenheit geleitet ist.
Damit wandelt sich auch die Anforderung an die erwachsenenbildnerische Professionalität von Führungskräften, die nun vielmehr

> „eine Fähigkeit umschreibt, mit prinzipiell unbeherrschbaren und vielleicht gar unsteuerbaren Systemiken in einer Weise umzugehen, dass diese in der Lage sind, sich produktiv weiter zu entwickeln"[8]

Um hier nochmals an der oben diskutierten Kompetenzfrage anzuknüpfen, erfordert dies – wenn schon unbedingt von (Führungs-)Eigenschaften die Rede sein soll – sowohl von Führungskräften in der Erwachsenenbildung als verantwortlichen Gestaltern von Bildungsprozessen und Bildungseinrichtungen als auch von pädagogischem Personal als Lehrkräfte und verantwortlichen Gestaltern von Lehr-Lern-Arrangements ein hohes Maß an Sensibilität, Selbstbeherrschung und Selbstreflexion der eigenen Rolle; es fordert zudem von beiden Berufsgruppen eine spezifische Aus-

[8] Arnold – Gómez Tutor, Grundlinien einer Ermöglichungsdidaktik, 190.

prägung sowohl der eigenen Fach- und Methodenkompetenz als auch der personellen und emotionalen Kompetenz.
Wenn Mitarbeiterführung darauf abzielt durch Kommunikation in Kontexten situierter Kognition, die Ziele der Einrichtung umzusetzen, dann ist in Führungsaufgaben – ähnlich wie in konkreten Lehr-Lern-Settings des Bildungsangebotes – zunächst ein hohes Maß an sozialer Kompetenz gefragt, mit den unterschiedlichsten Persönlichkeiten und Personengruppen rasch und aufmerksam in Kontakt zu treten, offene und versteckte Bedürfnisse zu erkennen, die eigene Kommunikation und das eigene Verhalten anzupassen und Kommunikation- und Interaktionsmechanismen zu durchschauen und entsprechend auf die Zielerreichung hin zu reagieren. Führung in der Erwachsenenbildung kann dann nicht anders verstanden werden als Beziehungsmanagement: eine Gestaltung und Organisation von Beziehungen, in denen Beziehungsverhalten und Interaktionskontexte von einer grundsätzlichen Offenheit geprägt sind und als Lernfeld begriffen werden, in denen unkonventionelles und bisherige Handlungsroutinen überschreitendes Verhalten als konstruktiv-produktive Weiterentwicklung reflektiert und genutzt wird und nicht vielmehr als Störfaktor harmonisierender und konfliktfreier Zusammenarbeit interpretiert wird.

„Vernetzung“: Katholische Erwachsenenbildung im Kontext kirchlicher Bildungsangebote

Sandra Krump

It was the best of times,
it was the worst of times,
it was the age of wisdom,
it was the age of foolishness,
it was the epoch of belief,
it was the epoch of incredulity,
it was the season of light,
it was the season of darkness,
it was the spring of hope,
it was the winter of despair.
(Charles Dickens, A Tale of Two Cities)

Wenn wir über Schule und Bildung sprechen, neigen wir oft zu extremen Gegenüberstellungen, zur Beschreibung von buchstäblich zwei Welten, die in ihrem Gegensatz dem Romananfang von „A Tale of Two Cities“ durchaus entsprechen.

„Schule“ ist nicht erst seit der G8-G9-Diskussion oft negativ besetzt, man spricht von „Lernfabriken“, „Einpaukanstalten“ und allein die Tatsache der *Schulpflicht* wird gerne als Beweis dafür genommen, dass die Orte der formalen Bildung auch Orte von Zwangsveranstaltungen seien. Nicht nur die Schule trifft diese eine Möglichkeit der Wahrnehmung, sie ist auch präsent, wenn man über das immer wieder diskutierte *Pflichtjahr* im Kindergarten spricht. KiTa-Plätze sind begehrt wie nie zuvor, zum Besuch einer KiTa verpflichten lassen will man sich aber keinesfalls. Wie anders ist dagegen die Welt der Bildung: „Bildung“ ist in unserer Gesellschaft in höchstem Maß positiv besetzt und davon profitieren in besonderer Weise auch Orte und Angebote der non-formalen Bildung, die *freien* Bildungsangebote der *außerschulischen* Bildung.

Jedem, der beruflich oder auch als Bildungsteilnehmer die Orte der formalen und non-formalen Bildung kennt, ist klar, dass diese Gegenüberstellung extrem und vor allem unzutreffend ist. Sie ist vor allem im Hintergrund auf der emotionalen Ebene und in Konfliktfällen präsent. Dennoch haben – sehr zu Recht – formale und non-formale Bildungsangebote ihre eigenen Gesetze, ihre eigenen Zielgruppen, ihre Besonderheiten, Unterschiede und Eigenheiten.

Grundsätzlich gibt es zwei mögliche Verhaltensweisen gegenüber dieser Feststellung: Eine affirmative, welche die Notwendigkeit dieser unterschiedlichen Bildungswelten bekräftigt und eine weitgehende Trennung dieser Bildungsangebote als wesentlich für die jeweils gute Weiterentwicklung ansieht. Alternativ kann aber auch eine Sichtweise vertreten werden, die beide Bildungswelten vor allem als komplementär zueinander und ein wesentliches Movens für die Weiterentwicklung in einem stärkeren Aufeinander-Bezogensein sieht.

1 Struktur und Auftrag des Ressorts Bildung der Erzdiözese München und Freising

Diese letztere Perspektive ist leitend für die Struktur und die Arbeit des Ressorts Bildung der Erzdiözese München und Freising. In diesem Ressort wurden im Zuge der Strukturreform des Erzbischöflichen Ordinariats im Jahr 2012 alle Bildungsangebote zusammengefasst – formale wie nonformale.

Zur Zusammenfassung in einer Organisationseinheit trat der Auftrag hinzu, diese gesamte Bandbreite der Bildungsangebote miteinander zu vernetzen. Dieser Auftrag umfasst konkret folgende Bereiche:

- das Engagement der Erzdiözese in etwa 450 katholischen Kindertageseinrichtungen, seien diese nun in der Trägerschaft der Pfarreien oder in unmittelbarer Trägerschaft der Erzdiözese,
- die Zuständigkeit für den katholischen Religionsunterricht, sowohl im Blick auf die bei der Erzdiözese angestellten rund 600 Religionslehrkräfte im Kirchendienst als auch im Blick auf die Fachaufsicht über die mehr als 2000 staatlichen Lehrkräfte an allen Schularten, die Mitwirkung bei Lehrplänen, Fortbildung, Entwicklung von Lehr- und Lernmaterialien etc.,
- die 23 Schulen, die sich in der Trägerschaft der Erzdiözese befinden,
- die Bildungshäuser, die ebenfalls in Trägerschaft der Erzdiözese sind oder als Stiftungen dieser zugeordnet sind,
- die Kooperation mit allen anderen Trägern im Bereich der Katholischen Erwachsenenbildung, die in der KEB e.V. zusammengeschlossen sind, worunter gerade die Katholischen Bildungswerke in München und in den Landkreisen für eine Präsenz dieser Bildungsangebote in der Fläche sorgen.

Das Ressort Bildung und die darin versammelten Orte und Angebote katholischer Bildung zeigen eine Wahrnehmung von Bildung als lebenslanges und lebensbegleitendes Thema: vom Krippen- und Kindergartenkind über die Schulzeit, die außerschulischen Bildungsangebote für Familien hin zur Erwachsenenbildung, zu der auch der Bereich der Seniorenbildung gehört. Wie kaum ein anderer Bildungsträger hat die katholische Kirche ein Angebot lebenslanger und lebensbegleitender Bildung entwickelt.

Durch das Vorherrschen dieser Perspektive – und nicht so sehr der Unterscheidung in formale und non-formale Bildung als Kriterium – wird es ermöglicht, Bildungsprozesse ganzheitlich in den Blick zu nehmen. Die Angebote und die grundsätzliche Haltung sind dafür vorhanden, es ist aber eine wesentliche Aufgabe der kommenden Jahre, die segmentierte Betrachtung von Bildungsprozessen, Bildungsangeboten und Bildungszielgruppen aufzubrechen und den jeweils in ihrem Bereich Agierenden den Blick auf die Bildungsakteure der anderen Bereiche und Orte selbstverständlich werden zu lassen.

Gerade die Erwachsenenbildung wird in diesem Kontext in einer anderen Perspektive gesehen als in der allgemeinen Bildungsdiskussion, die wesentlich stärker zwischen der Welt der schulischen Bildung und der Welt der außerschulischen, persönlichkeitsentfaltenden oder berufsbezogenen Bildungsangebote trennt.

2 Format: Regionaler Fachtag zur katholischen Bildung

Zur Umsetzung dieses Vernetzungsauftrags wurde im Jahr 2013 ein erstes Format entwickelt.

Leitend war die Überlegung, dass es nicht genügt, durch die neue Struktur des Ressorts Bildung im Erzbischöflichen Ordinariat gleichsam in der „Zentrale“ Vernetzung und Kooperation zu erreichen, sondern dass dies auch und vor allem in der Fläche geschehen muss. Dazu wurde im Juni 2013 eine Pilotveranstaltung durchgeführt, ein regionaler Fachtag zur katholischen Bildung in einem Landkreis der Erzdiözese, im Landkreis Dachau. Der Titel des Fachtages lautete: „Denken, Staunen, Glauben – Katholische Bildung im Landkreis Dachau.“

Die kirchlichen Bildungsgestalter im Landkreis sollten sich gegenseitig wahrnehmen: Nicht nur die eigene Gruppe, z.B. der katholischen Erzieherinnen, der Religionslehrkräfte i.K., der Erwachsenenbildner, sondern sich selbst als Mitglied der gesamten großen Gruppe, die im Landkreis für alle Lebensalter katholische Bildung anbietet. Daraus soll langsam ein neues Bewusstsein gebildet werden: Wie vielfältig katholische Bildung ist, welche Anteil man selbst daran hat, wie verzweigt das Netzwerk der Bildungseinrichtungen in der Region eigentlich ist. Dieses veränderte Bewusstsein soll schließlich auch zu Vernetzungen und Kooperationen führen.

Aufgrund der Vielzahl der kirchlichen Bildungsakteure vor Ort war es nicht möglich, alle einzuladen, die in diesem einen Landkreis im Spektrum katholischer Bildungsangebote tätig sind. Auch das eine erste, so von keinem Akteur oder Planer vermutete Erkenntnis. Deshalb wurden ca. 35 Personen aus jedem der folgenden Bereiche eingeladen: Erzieherinnen aus den katholischen KiTas (an sich ca. 170 im Landkreis Dachau), staatliche und kirchliche Religionslehrkräfte (an sich ca. 75 im Landkreis), Lehrkräfte an den beiden diözesanen Schulen im Landkreis (an sich ca. 100), Erwachsenenbildner/-innen (an sich ca. 130).

Als Ergebnis kann festgehalten werden, dass die Zielsetzung der veränderten Wahrnehmung erreicht wurde, ebenso die Schaffung von Interesse und Offenheit für Kooperationen. Vor diesem Hintergrund wurde ein halbes Jahr später eine „Anknüpfveranstaltung“ durchgeführt, die vor allem Konkretionen im Hinblick auf Vernetzung und tatsächliche Kooperation zu Ziel hatte. Ergebnis dieser „Anknüpfveranstaltung“ ist der Beginn eines digitalen Vernetzungshandbuchs zur katholischen Bildung im Landkreis Dachau und die Etablierung eines regionalen Bildungszirkels – beides unter der federführenden Betreuung des Dachauer Forums, des örtlichen katholischen Bildungswerks.[1] Erfahrungen, Erkenntnisse und Ergebnisse dieses neuen Formats haben zu der Entscheidung geführt, diese regionalen Fachtage auch in anderen Landkreisen der Erzdiözese zu organisieren, im Jahr 2014 wird der nächste Fachtag zur katholischen Bildung im Landkreis Traunstein stattfinden. Dabei hat sich vor allem auch gezeigt, dass die Katholischen Bildungswerke in den Landkreisen, die Orte der non-formalen, der außerschulischen Bildungsangebote, die entscheidenden Orte für die Vernetzung und organisatorische Zusammenführung gerade auch der formalen und schulischen Bildungsangebote sind.

[1] Die Dokumentation zur „Anknüpfveranstaltung“ und zu den entstehenden Vernetzungen kann auf der Homepage der Dachauer Forums eingesehen werden: www.dachauer-forum.de – dort unter dem Reiter „Aktuelles“.

3 Vernetzung und Nachhaltigkeit: „Kombi-Angebote"

Ein weiterer Aspekt erscheint mir bezüglich der Frage, wie nachhaltig gerade unsere religiösen Bildungsangebote sind, von großer Bedeutung. Zu häufig sind unsere Angebote explizit auf eine Zielgruppe bezogen – auf die Schülerinnen und Schüler unserer kirchlichen Schulen, auf Erwachsene über die Angebote zur theologischen Bildung, auf die Kinder in Krippe und Kindergarten, auf die Eltern der KiTa- und Schulkinder etc. Einige Ansätze im Erzbistum München und Freising, aber auch anderen Orten haben gezeigt, dass „Kombi-Angebote" hier sehr viel besser, intensiver wirksam und damit nachhaltiger sind.
Das Spektrum dieser möglichen „Kombi-Angebote" ist dabei sehr weit. Wichtig ist vor allem die grundlegende Erkenntnis, dass Eltern in Zeiten, in denen ihre Kinder an besonderen religiösen Angeboten teilnehmen, selbst eine größere oder sogar große Offenheit für diese Fragen zeigen. Auf der anderen Seite ist auch die Wirkung von religiösen Angeboten bei den Kindern nachhaltiger, wenn sie in ihren Eltern interessierte Gesprächspartner für ihre Erlebnisse, Erkenntnisse und Fragen finden.
Das St. Benno-Gymnasium in Dresden bietet für die 10. Jahrgangsstufe intensive Besinnungstage in der Karwoche an – und zeitgleich für die Eltern der teilnehmenden Schülerinnen und Schüler Exerzitien im Alltag.[2]
Die Maria-Gerhardinger-Mädchenrealschule in München feiert den vorweihnachtlichen Schulgottesdienst nicht am Vormittag, sondern am Abend und lädt auch die Eltern dazu ein. Die Pater-Rupert-Mayer-Schulen in Pullach haben zunächst nur für Schülerinnen und Schüler jedes Jahr das „Gebet durch die Nacht" angeboten – mittlerweile bieten sie das „Gebet durch die Nacht" auch für die Eltern an. Dies erfolgte auf konkrete Nachfragen der Eltern hin, die aufgrund der Erzählungen ihrer Kinder Interesse entwickelt haben, selbst so etwas erleben zu können, natürlich auf eine für Erwachsene zugeschnittene Weise.
Dass diese Angebote, die sich zeitgleich aber in je spezifischer Weise an Eltern und ihre Kinder richten, besonders wirksam sind, bestätigt auch für den Bereich der Katechese eine aktuelle DFG-geförderte Studie der For-

[2] Siehe Homepage des Benno-Gymnasiums: www.benno-gymnasium.de unter dem Reiter „Schulprofil" – „Religiöses Leben".

schungsgruppe „Religion und Gesellschaft", die sich auf die Evaluation der Erstkommunionkatechese bezieht.[3]

Diese „Kombi-Angebote" stellen ein ideales Feld für das Zusammenwirken von außerschulischer Bildung mit Angeboten an Schulen, aber auch mit den Pfarrgemeinden dar und beleuchten in besonders klarer Weise, worin die spezifische gegenseitige Ergänzung durch die professionellen Bildungsakteure aus dem schulischen wie außerschulischen Bereich liegt.

4 Perspektive: Familienorientierung

Ein weiteres großes und an einigen Orten schon sehr gut bestelltes Feld dieses komplementären Zusammenwirkens stellt das kirchliche Engagement in den Kindertageseinrichtungen dar. Viele Ansätze gibt es hier schon, Kindertageseinrichtungen familienorientiert zu gestalten, Bildungsangebote aller Art für die Eltern der Kinder anzubieten – niedrigschwellig, im Bereich der Beratung vorrangig. Aber auch hier ist ein wichtiges, noch sehr ausbaufähiges Feld das der möglichen Kombi-Angebote der religiösen Bildung für Eltern und Kinder. Gerade die Katholischen Bildungswerke haben bei der Familienorientierung in den KiTas wichtige Angebote und Konzepte entwickelt – genannt seien nur als Beispiele die „Zentren der Familie" der Katholischen Bildungswerke in Erding[4] und Freising[5] oder das umfassende Angebot des Katholischen Bildungswerks in Traunstein[6].

Daneben hat es aber auch eine Entwicklung von KiTa-Standorten im Blick auf eine stärkere Familienorientierung im Rahmen eines Projekts der Erzdiözese München und Freising gegeben[7]: Von September 2010 bis Dezember 2012 fand das Pilotprojekt „Mut zur Familie" in Kooperation von Erzbischöflichem Ordinariat und Caritas statt, bei dem der Aufbau von Zentren zur Förderung und Stärkung von Familien in Pfarreien mit

---

[3] Dieter Hermann u.a., Religiosität und Wertebildung. Erste Ergebnisse einer Evaluationsstudie zur Erstkommunionkatechese, In: Diakonia 43 (1), 2012, 59–65. 199–206; Vgl. Dieter Hermann – Norbert Mette, Erstkommunion auf dem Prüfstand. Welchen Einfluss haben die Materialien zur Kommunionvorbereitung auf die Religiosität von Kindern?, in: KatBl H. 5, 137 (2012), 364–370.

[4] www.zentrumderfamilie-erding.de.

[5] www.bildungswerk-freising.de/de/zentrum-der-familie.html.

[6] www.kbw-traunstein.de dort unter dem Reiter „Pädagogik".

[7] Margret Langenmayr, Mut zur Familie. Familienorientierung katholischer Kindertageseinrichtungen in der Erzdiözese München und Freising. Projektabschlussbericht. Veröffentlicht als Broschüre der Erzdiözese München und Freising im Jahr 2013.

Kindertageseinrichtungen erprobt wurde. Beteiligt waren fünf Pfarrgemeinden (Christkönig Rosenheim, St. Bartholomäus Deisenhofen, St. Elisabeth Niederbergkirchen, St. Georg in Ast, St. Wolfgang in München), die in ganz unterschiedlicher Weise die Zielsetzung für sich umsetzen.

Das Projekt verfolgte folgende vorrangige Ziele:

- Engere Verzahnung von Bildungsangeboten (KiTa) und pastoralen und diakonischen Angeboten der Pfarrgemeinden
- Nutzung des niederschwelligen Zugangs zu Menschen über die pfarrliche KiTa
- Entlastung und Unterstützung der Eltern (Vereinbarkeit von Beruf und Familie, Bewältigung von Sondersituationen, z.B. Krankheit)
- Eltern als Erziehungspartner für die Kindertageseinrichtungen wahrnehmen und fördern
- Beitrag zur Intensivierung der Bindung zwischen Eltern und Kind und damit Stärkung der Basis für eine gelingende religiöse Erziehung

Umgesetzt wurden diese Ziele von den Projektbeteiligten unter anderem durch folgende Entwicklungen:

- Schaffung von Begegnungs- und Kontaktmöglichkeiten für die Eltern (Elterncafés, gemeinsame Ausflüge oder Kreativnachmittage)
- Gottesdienste oder Kinderbibelwochen in Kooperation von KiTa und Pfarrseelsorgern
- Gesprächsrunden und mehrteilige Kurse zu Themen wie Gesundheit und Ernährung, Stressbewältigung, Medienkompetenz
- Beratungsangebote, z.B. Sprechzeiten von Familientherapeuten, Migrantenberatung
- Entlastung von Familien durch Aufbau von Eltern-Kind-Gruppen, Vermittlung eines Tageselternservices, Babysitterkurse für Jugendliche
- Insgesamt Vernetzung der KiTas innerhalb der Pfarrei und mit kommunalen und anderen kirchlichen Einrichtungen, intensivere Einbindung der Eltern

Es zeigte sich, dass die Ziele des Projekts in den beteiligten Einrichtungen sehr gut umgesetzt werden konnten. Dabei war die große Bandbreite der entwickelten Ansätze und Aktivitäten besonders positiv – auch in der gelungenen Abstimmung auf die sehr unterschiedlichen Umfelder. Die Spannbreite, in der heute Kindertageseinrichtungen arbeiten, wird sehr schön im Blick auf die beiden Einrichtungen St. Wolfgang im Münchner Stadtteil Haidhausen und St. Elisabeth in Niederbergkirchen deutlich.[8] Tatsächlich hat es damit aber zwei verschiedene Projekt- und Entwicklungsansätze von zwei unterschiedlichen Akteuren im kirchlichen Bildungsbereich in der Erzdiözese gegeben: Einmal die schon länger andauernde Entwicklung von Angeboten bei den Katholischen Bildungswerken, dann die Entwicklung über das eben kurz skizzierte Projekt verschiedener pfarrlicher Kindertageseinrichtungen. Beide Ansätze haben sehr gute Resultate erzielt. Es kann aber nicht sinnvoll sein, dieses wichtige Feld weiterhin getrennt voneinander zu entwickeln. Deshalb wurde eine Arbeitsgruppe ins Leben gerufen, die aus den Erfahrungen, Entwicklungen, institutionellen Verankerungen der Angebote zur Familienorientierung aus beiden Bereichen (KiTa und Erwachsenenbildung) ein diözesanes Konzept zur Familienorientierung erarbeiten soll. Das muss und soll nicht in einer „Einebnung“ der bisherigen unterschiedlichen Verortungen enden. Es muss aber ein gesamtheitliches, abgestimmtes und aufeinander bezogenes Agieren und Weiterentwickeln der Angebote erzielt werden.[9] Der Passus zur Elternbildung aus dem Abschlussbericht des Projekts „Mut zur Familie“ macht überdeutlich, dass hier ein vorrangiges Feld der Vernetzung und Kooperation von Kindertageseinrichtungen und Erwachsenenbildung vorliegt:

> „Die Erziehungspartnerschaft mit den Eltern ist heute ein wichtiger Teil der Konzeption einer Kindertageseinrichtung. Die Grundlage für diese Partnerschaft kann mit den Early-Excellence-Centres darin gesehen werden, dass Eltern die ‚Experten‘ und erste Erzieher für ihre Kinder sind. Daher gilt es, dieses Expertentum zu unterstützen und weiter zu entwickeln, damit jedes Kind die Möglichkeit hat, sich bestmöglich zu entwickeln. Vor allem die Interviews mit den Elternvertretern zeigen,

---

[8] Vgl. dazu die Darstellung der am Projekt teilnehmenden Einrichtungen im Projektbericht: Langenmayr, Mut zur Familie, 12–13.

[9] Theologische Erwachsenenbildung und Familienbildung sind nicht von ungefähr die beiden erstgenannten Bildungsfelder in den neuen Leitlinien für die Katholische Erwachsenenbildung in der Erzdiözese München und Freising, Arbeitsgemeinschaft Katholische Erwachsenenbildung in der Erzdiözese München und Freising e.V. (Hg.), Gegenwart begreifen – Zukunft lernen. Das Leitlinienprojekt der Katholischen Erwachsenenbildung in der Erzdiözese München und Freising, München 2013.

dass die Eltern sich durch die Angebote in ihrer Erziehungskompetenz gestärkt fühlen.
Die Bildungsangebote können nur auf der Grundlage der Sozialraumanalyse geplant werden, damit die Angebote gezielt die Fragen und Interessen der Eltern aufgreifen. Eltern, die eher der bildungsbewussten Mittelschicht zuzurechnen sind, interessieren sich für andere Themen als Eltern aus sozial benachteiligten Familien oder Migranteneltern, die aus anderen Kulturkreisen stammen und deren deutsche Sprachkenntnisse eingeschränkt sind. Neben Themenangeboten, die die Eltern in ihren Erziehungsaufgaben unterstützen, kann es auch Bildungsangebote geben, bei denen die Eltern ‚(...) ihre eigenen Bildungspotentiale entdecken, nutzen und weiterentwickeln können.' Dies könnten zum Beispiel Kurse ‚Deutsch als Fremdsprache' sein, musische oder religiöse und spirituelle Bildungsangebote."[10]

Bei den am Projekt beteiligten Einrichtungen gestaltete sich die Elternbildung wie folgt:

Christkönig Rosenheim:
Gesprächsrunden zu verschiedenen Themen der Erziehung mit fachkundiger Begleitung; Fünfteiliger Elternkurs zu Fragen der religiösen Erziehung (KESS-erziehen); Deutschkurs für Migranteneltern; jeweils für ein halbes Jahr weitere Bildungsangebote, z. T. gemeinsam mit Bildungswerk Rosenheim, z.B. zu Ernährungsfragen, Paarkommunikation, Schulproblemen etc. (vgl. Broschüre der Einrichtung).

St. Bartholomäus Deisenhofen:
Elternbildungsangebote von Pfarrei und KiTa zu Themen wie z. B. Cyberkids, Kinder im Stress, Elterntraining; Schulung und Supervision von ehrenamtlichen Mitarbeitern als SOS-Mütter.

St. Elisabeth Niederbergkirchen:
PROFI – „Professionelle Runde organisiert Familieninteressen" wurde 2003 als Runder Tisch in der Pfarrei entwickelt und 2006 als Familienbildungsprojekt des Kreisbildungswerks auf den Landkreis ausgedehnt; Eltern-Kind-Programm (EKP); Vorträge etc. (z. B. Streitschlichtung).

St. Georg Ast:
Bildungsangebote durch Kindergarten- sowie Kinderkulturverein des Offenen Astwerks sowie durch KEB. Der Bedarf wird erhoben und Programm entsprechend gestaltet.

St. Wolfgang:
Elternbildungsabende zu verschiedenen Themen wie Psychomotorik, Gesundheit, Philosophieren, Lernen lernen, Gesprächsrunden zu verschiedenen Themen der Erziehung mit fachkundiger Begleitung; fünfteiliger Elternkurs zu Fragen der religiösen Erziehung (KESS-erziehen) für 0-3jährige.

[10] Zitat und folgende Auflistung: Langenmayr, Mut zur Familie, 18–19.

Aus diesen Erfahrungen und Beobachtungen heraus wurden folgende Empfehlungen ausgesprochen:

> „Vielfältige auf den Bedarf des Sozialraums abgestimmte Bildungsangebote stärken die Familien vor Ort. Die Bildungsangebote für die Eltern entsprechen möglichst gezielt deren Fragen und Interessen und auch der didaktisch-methodische Zugang zu den Themen wird genau auf die Zielgruppe abgestimmt: manche Eltern brauchen eher aktions- und erlebnisorientierte Angebote als herkömmliche Vortragsabende. Ziel ist es auf jeden Fall, die Eltern in ihren Erziehungsaufgaben nachhaltig zu unterstützen. Darüber hinaus werden auch solche Themen aufgegriffen, die das System Familie als Ganzes stärken, also z. B. Paarkommunikation, Aspekte von Gesundheit, Bewegung, Ernährung etc.
> Religiöse, religionspädagogische und spirituelle Angebote gehören zu den Bildungsangeboten des Familienzentrums. Religiösen und spirituellen Fragen wird sowohl in Bezug auf die religiöse Erziehung der Kinder als auch in Bezug auf die persönlichen Bedürfnisse der Eltern ausreichend Raum gegeben. So kann auch das kirchliche Profil der Einrichtung im Sozialraum deutlich werden. Bei diesen Angeboten wird besonders bedacht, ob diese als niederschwellig angenommen werden. Im ersten Schritt der Familienorientierung wendet sich die Einrichtung an junge Familien; dann sollte es auch Angebote für andere Lebensphasen geben."[11]

5 Ausblicke

Anhand einiger ausgewählter unterschiedlicher Formate, Projekte und Perspektiven sollte gezeigt werden, welches Potential in der Vernetzung aller Bildungsangebote aus den unterschiedlichen Sparten liegt, wie dieses Potential heute schon genutzt wird und welche Rolle gerade die katholische Erwachsenenbildung dabei spielt bzw. dabei spielen kann.

Die Eigenheiten der jeweiligen Zugänge, Traditionen, Verortungen werden durch den Vernetzungsgedanken keinesfalls in Frage gestellt – im Gegenteil. Leitend ist vielmehr die Perspektive auf den gemeinsamen Bildungsauftrag aller katholischer Bildungsorte, der in exemplarischer Weise zu Beginn der „Leitlinien Katholische Erwachsenenbildung in der Erzdiözese München und Freising" formuliert wird:

> „Katholische Erwachsenenbildung und alles daraus abgeleitete Bildungshandeln folgt dem Verkündigungsauftrag der Kirche an alle Menschen. Dabei ist Bildung des Menschen eine Grunddimension kirchlichen Handelns, da sie an der Spannung von Gottebenbildlichkeit und Erlösungsbedürftigkeit, von Freiheit und Verantwortung des Menschen ansetzt. Kirchliche Bildung findet deshalb lebensbegleitend statt und umfasst alle Dimensionen des Menschseins. Sie befähigt Menschen zu Selbstbestimmung, Mitbestimmung und Solidarität und unterstützt sie, ihren Anteil

[11] Ebd., 19.

zur Gestaltung der Gesellschaft beizutragen und die Kirche aus dem Glauben heraus mitzugestalten. Der religiösen Bildung des Menschen kommt dabei ein besonderer Stellenwert zu."[12]

[12] Arbeitsgemeinschaft katholischer Erwachsenenbildung, Gegenwart begreifen – Zukunft lernen, 6.

Sozialethik in der katholischen Erwachsenenbildung

Herausforderungen und Chancen – eine Erfahrungsanalyse

Sebastian Kistler

Mehrere Artikel dieses Bandes gehen auf die Veränderungen in der Kirche und die dadurch erforderlichen Rückschlüsse auf die Gestaltung der katholischen Erwachsenenbildung ein. Judith Könemann spricht von einem doppelten Auftrag der Erwachsenenbildung, sowohl nach innen in die Kirche hinein, als auch nach außen in die Gesellschaft.[1] Zum Schnittpunkt in die Gesellschaft leistet die christliche Sozialethik – wie auch andere theologische Disziplinen – einen wichtigen Beitrag.

Sozialethik ist zunächst Ethik und somit die wissenschaftliche Auseinandersetzung mit Fragen nach dem guten und richtigen Handeln, basierend auf den Voraussetzungen Freiheit und Vernunft.[2] In Absetzung zu individualethischen Fragen, die im Fächerkanon der Katholischen Theologie innerhalb der Moraltheologie behandelt werden, sind Gegenstand und Aufgabe der Sozialethik nach Wilhelm Korff

> „die Bestimmung der sittlichen Form all jener Ordnungen, die menschliches Handeln in Gesellschaft normieren und sich darin der Verfügung durch den einzelnen, seinem unmittelbaren sittlichen Gestaltungswillen, entziehen."[3]

Da seit der Wende zum Subjekt und der Aufklärung Rechtssysteme und gesellschaftliche Ordnungen ihren vom Subjekt unabhängigen Status verloren haben,

> „sieht sich der Mensch nicht nur in Gehorsamsverantwortung vor Normen gerufen, sondern ebenso auch in Gestaltungsverantwortung für sie. (...) Sozialethik ist Ethik der gesellschaftlich übergreifenden Normen, Institutionen und sozialen Systeme, sie ist ‚Sozialstrukturenethik' (A. Rich)."[4]

Die spezifisch christliche Sozialethik (CSE) setzt sich nicht von den allgemeinen Bestimmungsstücken der philosophischen Ethik ab, sondern stellt ihre Fragen im Kontext der wissenschaftlichen Theologie.

---

[1] Vgl. hierzu den Artikel in diesem Band „Erwachsenenbildung und Pastoral – Ein spannungsreiches Verhältnis" von Judith Könemann.

[2] Vgl. Thomas Hausmanninger, Ethik. Was ist das eigentlich?, in: Marianne Heimbach-Steins (Hg.), Christliche Sozialethik. Ein Lehrbuch, Regensburg 2004, 29.

[3] Wilhelm Korff, Was ist Sozialethik?, in: MThZ H.4, 38 (1987), 327.

[4] Korff, Sozialethik, 328.

> „Theologie nimmt in ihrem Denken die Glaubensüberzeugung von der Menschwerdung Gottes in Jesus Christus ernst; sie geht von der unbedingten Solidarisierung Gottes mit seinen Geschöpfen aus und denkt in der Perspektive des Heilswillens Gottes für alle Menschen.“[5]

Neben dem Zerbrechen der traditionellen Ordnung, die auf Stände, Zünfte und Hausgemeinschaften aufgebaut war, war es die soziale Frage des 19. Jahrhunderts, die aufgrund der Verarmung und Proletarisierung der Arbeiterschaft Anlass zur Entstehung des Sozialkatholizismus und der Sozialverkündigung der Kirche gab.[6] Die Sozialethik formierte sich als Reflexionsprozess und wissenschaftliche Auseinandersetzung mit den Themen gesellschaftlichen Zusammenlebens und der kirchlichen Sozialverkündigung. Der Bedarf an wissenschaftlicher Auseinandersetzung mit sozialethischen Themen ist heute genauso gegeben wie damals. Aufgrund der heute gestiegenen Bedeutung der Bildung für die individuellen Chancen zur Beteiligung am gesellschaftlichen Leben und der Bedrohung des Zugangs zur Bildung durch Bildungsarmut und ungleiche Zugangschancen zum Bildungssystem auf nationaler und internationaler Ebene spricht Marianne Heimbach-Steins in diesem Kontext von „der neuen sozialen Frage des 21. Jahrhunderts.“[7]

Bildung ist nämlich nicht nur ein privates Gut, das dem Individuum als Humankapital ein höheres Einkommen, bessere Gesundheit, Zugang zu politischer Beteiligung und Kultur bescheren kann, sondern auch ein öffentliches Gut, das durch externe Effekte einer Region, bzw. einem Land in vielfacher Hinsicht zu Gute kommt: Zum Beispiel ein hoher Bildungsstand der Bevölkerung ist ein wichtiger Faktor bei der Standortwahl von wirtschaftlichen Unternehmen, trägt zur politischen Stabilität und Sicherung sozialen Friedens bei und hebt die allgemeine Lebensqualität. Bildung kann aber auch als ein kollektives Gut von gesellschaftlichen Organisationen und Wirtschaftsunternehmen betrachtet werden, das deren Funktionsfähigkeit und Produktivität erhöht.[8]

Bei der Bewältigung dieser sozialen Frage des 21. Jahrhunderts kommt der Kirche eine tragende Rolle zu. Zum einen muss sie als gesellschaftlicher Akteur noch vor der öffentlichen Hand in subsidiärer Verantwortung

---

[5] Heimbach-Steins, Christliche Sozialethik, 7.

[6] Vgl. Alois Baumgartner, Entwicklungslinien des deutschen (Sozial-)Katholizismus, in: Heimbach-Steins, Christliche Sozialethik, 189–191.

[7] Marianne Heimbach-Steins – Gerhard Kruip (Hg.), Bildung und Beteiligungsgerechtigkeit. Sozialethische Sondierungen, Bielefeld 2003, 12.

[8] Vgl. ebd., 12.

die Pflicht der Personen zu ihrer eigenen Bildung, sowie die Verantwortung der Eltern für die Bildung ihrer Kinder ergänzen.[9] Zum anderen – und das ist der gewichtigere Grund – hat die Kirche ein ureigenes heilsgeschichtliches Interesse und eine Verantwortung für eine humane, soziale und gerechte Gesellschaft. Diesen Auftrag der Kirche im Bereich der Bildung bekräftigt die Würzburger Synode, die die Förderung der Beschlüsse des Zweiten Vatikanischen Konzils in Deutschland zum Ziel hatte, in ihrem Beschluss „Schwerpunkte kirchlicher Verantwortung im Bildungsbereich" mit folgenden Worten:

> „Weil die Kirche mitverantwortlich ist für das Leben der Menschen und die Zukunft der Gesellschaft muß sie an der Entwicklung des Bildungswesens mitwirken. (...) Die obersten Ziele von Erziehung und Bildung des Menschen liegen für katholische Christen in der Entfaltung der menschlichen Anlagen, in der Befähigung des Menschen zum Dienst an seinen Mitmenschen, an der Welt und am Reich Gottes."[10]

In der Erwachsenenbildung sieht die Synode „eine wesentliche Hilfe für den Menschen und einen wichtigen Bereich, in dem geistige Auseinandersetzung und das Zusammenleben in Verschiedenheit erfahren, geübt und gesichert werden können."[11] Das heißt, Erwachsenenbildung in kirchlicher Trägerschaft ist keine rein innerkirchliche Angelegenheit, sondern spielt sich „im Spannungsfeld zwischen Kirche und Gesellschaft"[12] ab. Der Pastoraltheologe Paul M. Zulehner spricht von einer „Hoffnungspraxis", durch welche die Kirche an der gerechten Gestaltung der Gesellschaft mitwirke.[13]

Sozialethische Erwachsenenbildung macht den kirchlichen Auftrag zur Gesellschaftsgestaltung und deren philosophische, theologische und sozialwissenschaftliche Grundlagen selbst zum Bildungsinhalt. In der Praxis stellen sich für dieses Vorhaben verschiedene Herausforderungen. Der folgende Artikel knüpft an Erfahrungen an, die im vergangenen Jahrzehnt

---

[9] Vgl. Heimbach-Steins – Kruip, Bildung und Beteiligungsgerechtigkeit, 15–17.

[10] Der Beschluss „Schwerpunkte kirchlicher Verantwortung im Bildungsbereich", in: Gemeinsame Synode der Bistümer in der Bundesrepublik Deutschland, Offizielle Gesamtausgabe I, Freiburg – Basel – Wien 2012, 518–548, hier 519f.

[11] Ebd., 546.

[12] Ralph Bergold, Die Kirche und ihre Bildungsarbeit mit Erwachsenen. Innovative Impulse und kultureller Beitrag kirchlicher Erwachsenenbildung, in: Bernhard Nacke (Hg.): Orientierung und Innovation. Beiträge der Kirche für Staat und Gesellschaft, Freiburg i. Br. 2009, 568–582, hier 569.

[13] Vgl. Paul M. Zulehner, Fundamentalpastoral. Kirche zwischen Auftrag und Erwartung, Düsseldorf [2]1991, 232.

innerhalb der sozialethischen Bildungsarbeit des Münchner Bildungswerks gemacht wurden. Eine stete Schwierigkeit war und ist es, eine größere Anzahl an Teilnehmern für sozialethische Themen dauerhaft zu begeistern. Die folgenden Thesen entstammen einer Analyse und Deutung dieser Aufgabe und dienen als Diskussionsbeitrag. Da sich die Situation je nach Bildungsstandort unterscheidet, erheben die Thesen keinen Anspruch auf Vollständigkeit oder Allgemeingültigkeit. Vielmehr spiegeln diese einen Suchprozess wider, der zum Weiterdenken und zur Kritik einladen möchte. Die Thesen beziehen sich vor allem auf die Veranstaltungsformen Einzelveranstaltung auf Pfarreiebene, zentral vom Bildungswerk organisierte Vortragsreihe und Wochenendseminar für Pfarreigremien (Einkehrtag, Studienfahrt usw.).

1 Sozialethik ist komplex

Komplexität bezeichnet die „Menge an Relationen zw. den Elementen eines gegliederten Ganzen."[14] Umso größer die Menge dieser Relationen ist, desto komplexer wird ein System aufgefasst. Strukturen bestehen immer aus Relationen und insofern ist Sozialethik von vornherein eine Wissenschaft, die mit Komplexität umgehen muss. Genauer betrachtet sind die Aufgabenfelder von Sozialethik Normen, Institutionen und soziale Systeme.[15] Normen sind Regelformen, mit denen sich menschliches Deuten, Ordnen und Gestalten beschreiben lässt. Das umfasst gesellschaftlich-politische Regelformen (z.B. Verfassungen, Gesetze), religiöse Riten, moralische Vorschriften und viele weitere Bereiche. Gemeinsam haben diese Regelformen, dass sie nach Verbindlichkeit und subjektiver Anerkennung streben.[16] Um dies zu erreichen, müssen Normen die Komplexität sozialer Beziehungsgefüge integrieren. Moderne Gesellschaften sind in hohem Maße durch Pluralität geprägt. Laut Markus Vogt ergibt sich diese als Konsequenz christlicher Moral, die auf die Anerkennung der Gewissens- und Glaubensfreiheit baut. „Pluralismus ist der jüngere Bruder der Freiheit. Als ethische Idee ergibt er sich aus der politischen Anerkennung der Menschenrechte."[17]

---

[14] Hubert Busche, Art. „Komplexität", in: LThK^3 6 (2006), Sp. 232.
[15] Vgl. Korff, Sozialethik, 330–335.
[16] Ebd., 330–331.
[17] Markus Vogt, Prinzip Nachhaltigkeit. Ein Entwurf aus theologisch-ethischer Perspektive, München 2009, 79. Pluralitätskonflikte können nicht einfach, wie häufig vorgeschlagen, durch eine Trennung zwischen der Theorie des Guten und der Theorie des Gerechten bewäl-

Institutionen stehen eine Komplexitätsstufe über den Normen. Es sind Organisationsformen, die das Handeln in den Einzelvollzügen unter bestimmte Leitziele stellen. „Insofern kommt ihnen gegenüber der Welt der Normen, über die sie sich vermitteln und ihren Anspruch geltend machen, eine hermeneutische Schlüsselrolle zu. Sie bilden deren übergreifendes Interpretament."[18] Das darf aber nicht als ein Preisgeben individueller Freiheit zugunsten einer Gruppensolidarität missverstanden werden. Menschliches Sozialverhalten ist, nach Willhelm Korff, nicht nur durch eine institutionelle Außenprägung bestimmt, sondern manifestiert sich in drei Antriebskomponenten, einer sachhaft-gebrauchenden, einer konkurrierenden und einer fürsorgenden Komponente (soziale Perichorese).[19] In einer modernen Gesellschaft gibt es eine Vielfalt von Institutionen. Die Zuordnung zwischen Personen und Institutionen wird unter dem Begriff soziale Systeme gefasst, was das Komplexitätsniveau weiterhin erhöht.
Aber nicht nur die Aufgabenfelder der Sozialethik erweisen sich als komplex, sondern auch die sozialethische Methode selbst. Sozialethisches Argumentieren findet interdisziplinär statt. Die Theologie kann sich zur Bearbeitung sozialethischer Fragen nicht allein auf Traditionen berufen, sondern muss auf die Erkenntnisse anderer Disziplinen eingehen und sich konstruktiv in einen interdisziplinären Dialog einbringen. Insofern ist Sozialethik ein „‚Brückenfach', das substantiell und konsequent interdisziplinärer Kooperationen bedarf."[20]

Herausforderung und Chance für die katholische Erwachsenenbildung

Veranstaltungen der Erwachsenenbildung zeichnen sich durch eine limitierte Dauer aus. Selbst mehrteilige Reihen können nur einen begrenzten Einblick in das Begründungsfundament sozialethischer Aussagen geben. Zudem beziehen sich die Themen meist auf aktuelle Fragestellungen, wie etwa Änderungen in der Familienpolitik oder den Klimawandel. Eine aktuelle thematische Fokussierung empfiehlt sich, da sie den Teilnehmern Anknüpfungspunkte an ihre Lebenswelt ermöglicht. Normativ-ethische

---

tigt werden. Schließlich kann Gerechtigkeit nicht ohne einen Bezug auf das Gute bestimmt werden. Gerade christliche Ethik bringt stets eine qualitative Dimension des Menschenbildes in den Ausgestaltungsprozess des Rechtes mit ein; Vgl. Vogt, Prinzip Nachhaltigkeit, 80.

[18] Korff, Sozialethik, 332.

[19] Vgl. ebd., 333; Korff versteht diese drei Komponenten als ein in sich kommunizierendes naturales Strukturgesetz, also als dem Menschen inhärente Natur.

[20] Vogt, Prinzip Nachhaltigkeit, 84.

Thesen zu solchen Themen können jedoch nicht einfach in den Raum gestellt werden, sondern müssen nachvollziehbar begründet werden. Um also aktuelle sozialethische Themen adäquat zu behandeln und Zeit zu deren Diskussion bereit zu stellen, muss die Komplexität sozialethischer Begründung zunächst reduziert werden.

Dies gelingt zum Beispiel durch legitimierte Vorentscheidungen. Dabei handelt es sich um Begriffe und Prinzipien, die inhaltlich gehaltvoll sind und Argumentationslinien zusammenfassen. Die parteiliche politische Bildung gewährleistet dies durch Grundentscheidungen der Partei, die nicht in jeder Fortbildung erneut begründet werden müssen. Aber auch die katholische Sozialethik verfügt über ein Instrumentarium, mit dessen Hilfe die Komplexität sozialer Zusammenhänge und des theologisch-ethischen Wertesystems bewältigt werden kann: die Sozialprinzipien. Die Funktion zur Reduzierung der Komplexität kommt den Sozialprinzipien bereits in ihrer Entstehungsphase zu.

Wie bereits erwähnt, wurden durch die Aufklärung und die erkenntnistheoretische Wende zum Subjekt überkommene Formen sozialer Ordnung, v.a. die Ständeordnung, hinterfragt. Während zuvor die Aufgabe des Menschen lediglich darin bestand, sich in die religiös legitimierte Wesensordnung einzufügen, kam ihnen dann die Verantwortung für die Gestaltung von sozialen Institutionen und Ordnungen zu. Damit einher ging die Frage, wie sich soziale Strukturen als gültig ausweisen können. Zu diesem Zweck reichte der Verweis auf die Tradition oder althergebrachte Regelungsformen nicht mehr aus. In der späten Neuzeit entwickelten sich deshalb in den Katholizismus-Bewegungen die klassischen Sozialprinzipien als verlässliche Orientierungen zur Gesellschaftsgestaltung. Ihre formelhafte Zuschärfung entwickelte sich im Kontext bestimmter politisch-geschichtlicher Ereignisse.[21] Die nachholende Erwähnung in der lehramtlichen Sozialverkündigung verlieh ihnen zusätzliche legitimatorische Kraft.

In der Neuzeit wird der Mensch als „Zweck an sich“ erkannt. Kant macht dies durch seine Unterscheidung von Preis und Würde deutlich. Der Mensch besitzt Würde und kann somit nicht durch ein Äquivalent ersetzt werden, im Gegensatz zu Dingen, die einen Preis haben. Das Sozialprinzip der Personalität trägt diesen Gedanken als gesellschaftliches Struktur-

[21] Vgl. Gerhard Drösser, Institutionen und soziales Handeln, in: Heimbach-Steins, Christliche Sozialethik, 263–264.

prinzip fort. Stärker als bei Kant schwingt bei der Personalität das biblische Motiv der Gottebenbildlichkeit mit, aus der eine unveräußerliche Würde des Menschen entspringt.

Das Zweite Vatikanische Konzil bringt das Sozialprinzip folgendermaßen auf den Punkt: „Ursprung, Träger und Ziel aller sozialen Institutionen ist und muss sein die menschliche Person." (GS 25). Das heißt, alle gesellschaftlichen Institutionen sind um des Menschen willen da, nicht umgekehrt. Wenn sie gut sind, können sie die Entfaltung der persona humana befördern, wenn sie schlecht sind, können sie die Entfaltungsmöglichkeiten einschränken. In politischer Hinsicht fordern die Menschenrechte auf der Ebene der Normen, Institutionen und sozialen Systeme das ein, was Menschenwürde/Personenwürde gebietet, nämlich erstens Individuelle Freiheitsrechte, zweitens Politische und gesellschaftliche Mitwirkungsrechte und drittens Soziale Anspruchsrechte. Auch der erste Artikel des Deutschen Grundgesetzes nimmt mit dem Begriff der unantastbaren Würde des Menschen auf das Bezug, was das Sozialprinzip Personalität meint.[22]

Der Wortsinn des Prinzips Solidarität drückt sich im lateinischen Wort solidum – Boden, fester Grund aus. Solidarität ist demnach das Bewusstsein, mit anderen auf demselben Boden zu stehen. Das setzt eine bestehende Gemeinschaft voraus, in der Solidarisierung als Identifizierungsprozess verstanden werden kann, in dem Mitleid, Mitfreunde, Mitverantwortung und Mithaftung zentrale Begriffe sind. Soziohistorisch spielt die Solidarität in der französischen Revolution eine große Rolle, in der neben der Parole „fraternité" vor allem „solidarité" gefordert wird und damit das Zusammengehörigkeitsgefühl der Arbeiterklasse zum Ausdruck kommt. Heinrich Pesch (1854–1963), Gustav Gundlach (1892–1963) und Oswald von Nell-Breuning (1890–1991) formen den Begriff als Sozialprinzip der Christlichen Sozialethik aus. Solidarität wird demnach nicht weiter als individuelle Tugend, sondern als Strukturprinzip begriffen.[23]

Die Ausformung des Prinzips Subsidiarität findet zu Beginn des 20. Jahrhunderts statt. Im Kontext der sich ausformenden Totalitarismen wurde der Appell gegen einen zu starken und dominanten Staat, der die einzelnen Menschen zu vereinnahmen drohte, laut. Stattdessen wurde „Hilfe zur

[22] Vgl. Alois Baumgartner, (b) Personalität, in: Heimbach-Steins, Christliche Sozialethik, 265–269.
[23] Vgl. Ders., (c) Solidarität, in: Heimbach-Steins, Christliche Sozialethik, 283–287.

Selbsthilfe" eingefordert. Die klassische Formulierung der Subsidiarität als Strukturprinzip findet sich in der Sozialenzyklika *Quadragesimo Anno* (1931) von Papst Pius XI. Es geht dabei um eine Verhältnisbestimmung zwischen größeren und kleineren sozialen Einheiten. Auf der einen Seite ist die Subsidiarität ein „Kompetenzanmaßungsverbot" (Anzenbacher), bzw. ein „Nichteinmischungsprinzip" (Baumgartner), nachdem das größere und übergeordnete Sozialgebilde der kleineren und untergeordneten sozialen Einheit keine Kompetenz entziehen darf, die sie selbst gut bewerkstelligen kann (→subsidiäre Kompetenz). Auf der anderen Seite ist sie ein „Hilfestellungsgebot" (Anzenbacher), da die größere soziale Einheit der kleineren helfen muss, wenn sich diese nicht mehr aus eigenen Kräften helfen kann (→subsidiäre Assistenz). Sobald die kleinere soziale Einheit wieder voll funktionsfähig ist, muss sich die größere zurückziehen (→subsidiäre Reduktion).[24]

Durch die Globalisierung haben sich die Lebenschancen in vielfältiger Weise verändert. Große Wohlstandsgewinne stehen Verelendungsprozessen ganzer Völker gegenüber. Der Klimawandel verändert die Lebensbedingungen weltweit. Die damit einhergehenden Fragen und Probleme verlangen nach einem neuen globalen Gesellschaftsvertrag, der in der Lage ist, die ökologischen, sozialen und wirtschaftlichen Herausforderungen unserer Zeit zu vernetzen. Der Christlichen Sozialethik kommt dabei die Aufgabe zu, Orientierung aus dem Glauben für die gesellschaftlichen Fragen der Zeit bereit zu stellen. Zu diesem Zweck hat Markus Vogt mit dem Prinzip Nachhaltigkeit als „‚politikfähige' Übersetzung der Schöpfungsethik"[25] ein weiteres Sozialprinzip in die Diskussion eingebracht.

Zusammenfassend kann festgestellt werden, dass sich die Sozialprinzipien dazu eignen, die Komplexität moderner Gesellschaften zu bewältigen. Da sie in ihrer Entstehungsgeschichte, sozialpolitischen Wirksamkeit und lehramtlichen Bezugnahme nachvollziehbar sind, zeichnen sie sich durch eine hohe Transparenz und Begründungsschärfe aus.

Eine tieferliegende theologische Rechtfertigung lässt sich zum Teil direkt aus der Bibel (Menschenwürde, Gleichnis vom Barmherzigen Samariter usw.) ableiten oder kann wie im Falle der Subsidiarität und der Nachhaltigkeit mit historischen, philosophischen oder lebensweisheitlichen An-

[24] Vgl. Thomas Bohrmann, Subsidiarität, in: Heimbach-Steins, Christliche Sozialethik. 293–301; Arno Anzenbacher, Christliche Sozialethik, Paderborn 1997, 210–224.
[25] Vogt, Prinzip Nachhaltigkeit, 19; Vgl. auch 16–29.

knüpfungspunkten verbunden werden. In Einzelveranstaltungen der Erwachsenenbildung eignen sich die Sozialprinzipien dazu, die komplexen Zusammenhänge aktueller sozialethischer Fragestellungen auf den Punkt zu bringen und mit bewährten, gut begründeten Begriffen zu bearbeiten. In Veranstaltungsreihen und vor allem Bildungswochenenden steht mehr Zeit zur Verfügung und die Bereitschaft der zusammengewachsenen Gruppe zu Gruppenarbeiten und dem Einbringen ihrer eigenen Meinung ist höher. Das eröffnet die Möglichkeit, die Grundlagen der Sozialprinzipien zu reflektieren. Dazu eignet sich eine Vielzahl an Methoden, wie z.B. die Lektüre der Bibel oder heiliger Schriften anderer Religionen, Gedichten, Biografiearbeit, Naturerlebnissen usw.
In gewissem Sinne eignet sich die Komplexität sozialethischer Fragestellungen in besonderem Maße für die Erwachsenenbildung. Der Filmtheorie kann man beispielsweise entnehmen, dass es Spaß macht, wenn der Zuschauer Bezüge innerhalb eines Films versteht und Zusammenhänge erkennt. Das wird vor allem bei der Technik „Platzieren und Ernten" deutlich. Zunächst wird eine Information an irgendeiner Stelle im Film beiläufig gegeben und später wird die Bedeutung dieser Information erst wichtig. Der Zuschauer wird dadurch stärker mit in die Geschichte einbezogen. Je größer der zeitliche Abstand zwischen dem Platzieren und dem Ernten ist, d.h. umso komplexer der Zusammenhang wird, desto wirkungsvoller wird die Technik.[26] Ähnlich ist es auch in Veranstaltungen der Erwachsenenbildung. Es macht den Teilnehmern Spaß, wenn Zusammenhänge zwischen verschiedenen bisherigen Erkenntnissen gefunden werden.

2 Themen erscheinen unlösbar

Typische Themen sozialethischer Veranstaltungen der Erwachsenenbildung sind Klimawandel, Friedenssicherung, Finanzkrise, Armut und Unterentwicklung, Fair Trade, Globalisierung, Arbeiterschutz, fehlende Kindergartenplätze etc. Diese Themen zeichnen sich durch langfristig hohe Aktualität aus und bewegen viele der potentiellen Teilnehmer auf sachlicher und emotionaler Ebene. Dennoch sind Veranstaltungen zu diesen

[26] Thomas Bohrmann, Die Dramaturgie des populären Films, in: Thomas Bohrmann – Werner Veith – Stephan Zöller (Hg.), Handbuch Theologie und Populärer Film, Bd. 1, Paderborn 2007, 35.

Fragen mit vielfältigen Motivationsproblemen bei der Teilnehmergewinnung verbunden.

Zum einen ergeben sich aus der Behandlung dieser Themen meist mehr Fragen als Antworten. Das hängt mit der dargestellten Komplexität sozialethischer Fragestellungen zusammen, hat jedoch auch damit zu tun, dass das fachliche Grundwissen der disziplinübergreifenden Problemstellungen nicht in ausreichendem Maße vorhanden ist. Erwachsenenbildung ist dadurch gekennzeichnet, dass die Teilnehmer meist ein sehr unterschiedliches fachliches Wissensniveau haben. Was dem Einen als Grundwissen erscheint, haben andere noch nie gehört. Nicht selten sind Dozenten damit überfordert, ein sprachliches Niveau zu finden, das für alle Teilnehmer angemessen ist. Das schlägt sich auf die Motivation der Teilnehmer nieder. Es befriedigt weder nur bereits Bekanntes in der Bildungsveranstaltung zu hören, noch mit mehr Fragen als Antworten nach Hause zu gehen. So erscheinen dem Einen bestimmte Themen kaum lösbar, weil die Bildungsveranstaltungen kaum Wissenszuwachs generieren, dem Anderen, weil die Zusammenhänge schlichtweg nicht verstanden wurden.

Diese didaktische Herausforderung, die sich auch in vielen anderen Feldern der Erwachsenenbildung stellt, ist aufgrund der in der ersten These herausgearbeiteten Komplexität der Sozialethik als Fach, einschließlich der Notwendigkeit interdisziplinärer methodischer Ansätze, für sozialethische Themen besonders groß. Teils sehr lange zeitliche Wirkungszusammenhänge und Probleme mit globaler Ausdehnung stellen eine besondere Herausforderung an Dozenten und Teilnehmer dar.

Des Weiteren erscheinen sozialethische Probleme Einzelnen nicht selten als unlösbar, da das eigene Handeln wie „ein Tropfen auf dem heißen Stein“ erlebt wird. Daraus kann schnell ein Gefühl der Hilflosigkeit zur Lösung der behandelten Themen mit einhergehen. Die Lösung sozialethischer Probleme ist der persönlichen Gestaltbarkeit in gewissem Maße entzogen.

Hinzu kommt vor allem bei Umweltthemen eine Kluft zwischen Umweltbewusstsein und Umweltverhalten. Udo Kuckartz stellt in seiner Studie „Umweltbewußtsein und Umweltverhalten[27]“ fest, dass zwischen beidem kein direkter Zusammenhang besteht. Das heißt, aus großem Umweltwissen folgt nicht zwangsläufig entsprechendes Umweltverhalten. Andererseits ist umweltbewusstes Verhalten auch bei Personen erkennbar, die

[27] Udo Kuckartz, Umweltbewußtsein und Umweltverhalten, Heidelberg 1998.

über kein großes Umweltwissen verfügen. Kuckartz führt zur Erklärung dieser Kluft vier Ansätze an: Erstens führen Kosten-Nutzen Rechnungen von Individuen nach der ökonomischen Verhaltenstheorie dazu, dass befürchtete Restriktionen umweltfreundliches Verhalten häufig behindern. Zweitens kann das Umweltverhalten in einem soziologischen Erklärungsmodell als Lebensstil betrachtet werden. Ein Lebensstil erwächst selbstverständlich nicht nur aus Umweltwissen und wird folglich nicht so einfach umgestellt. Der dritte Erklärungsansatz stammt aus der Wohlbefindlichkeitsforschung, nach der umweltbewusstes Verhalten (z.B. mit dem Fahrrad zur Arbeit zu fahren) in vielen Fällen unbequemer ist als anderes Verhalten (z.B. mit dem Auto zu fahren). Ein viertes Erklärungsmodell führt ein Dilemma zwischen Egoismus und Gemeinschaft an, das auch als „Schmarotzer-Dilemma"[28] bezeichnet werden kann.

Auf Grundlage der Annahme, dass umweltbewusstes Verhalten einem ganzen Kollektiv zu Gute kommt, profitiert ein Einzelner auch vom umweltbewussten Verhalten anderer, obwohl er sich selbst daran nicht beteiligt. Umgekehrt ist eine Verhaltensänderung eines Einzelnen mit einem Mehraufwand verbunden, von dem jedoch nicht nur er selbst, sondern auch viele andere profitieren. Ein Handlungsanreiz entsteht für einen Einzelnen also nur, wenn dieser darauf vertrauen kann, dass sich auch die anderen an dem gemeinschaftsorientiertem Handeln beteiligen.[29]

Anhand dieser aufgezeigten Kluft zwischen Umweltbewusstsein und Umweltwissen kann davon ausgegangen werden, dass auch Teilnehmer der Erwachsenenbildung in vielen Fällen ihr Verhalten nicht direkt anhand des in der Bildungsveranstaltung gewonnenen Wissens verändern werden. Wenn darüber hinaus angenommen wird, dass das Wissen um die Notwendigkeit einer Verhaltensänderung bei Nichtanpassung zumindest zu einem schlechten Gewissen führt, können sozialethische Themen in vielen Fällen als unbequeme Themen für die Teilnehmer gewertet werden. Da die von kirchlichen Bildungswerken angebotenen Erwachsenenbildungsveranstaltungen in der Freizeit der potentiellen Teilnehmer stattfinden, ist verständlich, dass viele lieber in Veranstaltungen zu angenehmen als zu unbequemen Themen gehen.

---

[28] Gudrun Spahn-Skrotzki, Bildung zur Verantwortung gegenüber dem Leben. Fächerübergreifender Unterricht als Weg zu verantwortlichem Handeln im ökologischen und bioethischen Kontext, Bad Heilbrunn 2010, 50.

[29] Vgl. Kuckartz, Umweltbewußtsein und Umweltverhalten, 1–4; Spahn-Skrotzki, Bildung zur Verantwortung, 49–51.

Zusammenfassend kann festgehalten werden, dass die Teilnehmergewinnung zu sozialethischen Bildungsveranstaltungen mit besonderen didaktischen, disziplintypischen und motivationalen Herausforderungen verbunden ist.

Herausforderung und Chance für die katholische Erwachsenenbildung

Die dargestellten didaktischen und disziplintypischen Herausforderungen sind für sich genommen nichts Neues. Das unterschiedliche Wissensniveau ist mehr oder minder die Normalsituation in der offenen Erwachsenenbildung. Ebenso ist die Entzogenheit gesellschaftlicher Probleme vom individuellen Handeln sogar ein Definitionskriterium der Sozialethik. Beide Disziplinen haben jedoch Methoden entwickelt, um damit umzugehen.

Bei der Behandlung sozialethischer Themen in der Erwachsenenbildung müssen also beide disziplinären Herausforderungen und deren Bewältigungsmethoden beachtet und aufeinander bezogen werden.

In Gruppen mit stark divergierendem Wissensniveau eignen sich zum Beispiel Gruppenarbeiten, die einem Ansatz folgen, der davon ausgeht, dass innerhalb der Gruppe bereits ein hohes Wissensniveau zum Thema vorhanden ist und dieses in der Gruppe gemeinsam aktiviert wird. Das ist interessant für die Gruppenmitglieder, die bereits viel wissen, weil sie ihr Wissen weitergeben können und auf neue Bezüge anwenden lernen. Gruppenmitglieder, die noch nicht tief im Thema sind, können ihre intuitiven Gedanken und Bezüge miteinbringen und werden an dem Kenntnisstand abgeholt, an dem sie sich befinden. In Einzelveranstaltungen eignet sich diese Methode nur bedingt, da aufgrund zeitlicher Knappheit nur Ausschnitte des Themas in Gruppen erarbeitet werden können. Für Vortragsreihen und Wochenendseminare ist diese Methode jedoch sehr sinnvoll und bringt willkommene Abwechslung zur häufig durch Vorträge geprägten Methodik.

Die Hilflosigkeit Einzelner bei der Bewältigung der ihrem individuellen Gestaltungsspielraum entzogenen sozialethischen Probleme muss in jedem Fall ernst genommen werden. In Einzelveranstaltungen können Initiativen und Gruppen in der jeweiligen Region vorgestellt werden, denen sich besonders engagierte Teilnehmer theoretisch anschließen könnten. Ebenso kann aufgezeigt werden, wie zum Beispiel im Haushalt Energie eingespart werden kann oder durch eine funktionierende Nachbarschaftshilfe sozialen Herausforderungen begegnet werden kann. Bei Bildungswochenenden von Pfarreien herrscht häufig ein stärkeres Zusammengehörigkeitsgefühl der Teilnehmergruppe. Das bringt gerade bei sozialethischen Fragen motivationale Vorteile mit sich. Zudem hat die Pfarrgemeinde als gesellschaftlicher Akteur und durch verfügbare Finanzmittel der Gemeinde einen größeren Handlungsspielraum. Um auf das Beispiel des Klimawandels zurückzukommen, können in Bildungsveranstaltungen deshalb auch Themen wie eine gemeinsame Photovoltaikanlage auf einem Gemeindegebäude angesprochen und diskutiert werden. Viele weitere Projektvorschläge, wie eine Kinderkrippe in der Pfarrgemeinde, eine Erhöhung der Kindergartenplätze etc. sind ebenso denkbar. Im besten Fall kann ein Bildungswochenende zu einem sozialethischen Thema zur Realisierung eines solchen Vorhabens führen. Die Kirche ist nicht nur als Weltkirche, sondern auch schon auf Pfarreiebene ein gesellschaftlicher Akteur, dessen Kompetenzen die der einzelnen Pfarreimitglieder übersteigt. Die Betonung dieses Gestaltungsspielraums der Pfarrei in Veranstaltungen der Erwachsenenbildung ist ein Mittel, um zum Engagement in der Gemeinschaft zu motivieren. Die Hilflosigkeit des Einzelnen bei der Gestaltung sozialen Zusammenlebens wird dadurch gemindert.

Schließlich ist festzustellen, dass die Beschäftigung mit sozialethischen Problemen letztlich immer auf Veränderungen zielt und zum Aktivwerden motivieren möchte. Das angesprochene „schlechte Gewissen" bei Nichtanpassung des Verhaltens an das Wissen holt diese Erkenntnis auf individueller Ebene ein. Stößt ein sozialethisches Thema in einer Gemeinde auf so starkes Interesse, dass ein Projekt oder eine Aktion der Gemeinde ernsthaft in Erwägung gezogen wird, werden Erwachsenenbildungsveranstaltungen zu diesem Thema umso gefragter und wichtiger.

3 Aktualität als Problem der Bildungsorganisation

Sozialethische Fragestellungen unterscheiden sich stark in der „Haltbarkeit" des gesellschaftlichen Interesses. Während Themen, wie die im vorausgehenden Gliederungspunkt angesprochenen, in absehbarer Zeit nicht an Aktualität verlieren werden, erregen Themen wie der Reaktorunfall in Fukushima oder die Auswirkungen einer Naturkatastrophe nur kurzfristig das Interesse der potentiellen Teilnehmer. Ähnlich wie in der Presse interessieren sich sehr viele für das Thema, solange es top-aktuell ist, einige Wochen später jedoch sind diese Themen von anderen abgelöst.

Die kurzlebig-aktuellen Themen bilden eine besondere Herausforderung für die Bildungsorganisation. Programmhefte werden häufig im Halbjahresrhythmus erstellt. Darüber hinaus müssen Dozenten gewonnen und Veranstaltungsräume belegt werden und es muss eine bestimmte Zeitspanne für die Öffentlichkeitsarbeit und Veranstaltungswerbung eingerechnet werden. Mit jedem durch die Organisation vergangenen Tag verliert das Thema unter Umständen jedoch an öffentlichem Interesse.

Herausforderung und Chance für die katholische Erwachsenenbildung

Die sozialethische Erwachsenenbildung sollte sich nicht nur auf langlebig-aktuelle Themen beschränken, sondern muss auch einen Modus finden, kurzzeitig-aktuelle Themen schnell auf die Tagesordnung zu bringen. Es ist davon auszugehen, dass sich sozialethisch-interessierte Erwachsene bereits in vielfältiger Weise mit langfristig aktuellen Themen, wie dem Klimawandel auseinandergesetzt haben. Die Motivation zum Besuch einer Veranstaltung in der Erwachsenenbildung entsteht verständlicherweise nur noch dann, wenn ein besonders interessanter Teilaspekt behandelt wird oder ein bekannter Gesprächspartner als Dozent angekündigt wird.

Die Kurzlebigkeit anderer sozialethischer Themen stellt im Gegensatz dazu zwar eine größere organisatorische Herausforderung dar, profitiert aber vom hohen Interesse der potentiellen Teilnehmer. Ereignisse wie der Reaktorunfall in Fukushima oder kirchenpolitische Skandale stoßen auf höchstes gesellschaftliches Interesse. Für eine kurze Zeit sind alle Medien voll von diesen Themen. Interessierte können sich quasi unbegrenzt in Zeitungen oder im Internet informieren. Die Medien können jedoch das Bedürfnis der Interessierten zum Gespräch, zum Nachfragen und zum Ausdruck persönlicher Betroffenheit nur sehr oberflächlich bedienen.

Diese Funktionen kann die Erwachsenenbildung dagegen in Einzelveranstaltungen hervorragend erfüllen. Es geht den Teilnehmern von Bildungsveranstaltungen zu einem höchst-aktuellen Thema meist gar nicht primär um ausgewiesene Experten als Referenten oder perfekt organisierte Rahmenbedingungen der Veranstaltung, sondern darum, eine Plattform zu finden, in der fachkundig über die Hintergründe der aktuellen Ereignisse berichtet wird und vor allem Raum zum Austausch mit ähnlich Betroffenen und Denkenden bereitgestellt wird.

Wie die Reaktionsgeschwindigkeit von Bildungswerken auf top-aktuelle Themen erhöht werden kann, hängt stark von den jeweiligen Voraussetzungen ab. Optimal wäre ein sozialethisches Forum, das sich regelmäßig zu festgelegten Terminen trifft und in dem jeweils ein aktuelles Thema behandelt werden kann. Das hat große organisatorische Vorteile, funktioniert aber nur, wenn es eine bereits vorhandene Gruppe an Teilnehmern gibt, die sich für dieses Forum interessieren. Wenn dies nicht der Fall ist, führt kein Weg daran vorbei, über Email-Verteiler, Radioankündigungen, Veranstaltungshinweise in Zeitungen und vor allem persönliche Mund-zu-Mund-Kommunikation auf die geplante Bildungsveranstaltung aufmerksam zu machen. Für die Referentensuche kann der Grundsatz empfohlen werden, dass die zeitliche Nähe zum Ereignis und die Schaffung einer Austauschplattform für die Teilnehmer wichtiger sind als die Hochkarätigkeit des Referenten.

4 Das Spezifische katholischer Bildungswerke

Innerhalb der katholischen Erwachsenenbildung haben mehrere verschiedene Träger seit vielen Jahrzehnten sozialethische Themen ins Zentrum ihrer Bildungsarbeit gestellt. Hier sind eine Reihe von Sozialverbänden, vor allem die KAB, Sozialinstitute und in besonderem Maße die Sozialen Seminare zu nennen. Letztere entstanden nach dem Zweiten Weltkrieg in mehreren deutschen Großstädten (z.B. in Aachen, Köln, Münster oder München) und machten sich die Vermittlung der Katholischen Soziallehre sowie die Weiterbildung der Arbeiter in betriebswirtschaftlichen Fragen zur Aufgabe.[30] In den flächendeckenden Einrichtungen der kirchlichen Erwachsenenbildung, die sich seit den sechziger Jahren auf Kreis-, Landes- und Bundesebene organisiert hat, war das Interesse an der Durchdringung sozialer und politischer Themen mit Hilfe der katholischen Soziallehre weniger stark ausgeprägt.[31]

[30] Das Soziale Seminar in München beispielweise wurde 1945 von dem Jesuiten Franz Xaver Prinz SJ gegründet. Der erste Kurs beschäftigte sich mit dem Arbeitsrecht von Arbeitnehmern. Johannes Beck SJ, der die Leitung des Sozialen Seminars München ab 1967 übernahm, fasste die vielfältigen Kurse zum Gesamtkonzept „praktischer Betriebswirt“ zusammen. Die Industrie- und Handelskammer für München und Oberbayern erkannte diesen Titel als Vorbereitung auf die Prüfung zum Industrie- und Handelswachwirt der IHK an. Die Teilnehmerzahl des Sozialen Seminars entwickelte sich exponentiell. Der Jahresbericht von 1990 erwähnt 3700 Teilnehmer in diesem Jahr. Nach verschiedenen Schwierigkeiten verlor das Soziale Seminar schließlich seinen eigenständigen Status als eingetragener Verein und wurde 1997 dem Münchner Bildungswerk zugeordnet. Bis heute finden in diesem Rahmen noch Vorlesungsreihen zu den Themen Sozialethik, Religionswissenschaften, Geschichte und Politik, Psychologie und Logotherapie statt.

[31] Vgl. Bernhard Sutor, Katholische Soziallehre in Schule und Erwachsenenbildung, in: Anton Rauscher (Hg.), Katholische Soziallehre im politischen und gesellschaftlichen Prozess, Köln 1990, 54–55.

Katholische Bildungswerken, die sozialethische Themen stärker in ihr Profil mit aufnehmen möchten und nicht auf eine gewachsene Tradition in diesem Themenbereich aufbauen können, finden sich in einer Struktur wieder, in der viele sozialethische Themenbereiche nicht nur durch andere kirchliche Einrichtungen, sondern auch durch säkulare Bildungsanbieter besetzt sind. Gewerkschaftliche Bildungswerke, Hilfswerke, EineWeltHäuser und viele weitere Einrichtungen haben gute Konzepte und sprechen Interessierte durch gewachsene Strukturen und authentische Interessenslagen an. Bildungswerke auf Diözesanebene, die sowohl zentral als auch in Pfarrgemeinden Erwachsenenbildung anbieten, müssen sich also zunächst fragen, ob ihr Engagement für sozialethische Fragen überhaupt notwendig ist.

Herausforderung und Chance für die katholische Erwachsenenbildung

Beachtet man den Bildungsauftrag, ist die Antwort eindeutig „ja“: Viele dieser Bildungswerke haben sich nämlich vereinsrechtlich konstituiert und zeichnen sich ebenso durch ihre Anbindung an die Kirche aus. Häufig finanzieren sie sich durch eine Kombination aus kirchlichen und öffentlichen Zuschüssen sowie durch Eigenmittel. Insofern haben sie eine Doppelstruktur, aus der ihnen eine spezifische Verantwortung erwächst:

> „Als öffentlich anerkannte Träger von Bildungsarbeit verortet sich katholische Erwachsenenbildung an der Schnittstelle von Kirche und Gesellschaft und erhält auch von daher den Auftrag zur gesellschaftlichen Mitgestaltung durch Bildungsarbeit und Bildungsangebote.“[32]

Um dieser Verantwortung gerecht zu werden, können Katholische Bildungswerke auf Diözesanebene, die nicht auf eine lange Tradition sozialethischer Themenbehandlung bauen können, zwei Strategien verfolgen: erstens eine Konzentration auf die eigenen genuinen Kompetenzen und zweitens eine Orientierung an den strukturellen Voraussetzungen des Bildungswerks. Beide Optionen haben die Stärke, dass sie nicht in eine Konkurrenzsituation mit Bildungsanbietern, die erfolgreich und seit langem ein sozialethisches Profil haben, treten, sondern das Angebot erweitern und bereichern.

Die genuine Kompetenz katholischer Erwachsenenbildung liegt sicher in der theologischen und kulturellen Fundierung gesellschaftlicher Fragen. Am Beispiel von Umwelt- und Klimafragen kann dieses in Vertiefungen

---

[32] Bergold, Die Kirche und ihre Bildungsarbeit mit Erwachsenen, 574.

in der Schöpfungstheologie, einem anthropologischem Grundverständnis[33], kulturellen Voraussetzungen und philosophisch-umweltethischen Denkmustern (Anthropozentrismus, Pathozentrik, Biozentrik oder Physiozentrik) weiterentwickelt werden. Diese Zugangsweise ist für die Erwachsenenbildung ähnlich interessant wie natur- oder gesellschaftspolitische Zugänge. Durch die Fokussierung auf theologische und kulturelle Fundierungen können sich katholische Bildungswerke ohne starke sozialethische Tradition ein individuelles Profil erarbeiten. Dadurch werden sie auch zu attraktiven Kooperationspartnern für gemeinsame Bildungsveranstaltungen mit anderen Bildungseinrichtungen und können ihre jeweiligen genuinen Kompetenzen voll zum Tragen bringen. Nicht durch Konkurrenz auf dem Bildungsmarkt, sondern

> „in je spezifischer Weise und durch Kooperationen, die der Verwirklichung des Menschenrechts auf Bildung dienen, [sollen schließlich alle Anbieter von Erwachsenenbildung, S.K.] dazu beitragen, die materiellen und institutionellen Voraussetzungen für eine person- und zeitgerechte Bildung zu schaffen und die Qualität der Angebote zu sichern."[34]

Regionale katholische Bildungswerke zeichnen sich häufig nicht nur durch ein zentrales-städtisches Bildungsangebot aus, sondern dienen auch der Vernetzung der Erwachsenenbildung in den Pfarreien bzw. Dekanaten. Dezentrale Veranstaltungen der Erwachsenenbildung erreichen durch ihre Kirchennähe unter anderem auch ein bildungsferneres Publikum, das von zentralen Bildungsveranstaltern nicht angesprochen wird. Andererseits sind die Bildungsbeauftragten in den Pfarreien nicht selten durch die Komplexität sozialethischer Themen überfordert. Deshalb ist die Unterstützung durch Fachreferenten des zentralen katholischen Bildungswerks zu solchen Themen und Veranstaltungen besonders wichtig.

5 Fazit

In diesem Artikel wurden mit Bezug auf ihre Relevanz innerhalb der katholischen Erwachsenenbildung die Grundlagen des Fachs Christliche Sozialethik vorgestellt. Im Kontext der praktischen Anwendbarkeit in Veranstaltungen der Erwachsenenbildung wurde in vier Thesen erläutert, weshalb die Teilnehmergewinnung zu sozialethischen Themen mit be-

[33] Vgl. Korff, Sozialethik, 333.

[34] Marianne Heimbach-Steins, Bildungsgerechtigkeit – die soziale Frage der Gegenwart. Eine Skizze, in: Dies. – Gerhard Kruip – Axel Bernd Kunze (Hg.), Bildungsgerechtigkeit – interdisziplinäre Perspektiven, Bielefeld 2009, 13–25, hier 16.

sonderen Herausforderungen verbunden ist. Auf der Grundlage von Erfahrungen im Münchner Bildungswerk mit sozialethischer Erwachsenenbildung wurden Handlungsvorschläge zur Bewältigung der genannten Herausforderungen dargestellt. Diese können folgendermaßen zusammengefasst werden.

Vom Bildungswerk zentral veranstaltete Einzelveranstaltungen eignen sich nur sehr bedingt zur Behandlung sozialethischer Themen. Sie sind durch die begrenzte Veranstaltungsdauer, sowie eine stark differente und häufig untereinander unbekannte Teilnehmergruppe geprägt. Dies verhindert in vielen Fällen eine fundierte Behandlung der Themen, die auch eine Reflexion der begrifflichen Grundlagen miteinschließt, und Prozesse, die aus einer Gruppenzusammengehörigkeit entstehen. Bei dezentralen Einzelveranstaltungen in Pfarreien kann zwar davon ausgegangen werden, dass ein Großteil der Teilnehmer untereinander bekannt ist, jedoch reicht der Rahmen einer einmaligen Abendveranstaltung in den meisten Fällen auch nicht dazu aus, dass die Teilnehmergruppe wirklich zusammenwächst.

Aus diesen Gründen muss in Einzelveranstaltungen der Erwachsenenbildung auf Elementarisierungen der Grundlagen der Sozialethik, vor allem durch die Sozialprinzipien, gesetzt werden. Da Einzelveranstaltungen einfacher zu organisieren sind als Veranstaltungsreihen oder Bildungswochenenden, eignen sie sich besonders dazu, eine hohe Aktualität sozialpolitischer Ereignisse in sozialethischen Bildungsveranstaltungen zu gewährleisten. Diese sollten nämlich sehr zeitnah behandelt werden, um den Teilnehmern in der Bildungsveranstaltung nicht nur die Möglichkeit zu geben, mehr über das Thema zu erfahren, sondern auch, um ihnen eine Diskussionsplattform zum Ausdruck der eigenen Betroffenheit zu eröffnen.

Mehrteilige Reihen zentraler oder dezentraler Erwachsenenbildung eignen sich in vielen Punkten weitaus besser zur Behandlung sozialethischer Themen. Aufgrund der höheren zeitlichen Ressource können aktuelle Themen in größere Zusammenhängen verortet werden. Ebenso können die geschichtlichen, sozialpolitischen und theologischen Hintergründe der Sozialprinzipien erarbeitet werden. Da sich die Teilnehmer öfter sehen und sich durch Gruppenarbeiten kennen lernen, können sozialethische Fragen, die immer der unmittelbaren Gestaltbarkeit durch den Einzelnen entzogen sind, im Sinne einer Gruppensolidarität andiskutiert werden.

Optimal für sozialethische Themen eignen sich jedoch Bildungswochenenden einer gewachsenen und in sich bekannten Gruppe, wie etwa Einkehrtage eines Pfarrgemeinderats oder ein Bildungswochenende einer Nachbarschaftshilfegruppe. Die zusammengewachsene Gruppe kann direkt ihre Aktivitäten mitgestalten. Dadurch eröffnet sich ein Spielraum für gemeinschaftlich-soziales Handeln. Für den Einzelnen auf den ersten Blick unlösbar erscheinende sozialethische Probleme können in der Bildungsveranstaltung so bearbeitet werden, dass eine Gruppenaktivität dadurch initiiert werden könnte. Die Dozenten sollten deshalb stets betonen, dass Initiativgruppen in Pfarreien, Pfarreien an sich und Dekanate gesellschaftliche Akteure sind und das Sozialwesen ihrer Umgebung mitprägen. Die Forcierung sozialethischer Themen, bzw. eine sozialethische Offensive in der katholischen Erwachsenenbildung stellt nicht nur eine aus ihrem gesellschaftlichen Auftrag resultierende Verantwortung der Bildungsträger dar, sondern kann trotz spezifischer Herausforderungen durch eine besonnene Planung und auf die jeweiligen Verhältnisse abgestimmte Organisation auch erfolgreich durchgeführt werden.

Die Kunst, sich in Gott einzulesen ...

Die Bibel in der Erwachsenenbildung: Herausforderungen – Methoden – Ausblicke

Robert Mucha

„Im Anfang war das Wort“ – der christologische Anfangssatz des Johannesevangeliums lässt sich ohne weiteres auch auf die Situation des frühen Christentums übertragen: Im Anfang der Kirche waren die *Schriften*. Die Texte gehen als Ur-Kunden mit dem Christentum durch die Zeit und verweisen Gläubige immer wieder auf den ‚Zauber des Anfangs‘.

In der Erwachsenenbildung nimmt die Bibel als solch eine ‚Ur-Kunde des Glaubens‘ einen besonderen Platz ein[1] und die Beschäftigung mit ihr ist gerade in der Erwachsenenbildung immer auch einem Wandel unterzogen: Methoden, Herangehensweisen, Sichtweisen ändern sich; mal ist ein größeres, mal ein eher geringes Interesse an biblischen Themen zu erkennen.

Allgemein steht die Frage im Raum, wie man mit der Bibel in der Erwachsenenbildung arbeiten soll: Wo liegen Schwierigkeiten? Wo gibt es Chancen?

Diesen Fragen widmet sich der vorliegende Beitrag. Nach einer Untersuchung, welchen Herausforderungen und Aufgaben biblische Erwachsenenbildung heute begegnet, sollen verschiedene Formen und Methoden der Arbeit mit der Bibel dargestellt und bewertet werden. Abschließend wird ein Blick auf die Frage geworfen, in welche Richtung sich biblische Erwachsenbildung entwickeln könnte.

1 Die Bibel in der Geschichte katholischer Erwachsenenbildung

Zu Beginn steht eine grundlegende Frage: Vor was für Herausforderungen steht die Bibelarbeit mit Erwachsenen heute? Es werden Problematisierungsgrade erkennbar, die Teilnehmende und Lehrende gleichermaßen

[1] Dillmann spricht etwa von einem „differenzierten“ Angebot und einem „festen Platz“ in den Bildungsprogrammen; Vgl. Rainer Dillmann, Aus den Wurzeln leben. Die Bibel in der Erwachsenenbildung, in: Rudolf Englert – Stephan Leimgruber (Hg.), Erwachsenenbildung stellt sich religiöser Pluralität (RPG 6), Gütersloh – Freiburg 2005, 272–278, hier 272; Euphorischer sprechen Lück und Schweitzer von einer „Renaissance der Bibelarbeit mit Erwachsenen“ im Laufe der letzten Jahrzehnte; Vgl. Wolfgang Lück – Friedrich Schweitzer, Religiöse Bildung Erwachsener. Grundlagen und Impulse für die Praxis, Stuttgart 1999, 160.

dazu verleiten können, von einer kognitiven Beschäftigung abzuweichen. Dagegen wird an dieser Stelle für eine Verbindung von wissenschaftlicher und erfahrungsbezogener Arbeit mit den alt- und neutestamentlichen Texten plädiert.

1.1 Moderne Bibelauslegung und Erwachsenenbildung – drei Herausforderungen

Die Arbeit mit der Bibel im Erwachsenenbildungsbereich[2] ist vornehmlich ein Vermächtnis der durch die protestantische Theologie aufkeimenden Frage nach dem historischen und sozialgeschichtlichen Hintergrund der biblischen Texte. Methoden wie Textkritik (Suche nach dem ursprünglichen Textgut), Literarkritik (Suche nach Vorformen des Texts bzw. Quellen) oder Formkritik (Auslegungsweise gemäß der literarischen Form der Texte – Brief, Erzählung, Psalm etc.) haben das Schriftverständnis nachhaltig geprägt und wurden im Laufe der Zeit bald auch im katholischen Bereich gepflegt und perfektioniert. Die lehramtliche Autorität würdigte die Auslegung der Heiligen Schriften in ihrem Methodenspektrum seit Ende des 19. Jahrhunderts intensiver denn je: Schriften wie *Providentissimus Deus* (Leo XIII. 1893), *Divino afflante Spiritu* (Pius XII. 1943) und *Die Interpretation der Bibel in der Kirche* (Päpstliche Bibelkommission/Johannes Paul II. 1993) demonstrieren eine sich immer wieder aktualisierende Entwicklung der Kirche beim Thema Bibelauslegung – und das trotz erheblicher anfänglicher Widerstände. Bibelauslegung ist nicht nur Vorarbeit zur Dogmatik, sondern berührt in ihrem Wesen gleichberechtigt zur mündlichen (apostolischen und lehramtlichen) Überlieferung das innerste Wesen der Kirche, weshalb auch nur im Rahmen der Kirche (das bedeutet: unter der Führung des Geistes Gottes in der Gemeinschaft der Glaubenden) die Bibel in „verbindlicher" Weise ausgelegt werden kann, wie es das Zweite Vatikanische Konzil betont (vgl. DV 9–10).

> Ähnlich wie im Judentum, wo der Tora (schriftliche Weisung) traditionelle Auslegungen und Kommentierungen beigeordnet werden (mündliche Weisung), besteht auch im Christentum ein solch geteiltes Moment. Allein am Text zu ‚werkeln' ohne den kirchlichen Verkündigungskontext im Blick zu haben, belässt die Textauslegung auf dem Status einer literaturwissenschaftlichen Untersuchung.

---

[2] Zur Bibelarbeit im Bereich der Erwachsenenbildung siehe allgemein die Einordnung bei Stephan Leimgruber, Geschichtliche Vergewisserung. Kirchliche Erwachsenenbildung zwischen 18. und 21. Jahrhundert, in: Englert – Ders., Erwachsenenbildung, 47–66, hier 49f.

Volle Aussagekraft erreicht der Bibeltext dann, wenn er mit seiner zeitgeschichtlichen Bedeutung (historisch-kritische Methode) und seiner (dogmengeschichtlichen/kunsthistorischen/auch brauchtumsgeschichtlichen) Wirkungsgeschichte erkannt wird. Im Bibeltext wird die *Ur-Kunde* – das Vergangene – zur bleibenden Anfrage an das Jetzt und die Zukunft. Neben der wissenschaftlichen Auseinandersetzung durch die exegetische Forschung sind auch die spirituelle Dimension und vermeintlich unorthodoxe Auslegungsweisen mit zu bedenken.[3]

Kurzum: Die Kreativität und Polyphonie in der Auslegung der Bibel haben nicht nur ökumenische Dimensionen, sondern fördern auch das Grundverständnis der abendländischen Kultur, die aus diesen Quellen genährt wurde. Der Spruch des Hieronymus „Wer die Schrift nicht kennt, kennt Christus nicht" trifft vollkommen zu. Denn wer meint, *ein* Bild von und *ein* Bericht über Jesus würde die Person des Manns aus Nazareth vollkommen beschreiben, der unterliegt dem gleichen Irrtum wie der syrische Theologe Tatian, der eine Evangelienharmonie – eine Art Einheitsevangelium – formulieren wollte. Die Kirche lehnte dies ab mit der Begründung: Erst aus den *vielen* Sichtweisen ergibt sich *ein* Gesamtbild. Gerade die Polyphonie der Berichte über Jesus erlaubt es nicht, nur *eine* Deutung als die richtige zu sehen.

Dies verkompliziert aber die Auseinandersetzung: Es müsste so nicht nur der *Inhalt* der Schriften bekannt sein, und es genügt nicht allein die *Einordnung* in das geistesgeschichtliche Umfeld samt der Wirkungsgeschichte des Textes, sondern es müsste auch die vielstimmige und meinungsplurale *Auslegungspraxis* überblickt werden.

So tun sich drei enorme Herausforderungen für die kirchliche Erwachsenenbildung auf: die Vermittlung von *Inhalt*, *Einordnung* und *Auslegung* der Bibel. An jedem dieser drei Punkte versucht die katholische Erwachsenenbildung in unterschiedlicher Weise Hilfestellung zu geben.[4]

[3] Als Beispiel kann etwa die jüdische Auslegungspraxis angeführt werden. Entgegen allen Regeln der historisch-kritischen Methode ‚springen' jüdische Schrifterklärer für eine Auslegung durch die Schriften. In dieser absoluten Synchronie der Texte erarbeiten sie nach heuristischer Manier z.B. zunächst im Jonabuch, dann im Pentateuch und schließlich in den Psalmen eine motivische Auslegungskette zu seiner Zielthese. Eine solch kreative und obendrein noch theologisch fruchtbare Auslegung erlebt man selbst außerhalb der gängigen wissenschaftlichen Praxis selten woanders.

[4] Die Ziele biblischer Bildungsarbeit können unterschiedlich formuliert werden: Neben Teilnahmemotiven, die eher als allgemein einzustufen sind (etwa: Orientierung, persönliche Fragen, Lebenskrisen u.a. vgl. Lück – Schweitzer, Bildung, 18f), kann für die biblische Er-

Unter den drei Ansatzpunkten ist der erste der derzeit dringlichste: Das Wissen darüber, was überhaupt in der Bibel steht, ist sehr gering und bewegt sich auf der Basis weniger alt- und neutestamentlicher Erzählungen (meist Gleichnisse und Wundererzählungen oder aus Filmen ‚ersehener' Stoff). Selbst Studienanfänger der Theologie verfügen oft nur über ein rudimentäres Wissen, das sie sich in Schule und Katechese aneignen konnten. Ein selbstständiger Umgang mit der Schrift wird kaum erlernt oder angeregt.[5]

Trotz zahlreicher pädagogischer Hilfestellungen[6] gelingt es nur selten, dass in Familie oder Schule ein erfahrungsbezogenes Verhältnis mit den Heiligen Schriften entwickelt bzw. ‚antrainiert' wird. So bedarf es für die Erwachsenenbildung zuerst eines Fundaments: Die Bibel ist als Buch der Großtaten Gottes (im AT die Großtat des Exodus; im NT die Großtat in Form der Person Jesus von Nazareth) verständlich und nachvollziehbar einzuordnen, es sind Fragen zur Kanonentstehung zu klären, verschiedene Gattungen innerhalb der Schriften darzustellen oder Texte zu Gehör zu bringen (bzw. durch Filme ‚in Sicht'). Da ohne alttestamentliches Grundwissen das Neue Testament nicht zu verstehen ist, muss die Arbeit der Erwachsenenbildung sehr basal ansetzen und versuchen, die grundsätzlichen Inhalte und Grundgedanken adressatenspezifisch zu vermitteln. Dabei ist das Vorwissen der Arbeitsgruppe und/oder Zuhörerschaft grob einzuschätzen; denn je nach Vorwissen kann das über die Bibel Referierte entweder als bekannte Banalität oder als neue Information aufgenommen

wachsenenbildung eine Motivation zur Teilnahme in den Zielen begründet liegen, erstens einen ersten Einblick in biblische Texte zu erhalten, zweitens eine persönliche Auseinandersetzung mit den Texten zu wagen und Kenntnisse über die vielseitige Wirkungsgeschichte biblischer Motive in Kunst und Kultur zu erlangen; Vgl. dazu ebd. 160. Von Seite der Dozierenden aus kann das Bildungsziel nicht der Glaube der Teilnehmenden sein, da dieser nicht ‚gelehrt' werden kann (so auch ebd. 26). Auf Seiten der Teilnehmenden kann aber durchaus die subjektive Motivation einer Vertiefung des Glaubens durch den Vortrag oder Kurs im Hintergrund mitschwingen: In der Veranstaltung wird dann das ‚Handwerkszeug' erlernt, das dazu hilft, den Sprung in den Glauben zu wagen. Beachtenswert scheint auch die Problemanzeige, die Kropač für den schulischen Religionsunterricht entwickelt; Vgl. Ulrich Kropač, Biblisches Lernen, in: Georg Hilger – Stephan Leimgruber – Hans-Georg Ziebertz (Hg.), Religionsdidaktik. Ein Leitfaden für Studium, Ausbildung und Beruf, München [2]2003, 385–401, hier 385–387.

[5] Lück und Schweitzer sprechen von einer „gesteigerten Bedeutung", die der biblischen Erwachsenenbildung zukommt, da keine Sozialisierungsinstanz (weder Familie, noch Schule, noch Gemeinden oder Medien) – hinreichend reflektiert – mit biblischen Themen vertraut macht; Vgl. ebd., 159.

[6] Das Medium des biblischen Zeichentrickfilms oder anderer ‚neuerer' Medien für einen kindgerechten Erstzugang kann hier nicht näher besprochen werden.

werden. Meist ist es aber so, dass man gerade bei älteren Zuhörenden noch auf einen, wenn auch bisweilen unkonturiert scheinenden, inhaltlichen Grund vertrauen darf und Texte lediglich neu ins Gedächtnis rufen muss.[7]

Die Frage nach der *Einordnung* ist deshalb auch diejenige, die am häufigsten Anwendung zu finden scheint: Veranstaltungen, die das Verhältnis der Evangelien zueinander besprechen, die die ‚echten' Paulusbriefe von den pseudepigraphischen trennen oder auch eine Erklärung der Entstehung des Pentateuchs vorstellen, sind begehrt und werden von Zuhörenden dankbar aufgenommen. Der Grund für den Erfolg solcher Formate ist das *Ordnungswissen*, was durch sie vermittelt wird: Die Teilnehmenden erwerben die Kompetenz, den Hintergrund eines biblischen Texts besser zu verstehen und einordnen zu können.[8] Die Gefahr hierbei ist allerdings, dass man auf dem Status des reinen Quellenstudiums stehen bleibt und keine weitergehende Auseinandersetzung – etwa die nötige daran anknüpfende Auslegung – verfolgt. Es bleibt am Ende die Hoffnung, dass die dargestellten Hintergrundinformationen zu Welt und Umwelt der jüdisch-christlichen Schriften als Motivation zu einer vertieften Eigenlektüre dienen.

In der Erwachsenenbildung scheinen insgesamt weniger (fortgeschrittene) Arbeitsweisen der *Textauslegung* gewünscht zu sein, sondern vor allem einordnende Methoden und Themen. Die inhaltliche Grundlegung erfolgt notwendigerweise zuvor und wird nicht als eigenständiges Sujet, sondern als Vorarbeit zur Einordnung verstanden. Es zeigt sich auch, dass die Methodenvielfalt, wie sie das kirchliche Lehramt fördert, auch in der Erwachsenenbildung wertgeschätzt wird: Neben historisch-kritischen Methoden haben andere Auslegungsvarianten eine eigene Geltung.

[7] Daneben ist zusätzlich auf die unterschiedlichen religiösen Entwicklungsstadien der Teilnehmenden zu achten; Vgl. Brigitte Schäfer, Ein entwicklungsorientiertes, konstruktivistisches Konzept religiöser Erwachsenenbildung, in: Englert – Leimgruber, Erwachsenenbildung, 166–181, hier 167–171.

[8] Bibelarbeit bedeutet nicht nur ‚Verstehen' im Sinne von Informationen aufnehmen, sondern auch dialogisches Verstehen: Es findet keine Belehrung, sondern ein Aufzeigen diverser Ordnungs- und Auslegungsmöglichkeiten statt, mit denen die Teilnehmenden einen eher kommunikativen Aspekt des Bibellesens kennenlernen sollen; Vgl. Dillmann, Wurzeln, 276.

1.2 Zwischen ‚Erfahrung' und ‚Wissenschaft' – eine zusätzliche Herausforderung

Alles in allem wird ein kognitiver Zugang zu den Schriften von Seiten der Teilnehmenden vielfach favorisiert. Es ist aber auch zu beobachten, dass sich das Kursprogramm bisweilen an der Nachfrage nach spirituellen Erlebnisangeboten ausrichtet, die zunehmend ‚verkopfte' Themen verdrängen. Eine Einschätzung zu dieser Entwicklung ist schwer zu formulieren.[9] Das kognitive Moment sollte innerhalb der Erwachsenenbildung in jedem Fall einen zentralen Platz einnehmen – auch wenn Durststrecken zurückzulegen sind, in denen einige, auch biblische, Themen die Menschen scheinbar nicht ansprechen. Nur eine kognitiv anspruchsvolle Erwachsenenbildung kann Anfragen einer postmodernen Gesellschaft begegnen und Antworten etwa auf die Frage nach dem Wahrheitsgehalt der Offenbarung zurechtrücken.[10]

In diesem Zuge wird das Problem einer auch im kirchlichen Bereich stetig zunehmenden, nachfrageorientierten Programmplanung deutlich. Eine ‚Marktorientierung' der Erwachsenenbildung[11] steht in der Gefahr, zu oberflächlich christliche Kernthemen, immerhin das eigentliche Unterscheidungsmerkmal christlicher Bildungshäuser, zurückzudrängen – oft auf Kosten von erfahrungsorientierten Angeboten.[12] Solche Selbsterfahrungsangebote[13] sind wichtig – aber nicht ausschließlicher Kern kirchlicher Bildungsarbeit. Die inhaltlich durchaus breite Charakteristik christlicher Bildungsarbeit darf nicht verunklart werden oder als beliebig gelten.[14] Christlich-theologische Kernthemen, wozu auch bibeltheologische Kurse etc. gehören, sind auch ein wichtiger Bestandteil allgemeiner Bil-

---

[9] Vgl. Englert, Katechese, 91.

[10] Vgl. ebd., 92f.

[11] Eine prinzipielle Zuwendung zum ‚Markt' ist keinesfalls schlecht; Vgl. dazu die erhellende Einordnung von Kurz mit dem Postulat eines dynamisierten Kirchenverständnisses Alex Kurz, Zeitgemäß Kirche denken. Analysen und Reflexionen zu einer postmodernen kirchlichen Erwachsenenbildung (PTHe 86), Stuttgart 2007, 119f. Dennoch sollte die ‚Nachfrage' am Markt nicht dazu führen, dass Alleinstellungsmerkmale christlicher Bildungshäuser und Bildungswerke verloren gehen.

[12] Vgl. Gottfried Orth, Zur erwachsenenbildnerischen Bedeutung prophetischer Traditionen, in: Englert – Leimgruber, Erwachsenenbildung, 182–194, hier 182.

[13] Beschrieben etwa bei Lück – Schweitzer, Bildung, 20f.

[14] Ebd., 117: „Religiöse Bildung muß zweifellos wahrnehmen, wie die religiöse Lage gegenwärtig ist, welches die Hauptfragen sind. Sie muß subjektorientiert arbeiten. Sie sollte allerdings dann auch in jedem Fall, wenn sie in kirchlicher Trägerschaft geschieht, den Rückbezug auf die jüdisch-christliche Tradition vornehmen. Sie muß mit dem Erbe der Mütter und Väter im Glauben konfrontieren."

dung und eines ganzheitlichen Bildungsansatzes, dem sich nicht nur die Kirche verpflichtet fühlt.[15]

Von der Erwachsenenbildungsarbeit kann somit ein vornehmlich kognitiver Zugang erwartet werden, bei dem die Erwachsenenbildung teils korrigierend zu Pfarrseelsorge, teils ergänzend zu ihr, teils diese sogar ersetzend genutzt wird. Auch wenn sich die ‚Zuständigkeitsbereiche' von pfarrlicher Bibelarbeit und Erwachsenenbildung mitunter überschneiden[16], scheint es nötig zu sein darauf zu achten, dass in der Erwachsenenbildung Methoden mit spiritueller oder seelsorglicher Dimension einen geringen Platz im Programm einnehmen. Die Erwachsenenbildung sollte also – und das scheint eine weitere Herausforderung zu sein – dem kognitiven Aspekt der Arbeit mit der Bibel treu bleiben. Ein guter Weg scheint der didaktische Grundsatz, wissenschaftliches Denken mit alltagsweltlichen Erfahrungen und Fragen ins Gespräch zu bringen.[17] Weder reine (universitäre) Theologie noch ausschließliche Diskussion persönlicher Erfahrungen machen einen guten Kurs aus, sondern nur ein Zusammenspiel beider Antipoden.

Dazu kommt schließlich noch, wie bei allen Kursen, der stimmige kooperative Rahmen und offene Kontakt zu den Lehrenden: Dozierende müssen die Teilnehmenden in ihren Fragen ernst nehmen und sie entsprechend behutsam auf dem Weg zu einem rational verantwortbaren Glauben begleiten. Dazu ist auch das Angebot des über die Veranstaltung hinausgehenden Kontakts wertvoll, etwa durch die Mitteilung von geschäftlichen Kontaktdaten.

---

[15] Vor allem gegen ökonomistische Ansätze Bildung so zu denken, bei denen es darauf ankommt, dass das Erlernte anwendbar ist oder zumindest etwas ‚nützt'. Einer vermeintlich ‚nutzlosen Bildung' wird dann auch die Förderwürdigkeit entzogen; Vgl. dazu die Darstellung bei Englert, Katechese, 95f. Kirchliche Erwachsenenbildung hebt sich von Weiterbildung und anwendungsorientierter Bildung dagegen in der Weise ab, dass bei ihr ein umfassenderer Begriff von Bildung im Hintergrund steht; Vgl. Sigrid Nolda, Einführung in die Theorie der Erwachsenenbildung, Darmstadt [2]2012, 95f.

[16] Vgl. dazu Englert, Katechese, 85: „Was ihre Wirksamkeit in Kirche und Gemeinde hinein anbelangt, so hat die religiöse Erwachsenenbildung ein Zuständigkeitsproblem: Ihre Aktivitäten liegen im Schnittfeld pastoraler, katechetischer und bildnerischer Interessen, so dass es hier zu einer gewissen Überlagerung von Kompetenzbereichen, Initiativen und Angeboten kommt."; Gerade aber bei der Korrelation von Glaubens- und Lebenspraxis sind aber auch Verbindungspunkte zwischen Pastoral und Erwachsenenbildung festzustellen; Vgl. Dillmann, Wurzeln, 274.

[17] Vgl. Nolda, Einführung, 96–98.

2 Konkrete Formen der Bibelarbeit in der Erwachsenenbildung und ihr Nutzen

Auf welche Weise wird nun in der gegenwärtigen Erwachsenenbildung diesen vielfältigen Herausforderungen begegnet? Wie wird diesem kognitiven Aspekt Rechnung getragen? Es soll im Folgenden ein Blick auf die vielseitige Verwendung der Bibel in der Erwachsenenbildung geworfen werden und Chancen sowie Probleme der unterschiedlichen Vermittlungsformen diskutiert werden. Dabei stehen die in zahlreichen deutschen Bildungshäusern (katholisch, evangelisch, säkular) üblicherweise angebotenen Grundformen besonders im Mittelpunkt.

2.1 Der biblische Vortrag und die Bibel in theologischen Seminaren

Die wahrscheinlich gängigste Methode und der ‚klassische' Ort für eine Beschäftigung mit der Bibel in der Erwachsenenbildungsarbeit stellt der (Abend-)Vortrag zu einem biblischen Thema dar. Dieser findet entweder in einer zentralen kirchlichen Einrichtung, einer staatlichen Volkshochschule oder dezentral in Pfarrgemeinden statt.[18] Das Schema bei dieser Veranstaltungsart ist dabei stets gleich: auf einen circa einstündigen Vortrag folgt eine halbe Stunde Diskussion. Dieses klassische Muster wird in der Praxis variabel gefüllt: So reicht das methodische Spektrum von reinen Wortvorträgen über den Einsatz begleitender Materialien (OHP) bis hin zu ausgefeilten Präsentationen (PowerPoint, Prezi). Biblische Vorträge, die sich an dieser Struktur orientieren, sind meist thematisch oder überblicksartig (siehe dazu 2.4.). Ausführliche und bis ins Detail genaue Auslegungen sind in einem Vortrag nicht zu leisten und widersprechen auch teilweise dem oben genannten Zielwunsch der Teilnehmenden nach Inhaltsvermittlung und Einordnung in Forschungsdebatten. Einzelauslegungen, die intensiviert auf die Texte schauen, sind aber durchaus in Seminarlehrangeboten möglich. Konzepte wie ein Seniorenstudium oder ein ‚Studium generale', die einige Bildungshäuser anbieten, geben den Rahmen für derlei intensive Textarbeit.

Ein Problem dieser klassischen Methoden der biblischen Erwachsenenbildung ist augenfällig die Konzentration auf ein ‚Konsumieren' der In-

[18] Zur Einschätzung der Professionalität dezentraler Bildungseinrichtungen vgl. Englert, Katechese, 99.

halte durch die Teilnehmenden: Sie nehmen faktisch nur hörend, sehend und nachfragend an der Veranstaltung teil. Bei einem Seminar kommt zwar noch der Diskussionsaspekt hinzu, aber eine tiefergreifende (auch spiritualitätsgeschichtlich reflektierte) Beschäftigung mit den Texten vor dem Hintergrund der eigenen Biografie kann hierbei nicht erfolgen: Die Texte werden objektiv (und höchstens mit einer subjektiven Färbung vonseiten der auslegenden Referentinnen und Referenten) dargelegt.[19] Damit ist das Medium „Bibel" aber nur dem *Inhalt* nach zu den Zuhörenden vorgedrungen.

So schwer es für die in der Erwachsenenbildung Tätigen am Ende auch sein mag: Den Schritt, sich in die Texte selbst hineinzudenken und einzulesen, kann den Zuhörenden auch ein Kurs nicht abnehmen. Biblische Vorträge und Seminare können daher als ‚Appetitanreger' für die Lektüre oder Richtungsweiser durch ein bestimmtes Buch fungieren, nicht aber als Ersatz für die eigenständige Beheimatung in den Schriften. Die nüchterne Darstellungsweise eines Dozierenden darf aus diesem Grund bisweilen auch eher begeisternden Tönen weichen. Oft zeigt es sich, dass gerade hermeneutische Themen und einleitende Grundinformationen die Themenstellungen sind, die die Menschen benötigen, um einen Zugang zur Bibel zu finden. Einige Teilnehmende kommen mit der Klage „Ich habe versucht, die Bibel zu lesen – von Anfang bis Ende – es ging nicht!" Dieser naturgemäßen Unsicherheit mit den biblischen Büchern, die eher eine *Bibliothek* als ein *Buch* darstellen, können Vortragende kompetent begegnen und Hilfestellung für Bibelverständnis und -lektüre anbieten.

Um es in einem Bild zu sagen: Die biblische Erwachsenenbildung verfolgt durch Vorträge und Seminare nicht etwa den Bau eines glanzvollen großen Hauses, sondern planiert lediglich das Grundstück. Die eigentliche Arbeit ist – und das ist ein Grundsatz, der sich gut mit der christlichen Anthropologie zusammenbringen lässt –, ein Grundverständnis und einen Geschmack für die Texte und exegetischen Fragestellungen zu entwickeln und den Teilnehmenden Mittel an die Hand zu geben, alleine weiterzugehen.

Die Eigenverantwortung für theologische Bildung und Reflexion wird bisweilen auch schon im Theologiestudium zu niedrig angesetzt und ver-

[19] Vgl. Lück – Schweitzer, Bildung, 19: Sie halten als Nachteil fest, dass bei eher theologisch-wissenschaftlich orientierten Angeboten die Teilnehmenden selbst die Inhalte mit ihrem Leben korrelieren müssen.

dient neben diesen Hilfestellungen durch Experten (vgl. Apg 8,26–40) vor allem Zeit. Die intensive Beschäftigung und das Kennenlernen der biblischen Schriften braucht eigene Motivation, die über einmalige oder sporadisch stattfindende Treffen hinausgeht. Den Menschen etwas von dieser Grundmotivation mitzugeben und dadurch auch als Referent/-in persönlich davon zu zeugen, von welcher Freude man erfüllt ist, kann dieses Format in besonderer Weise leisten. Die Wagnisse sind offenkundig: So wie ein schlecht vorbereiteter Vortrag oder langweilender Vortragsstil die Menschen von der Thematik abschreckt, legt ein gut vorbereiteter und spannend präsentierter Vortrag die Grundlage zur weiteren Beschäftigung mit dem Thema. Einem Scheitern steht nicht ein Gelingen, sondern nur ein *mögliches* Gelingen entgegen.

Trotzdem ist dieses Wagnis unbedingt einzugehen. Es besteht nämlich die Möglichkeit, dass dann sogar Zuhörende zu Multiplikatoren werden und ihrerseits Freunde oder Verwandte zu biblischen Vorträgen oder gar pfarrlichen Angeboten mitnehmen. Die Chance auf dieser bald auch sehr persönlichen Ebene, die man mit treuen Teilnehmenden pflegt, den Glauben wieder oder sogar ganz neu aufblühen zu lassen, ist groß. So ist es nicht vorrangiges Ziel biblischer Erwachsenenbildung missionarisch zu agieren, sie leistet indirekt aber einen Beitrag zum verstehenden Erringen einer eigenen Glaubensidentität.

2.2 Die Bibel im Film

In der modernen biblischen Bildungsarbeit ist festzustellen, dass zu stark ‚textfixierte' Lernformen (Lehrbriefe, Traktate, Arbeitsbibeln etc.) kaum noch Verwendung finden[20] und neben den Quellentexten vielmehr die Nutzung visueller Medien im Zentrum der Bildungsarbeit steht, die einen Vortrag oder eine Quellendiskussion ergänzt.[21]

Bei der Verwendung von Filmen in der Erwachsenenbildung wird ein Medium konsultiert, das durch seinen universalen Charakter auch Ausdruck einer über die konfessionellen und religiösen Grenzen hinaus zie-

[20] Beispiele derartiger Materialien gibt es zuhauf. Als ein Beispiel unter vielen anderem Heinrich Dickerhoff, Biblische Lebenskunde. Mit Arbeitshilfen für Katechese und Erwachsenenbildung, Würzburg 1986.

[21] Hinsichtlich der Frage nach Religion im Film konstatiert Tiemann: „Die Kirche des Wortes gerät mit der zunehmenden Visualisierung der Wahrnehmung von Wirklichkeit in ein spannungsreiches Verhältnis zum Kino der Bilder." Manfred Tiemann, Bibel im Film. Ein Handbuch für Religionsunterricht, Gemeindearbeit und Erwachsenenbildung, Stuttgart 1995, 13.

lenden Sinnsuche-Religiosität ist.[22] Lehrende sollten sich dessen bewusst sein und sich die Frage stellen: Welche christlichen Spezifika sind in dem Film verarbeitet, die nicht nur einen religiösen Allgemeinplatz bieten? Und: Wie führe ich vom Medium des Films wieder zur biblischen Textkultur zurück?

Das Medium des Films eignet sich gerade im medialen 21. Jahrhundert als Anknüpfungspunkt für die Auseinandersetzung mit biblischen Themen.[23] Da Filme eine (eigene) Geschichte erzählen wollen, die aus der Warte eines (u.U. theologisch versierten) Regisseurs stammt, ist auch kritisch auf die Darstellungsweise[24] und den Erzählstrang zu schauen. Das Medium ‚Film' in der Erwachsenenbildung einzusetzen, bietet die Chance, neben theologischem Wissen auch Medienkompetenz einzuüben.[25] Es ist hierbei wichtig anzumerken, dass Bibelfilme oder Filme mit biblischen Motiven die Lektüre der Bezugstexte nicht ersetzen, wohl aber eine durch Lektüre geschulte Sichtweise *ergänzen* oder auch *erschüttern* können und neue Assoziationen zu Altbekanntem ermöglichen.

Ein Beispiel dafür ist wohl der Passionsfilm von Mel Gibson (The Passion of the Christ, 2004), der in ungeschönter Weise die Passion als tatsächlichen Kreuzweg in all seiner Grausamkeit dargestellt. Die Grausamkeit des Kreuzestodes wird oft ästhetisiert oder übergangen. Dies liegt unter anderem daran, dass die literarischen Darstellungen der Evangelien nicht ‚effekthascherisch' den Leidensweg Jesu beschreiben, sondern eher nüchtern und subtil die Grausamkeit vermitteln. Der Film ist dann ein Mittel, die Szenerie aus der ästhetischen Hülle zu befreien und den Vorgang möglichst real zu vergegenwärtigen.

Eine weitere Gefahr besteht in einer Verobjektivierung der Schriftinhalte[26]: So kann einer Mythisierung der Schrift dadurch Vorschub geleistet werden, wenn die wissenschaftliche Grundierung der Texte fehlt.

Als Beispiel sei hier das Kindheitsgeschichten-Diptychon (Vgl. Lk 1–2) genannt, das Johannes den Täufer und Jesus parallelisiert: Johannes als letzter Prophet des Alten Testaments' und Jesus als ‚erster und einziger Prophet des Neuen Testaments' (und in die-

---

[22] So vor allem Sonja Toepfer, Auf der Suche nach dem Sinn. Spielfilme und Erwachsenenbildung, in: Englert – Leimgruber, Erwachsenenbildung, 243–253, hier 246f. Das Medium des Films schafft die von Kurz beschriebene Dekonstruktion biblischer Texte und die Neu-Konstruktion der biblischen Inhalte in nicht-christlichen Texten und Medien; Vgl. dazu Kurz, Kirche, 217, 242–260.

[23] Neben biblischen Themen sind auch systematisch-theologische Auseinandersetzungen mit diesem Medium verbunden. Vgl. Thomas Bohrmann – Werner Veith – Stephan Zöller (Hg.), Handbuch Theologie und Populärer Film, 3 Bände, Paderborn 2007–2012); Vgl. auch Michael Schramm, Der unterhaltsame Gott. Theologie populärer Filme, Paderborn [2]2011.

[24] Eine Effekthascherei populärer Bibelfilme kritisiert etwa Tiemann, Bibel im Film, 11.

[25] Ebd., 10.

[26] Ebd., 14f.

ser Funktion ‚wahrer Gott') begegnen sich im Bild der Heimsuchung, das von Hymnen umrahmt wird (Elisabeth und Maria lobpreisen den Herrn; Lk 1,39–56). Eine szenische Nachbereitung ist nicht nur überaus kitschig, sondern geht auch an der Aussageabsicht des Evangelisten vorbei: Allein der ‚plot' wird dargestellt und nicht die erst durch eine Auslegung erkennbare Erzählabsicht.

Gerade aufgrund ihrer Länge müssen Beschränkungen auf Sequenzen erfolgen oder Vergleiche zwischen filmischer Darstellung und biblischem Text im Vordergrund stehen.[27] Auch hinsichtlich dieses Mediums gibt es zahlreiche didaktische Hilfen.[28]

2.3 Die Bibel in Kunst, sakraler Architektur und Musik

Ein oft genutzter Weg in der Bildungsarbeit ist der Zugang zu biblischen Themen oder Inhalten über die Bildenden Künste. Bilder von Meisterwerken der Kunstgeschichte können als thematische Einstiege in Diskussionen bzw. Vorträge oder eigens für kunsthistorisch-theologische Vorträge genutzt werden. Es gibt dazu eine große Menge an Material, auf das Kursleiter/-innen zurückgreifen können.[29] Einige künstlerische Darstellungen eignen sich sogar dazu, in einer kleinen Reihe betrachtet zu werden. Interessant ist vor allem, inwieweit die Vita des bzw. der Künstler/-in die jeweilige Interpretation einer biblischen Geschichte beeinflusst hat.

Sicher ist mit Langenhorst kritisch festzuhalten, dass keine ‚Verzweckung' der Künste und der Literatur bei einer Berührung mit biblischen Themen stattfinden soll.[30] Aus diesem Grund sind Expertentandems aus kunsthistorisch oder literaturwissenschaftlich versierten und exegetisch arbeitenden Gesprächspartnern von Vorteil. Dies fördert einen, dem korrelationsdidaktischen Prinzip folgenden Lernfortschritt.[31]

Daneben gibt es die Möglichkeit, auch über die sakrale Architektur eine Annäherung an biblische Motive zu wagen.

Dass etwa in den Kuppelvierungen oftmals die vier Evangelisten oder deren Tiersymbole dargestellt werden, geht auf die Thronvisionen in Ez 1 und Offb 4–5 zurück. Auch die Betrachtung von Kirchenfenstern oder sakralen Gegenständen (Reliquiare/Monstranzen etc.) führt thematisch an die Bibel heran.

---

[27] Vgl. ebd., 16. Für Hinweise zur interpretierenden Arbeit mit Filmen siehe ebd. 17–21.

[28] Vgl. Stephan Sigg, Wunder der Leinwand. Filme mit biblischer Botschaft, Stuttgart 2008; Vgl. auch (das für ältere Filme zu verwendende Buch) Tiemann, Bibel im Film. Zur didaktischen Nutzung von Spielfilmen in der Erwachsenenbildung siehe Toepfer, Auf der Suche, 250–253.

[29] Es sei etwa verwiesen auf den praxistauglichen Band Christoph Wetzel, Die Bibel in der bildenden Kunst, Stuttgart 2009.

[30] Vgl. Georg Langenhorst, „Verstehst du auch, was du liest?" (Apg 8,30). Religiöse Erwachsenenbildung mit literarischen Texten, in: Englert – Leimgruber, Erwachsenenbildung, 225–242, hier 226. Dies gilt in gleicher Weise für das Medium ‚Film'.

[31] Vgl. dazu ebd., 232f.

Exegetische und liturgisch-ästhetische Verstehenshorizonte werden auf diese Weise miteinander verbunden. Indirekt leistet also eine versierte Kirchenführung[32] auch immer biblische Grundbildung und fördert das Verständnis des Gesamtzusammenhangs von Schriften, Liturgie, Kunst und gelebtem Glauben.

Eine andere Möglichkeit bietet sich durch die intensive Betrachtung der Texte und der Musik geistlicher Lieder. Dabei ist neben der Psalmenvertonung im Gregorianischen Choral auch an Passionsvertonungen (etwa von J.S. Bach) oder das *Dies Irae* mit seinen zahlreichen apokalyptischen Bezügen zu denken. Gerade auch in der zeitgenössischen Musik bietet sich etwa durch die andersartigen Klänge der Musik von Arvo Pärt die Möglichkeit, biblische Texte von einer ganz anderen Seite und in unterschiedlichen Sprachen zu hören (lateinisch, englisch, deutsch): So findet sich in Pärts Opus ein gewaltiger musikalischer Entwurf zum Johannesprolog (*in principio*) oder auch eine Vertonung der Seligpreisungen und der O-Antiphonen, die allesamt biblische Motivik wiedergeben.

Die Musik bietet in der Erwachsenenbildung die Möglichkeit, sich in biblische Literatur nicht nur hineinzudenken, sondern auch hineinzufühlen. Es lohnt sich allerdings gerade in diesem Format (Kirchen-)Musiker beratend hinzuzuziehen oder gar als Team eine Veranstaltung anzubieten, in der zweigeteilt Exegese und Musik getrennt dargestellt werden und den Zuhörenden die Applikation selbst obliegt.

> So wird etwa ein Passionskonzert mit anderen Augen betrachtet, wenn am Vorabend ein Doppelvortrag mit einer Einführung in die Theologie des Evangeliums, aus dem die Passion entnommen ist, durch einen Exegeten und eine kleine Auswahl einzelner Rezitative oder Arien durch einen Musikwissenschaftler stattfindet und auf diese Weise das Stück erörternd ‚vorbesprochen' wird.

2.4 Themenzentrierte Methoden der Bibelarbeit

Gerade der letztgenannte Punkt zeigt auf, dass es lohnend ist, Schriftexegese mit anderen Disziplinen zu verbinden. Dies muss allerdings nicht notwendigerweise mit externen Experten geschehen, sondern es können auch innertheologische Fragestellungen verbunden werden.

Das interdisziplinäre Arbeiten mit anderen theologischen Disziplinen hat den Vorteil, gleich zwei unterschiedliche Methoden zu korrelieren. So

[32] Vgl. Holger Dörnemann, Ästhetische Erwachsenenbildung am Beispiel von Kirchenführungen, in: Englert – Leimgruber, Erwachsenenbildung, 254–261.

sind Verbindungen zwischen exegetischen und systematischen Fragestellungen durchaus fruchtbar, da Probleme in einem größeren Zusammenhang gesehen werden.

> Die Verbindung von Dogmatik und Exegese kann biblische Grundlagen für Christus- oder Mariendogmen in den Blick nehmen und so verständlich machen. Die Verbindung von christlicher Ethik (Moraltheologie/Sozialethik) mit biblischem Denken erlaubt es, biblisches Gedankengut als Teil einer moralischen Entwicklung zu betrachten, die nicht bei rein normativer Ethik stehen bleibt, sondern mittlerweile auch von einer ,autonomen Moral' ausgeht. Die exegetische Grundlegung einiger kirchenrechtlicher Paragraphen (etwa dem Eherecht) stellt die Frage in den Raum, ob die biblischen Texte angemessen rezipiert wurden. Auch interreligiöse Vergleiche (Koran/Bibel) können Thema sein.[33]

Es ist nicht schwer zu erkennen, dass in solchen Themen ein enormes Diskussionspotenzial steckt, was in der Erwachsenenbildung angewendet werden kann, um zwei theologische Disziplinen in ihrem Denken kennenzulernen, und gleichzeitig eine theologisch fundierte Argumentationskultur schulen kann.

Thematisches Arbeiten ist auch mit anderen Wissenschaften möglich: So darf sich Erwachsenenbildung auch nicht dem Dialog mit den Naturwissenschaften verschließen.

> Gerade eine Exegese der Schöpfungsberichte ist lohnend, wobei die vielfältigen Bilder systematisch in zwei Kategorien eingeordnet wurden: Creatio ex nihilo (Vgl. 2 Makk 7) und Schöpfung aus ewig vorhandener Materie (Vgl. Gen 1) sind durch naturwissenschaftliche Theorien zu ergänzen und philosophisch zu durchdenken. Das Weltbild der biblischen Autoren kann etwa mit dem der Moderne korreliert werden.

Themenzentrierte Bibelarbeit muss aber nicht zwingend interdisziplinär sein: Auch spezielle Formate wie „Frauen in der Bibel" oder „Essen und Trinken in der Bibel" können zu weiterführenden Überlegungen anregen und sensibilisieren für den historischen Wert der Schriften. Es sind meist solche Programmangebote, die neben kirchlichen Bildungshäusern auch in staatlichen Bildungseinrichtungen, etwa Volkshochschulen, Anklang finden.[34]

Der Nachteil bei solch themenzentrierter Bibelarbeit ist die sehr spezielle Eingrenzung auf ein Thema, die eine intensive Auseinandersetzung er-

---

[33] Siehe zur Thematik des interreligiösen Lernens allgemein Stephan Leimgruber, Geschichtliche Vergewisserung. Kirchliche Erwachsenenbildung zwischen 18. und 21. Jahrhundert, in: Englert – Ders., Erwachsenenbildung, 47–66. Vgl. auch Ders., Erwachsenenbildung als interkulturelles und interreligiöses Lernen, in: Englert – Ders., Erwachsenenbildung, 279–285.

[34] An staatlichen Bildungshäusern sind weniger ,klassisch' bibeltheologische Themen, sondern vielmehr interdisziplinär ausgreifende Fragestellungen (wie oben beschrieben) für die Zielgruppe attraktiv; Vgl. Lück – Schweitzer, Bildung, 136.

laubt, aber letztlich auch nur für einen begrenzten Adressatenkreis interessant ist. Überblicksartige Angebote (Einleitung in das Neue Testament/Der Pentateuch/Theologie der Psalmen/Paulus und seine Briefe etc.) bieten mehr Spielraum und sind vor allem für Menschen, die einen Erstzugang zu einer rationalen Beschäftigung mit der Bibel suchen, empfehlenswert.

2.5 Biblische Bildungsreise

Eine aufwendige und kostenintensive Variante kreativer Bibelarbeit mit Erwachsenen stellt die Form der biblischen Bildungsreise dar: Fahrten ins Heilige Land auf den Spuren Jesu, nach Rom oder nach Griechenland und in die Türkei auf den Spuren Paulus´ sind eine gute Methode, kulturelles Wissen mit praktischem Erleben und ‚Erfassen' in Verbindung zu bringen. Wer das „fünfte Evangelium", das Heilige Land, bereist hat, liest die Bibel mit anderen Augen und assoziiert Menschen, Düfte und Klänge. Die diözesane Bildungsarbeit könnte diese erlebnisorientierte Seite des Erwachsenenbildungsangebots intensiver nutzen und bewerben.[35] Eine Bildungsreise unterscheidet sich von einer Pilgerfahrt dadurch, dass sie den kognitiven Zugang zum Glauben vor gemeinschaftliche liturgische Vollzüge stellt. Dies bedeutet nicht, dass es kein entsprechend liturgisches Rahmenprogramm geben darf, aber im Zentrum steht die kognitive Auseinandersetzung mit der Person Jesus von Nazareth oder Paulus von Tarsus, deren Denkkontexten und der historischen Umwelt. Die Orte und die an ihnen reflektierten Traditionen bieten die Möglichkeit, auf eine konkret anschauliche Weise die Texte an sich heranzulassen und lebendig erfassbar zu machen. Neben kleinen, Orte und Texte erschließenden, Arbeitseinheiten und gemeinsamen Besichtigungen ist auch dem Aspekt Rechnung zu tragen, dass die Teilnehmenden untereinander existenzielle Fragen, die sich u.U. mit diesen Orten verbinden, ins Gespräch bringen können.

Gerade auch für Jugendliche und junge Erwachsene sind derartige Reisen ein lohnender Weg, die eigene religiöse Tradition (besser) kennenzulernen. Das Judentum hat dies ebenfalls erkannt: So gibt es zahlreiche jüdische Agenturen, die es vor allem jungen jüdischen US-Amerikanern er-

[35] Organisationen wie das ‚Bayerische Pilgerbüro' oder ‚Biblische Reisen' haben sich auf derartige Angebote spezialisiert.

möglichen, eine Ferienfreizeit im Land der Bibel zu erleben.[36] Es ist ein gutes Zeichen, dass die bischöfliche Studienförderung Cusanuswerk in Deutschland eine Auslandsakademie nach Israel angeboten hat und derartige Reisen auch im geistlichen Programm ihren Platz finden. Die hohe Nachfrage bei diesen Reisen übersteigt nicht selten die Kapazitäten und zeigt einen wirklichen Bedarf nach derartigen subventionierten Bildungsangeboten.

3 Plädoyer und Ausblicke für zukünftige Bibelarbeit in der Erwachsenenbildung

Es ist nicht leicht nach einem kurzen Durchgang durch die Möglichkeiten, die sich der biblischen Erwachsenenbildung auftun, ein Fazit zu ziehen: Vieles von dem Beschriebenen wird schon angewandt, vieles verlangt noch nach Perfektionierung oder Organisation.

Es wurde versucht aufzuzeigen, dass die Bibel einen wichtigen Themenkomplex innerhalb der kirchlichen Erwachsenenbildung darstellt. Mit der Bibel kann auf unterschiedliche Weise kreativ gearbeitet werden. Dabei ist es wichtig adressatenspezifisch zu segmentieren, welche Abstraktionsebene man als Referent/-in bedienen will. Dann ist zu fragen: Welche Methodik kann man anwenden? Welche Bilder und Vergleiche können in diesem Kreis zur Anschaulichkeit beitragen? Welche Medien sollten eingesetzt werden? Und letztlich ist es für Lehrende sinnvoll sich bewusst zu machen, dass sie nur säen, aber nicht ernten werden – eine Erfahrung, die zahlreiche Seelsorger/-innen auch in der Gemeindearbeit erleben.

Ein Zukunftsaspekt biblischer Erwachsenenbildung können E-Learning oder Blended Learning-Formate darstellen: Darin wird entweder vollständig (E-Learning) oder teilweise (Blended Learning) Wissen online vermittelt und ein Kurs multimedial in Portalen aufbereitet. Für die Erwachsenenbildung, die sich vor allem auch durch den zwischenmenschlichen Kontakt der Teilnehmenden definiert, sowie für die Theologie als diskursive Geisteswissenschaft kommt aber streng genommen nur ein Blended Learning-Format in Frage. Die mühevolle Arbeit rentiert sich allerdings, da die Inhalte fortlaufend aktualisiert und Kurse kopiert werden können; mit anderen Worten: Expertise und Attraktivität des Angebots wachsen

---

[36] Siehe etwa Homepages wie http://www.masaisrael.org/ oder http://www.yearcourse.org/ Eine Auflistung auch bei http://www.jewishfederations.org/Israelprograms.aspx; Es ist zu beachten, dass die Motivation auch von politischen Interessen getragen wird.

mit den Jahren und sind unproblematisch anpassbar. Diese und viele andere pädagogische Methoden[37] und Einsatzmöglichkeiten neuer Technik in der Lehre wären für jüngere Zielgruppen attraktiv und könnten sich aktivierend auswirken.[38]

Aufgrund der großen Menge der Möglichkeiten bleibt zu fragen, wieso biblische Themen nicht intensiver im Fokus von Erwachsenenbildungsarbeit stehen. Oft wird die Frage nach der Zuständigkeit für biblische Bildung gestellt: Was muss Schule, was pfarrliche Seelsorge und Katechese und was schließlich Erwachsenenbildung leisten? Die Frage ist aber anders zu stellen: Wo *ergänzen* sich Schule, Seelsorge, Katechese und Erwachsenenbildung? Auch wenn eher persönlichkeitsbildende Aspekte den Pfarrgemeinden obliegen, können sich Schnittfelder ergeben, wo die Bildungsarbeit ansetzen kann. Zu diesem Zweck ist aber die Betonung eines kognitiv-modernen Zugangs zu den Schriften vonnöten oder anders ausdrückt: Kirche muss zu einem ihrer Kernthemen hinsichtlich der Erwachsenenbildung zurückfinden – der Ermöglichung „kritische[r] Urteilsbildung im Bezug auf die biblischen Urkunden christlichen Glaubens."[39]

Kirchliche Erwachsenenbildung darf nicht zur reinen „Wellness" werden,[40] sondern könnte genauso gut expliziter mit dem Anspruch auftreten, persönlichkeitsbezogene Erfahrungen und Meinungen in einem abstrakteren Umfeld zu artikulieren. Das bedeutet: Persönliche Meinungen und Standpunkte haben ihren Platz – es wird nicht von ‚oben herab' doziert – aber die Gesprächsgrundlage bietet nicht allein das Leben der Teilnehmenden, sondern vornehmlich die biblischen Schriften selbst in ihrem sich durch die Lektüre stets aktualisierenden Zeitkontext. Die gegenwärtigen Methoden und die gegenwärtige Rahmung spricht dabei vor allem ältere Zuhörende an, ist aber an sich auch für jüngere Erwachsene aus-

---

[37] Englert führt in Rückgriff auf eine Studie von Orfried Schäffter und Christel Weber etwa die Nutzung neuer Lernorte, andere Zeitmodelle, Mediennutzung und Erlebnislernen an; Vgl. Englert, Katechese, 98.

[38] Erwachsene lernen anders als Jugendliche – ihre Leistung nimmt auch nicht zwangsläufig ab, sondern benötigt andere Methoden, andere Hilfestellungen; Vgl. allgemein zur Psychologie der Erwachsenenbildung auch Nolda, Einführung, 82–84.

[39] Orth, Bedeutung, 183.

[40] Es wird oftmals die beobachtet, dass Teilnehmende bei Erwachsenenbildungsveranstaltungen eher auf religiöse Erfahrungen eingehen wollen, als kognitiv erfassbare Probleme an sich heranzulassen. Religiöse Erwachsenenbildung läuft auf diese Weise Gefahr, nur noch ‚gut zu tun' und keine sperrigen Fragen mehr zu thematisieren; Vgl. die kritische Sicht bei Antje Rösener, „Wellness für die Seele"? Erfahrungsbericht aus der evangelischen Erwachsenenbildung, in: Englert – Leimgruber, Erwachsenenbildung, 21–26, hier 22.

dehnbar. Hier braucht es ein gelingendes Zusammenspiel von Erwachsenenbildungseinrichtungen und Jugendbildungswerken. Ansprechendes Material mit zahlreichen praktischen Hinweisen zur persönlichen oder gemeinsamen Bibelarbeit bieten die unterschiedlichen Veröffentlichungen der Katholischen Bibelwerke im deutschsprachigen Raum, die insbesondere mit den Zeitschriften „Welt und Umwelt der Bibel" und „Bibel heute" Menschen aller Altersgruppen erreichen wollen.

Es lohnt sich, die Bibel stärker und auch mutiger in den Vordergrund von Bildungsangeboten zu stellen. Sie ist Anknüpfungspunkt für ökumenische, dogmatische, ethische und religionswissenschaftliche Fragen. Selbst in staatlichen Bildungseinrichtungen, wie etwa Volkshochschulen, wird die Bibel samt ihren Inhalten gerne und häufig diskutiert.[41] Um wie viel mehr sollte dies in kirchlichen Einrichtungen geschehen. Papst Franziskus erkennt in seinem apostolischen Schreiben *Evangelii gaudium*, dass die Bildung der Laien eine bedeutende pastorale Herausforderung darstellt.[42] Die Mündigkeit, mit der sich auch Nicht-Kleriker in Zukunft in einer zudem immer säkulareren Gesellschaft selbst befähigen müssen, betrifft auch die Frage biblischer Bildung. So bleibt am Ende die Aufgabe, den Menschen bei diesen Fragen Hilfestellung zu geben und auf diese Weise an der Mündigkeit aller Getauften mitzuwirken.

---

[41] Vgl. Dillmann, Wurzeln, 273.

[42] Franziskus, Apostolisches Schreiben „Evangelii gaudium" vom 24. November 2013 (VApS 194), Bonn ^{2}2013, 102.

„Denn um ein ganz bestimmtes Können handelt es sich hier, um ein Werden und Wachsen ..." (Guardini)

Thesen zu liturgischer Bildung in der Erwachsenenbildung

Florian Kluger

1 Werden und Wachsen

> „Worin liegt das Wesen liturgischen Verhaltens? Wie muss der Mensch beschaffen sein, wie die Gemeinschaft, wenn sie wesensgerecht in der Liturgie stehen soll? Welche Kräfte gehören dazu, welche Organe? Ja, welches Sein? Denn um ein ganz bestimmtes Können handelt es sich hier, um ein Werden und Wachsen, wirklich um ein Sein. Das heißt also, um ein Problem der Bildung im eigentlichen Sinn des Wortes."[1]

Romano Guardini fragt in seiner Schrift *Liturgie und liturgische Bildung* nach der Verbindung von Liturgie und Bildung. Es ist ihm ein besonderes Anliegen, nach dem Wesen christlicher Liturgie zu fragen, nach dem Kern des Gegenstandes, der ihn und viele andere Menschen bewegt. Seine Überlegungen treffen sich mit dem Geist einer ganzen Bewegung, die zu Beginn des 20. Jahrhunderts eine wichtige Triebfeder der liturgischen Erneuerung war. Die so genannte Liturgische Bewegung hatte es sich zum Anliegen gemacht, den Menschen und die Liturgie stärker zusammenzubringen. Guardini geht daher nicht nur auf die Liturgie ein, sondern thematisiert das Werden und Wachsen des Menschen. Überhaupt ist seine Zielrichtung die Selbst-Werdung des Menschen.[2] Liturgischer

[1] Romano Guardini, Liturgie und liturgische Bildung, Erstauflage Rothenfels 1923, Würzburg 1966, 26; Vgl. auch Gunda Brüske, „Wir machen vieles richtig, doch wir machen's uns nicht leicht." Vom Anspruch, Wirkungen und Widrigkeiten liturgischer Bildung, in: HlD 63 (2009), 251–161, hier 252.

[2] Vgl. Romano Guardini, Grundlegung der Bildungslehre. Versuch einer Bestimmung des Pädagogisch-Eigentlichen, Mainz 2000. Guardini sieht Bildung als Prozess des Werdens an: „Werdend will ich ich selbst werden." (20) Selbstwerdung ist für ihn eine Grundbestimmung des Menschen. So fragt er weiter: „Was ist, christlich gesehen, das Ziel des Werdens?" (32) Ohne hierauf eine dezidierte Antwort bieten zu wollen, scheint die Orientierung am Bild hindurch, das im Verhältnis des Menschen zu Gott gesucht werden muss (vgl. 47). Wenn Guardini im Zusammenhang mit der Bildung des Menschen das „letzte Selbst-Werden" nur in der „echten Hingabe an das Du" für möglich hält, wird der personale Ansatz besonders deutlich. Daher sieht er auch in der Gegenstandspädagogik Grenzen: „Es droht die Gefahr, über dem Gegenstand das Selbst zu verlieren." (71) Auf liturgische Bildung hin gedacht, ist nicht die Sache der Liturgie entscheidend, sondern das Werden und Wachsen des Menschen.

Vollzug und liturgische Bildung hängen für ihn auf das Engste zusammen.

Nicht nur für Guardini ist liturgische Bildung unverzichtbar. Die Bemühungen um das rechte Verständnis gottesdienstlichen Tuns sind im Grunde so alt wie die Liturgie selbst. Bereits der Apostel Paulus betreibt diese im Ansatz in seinen Briefen, wenn er beispielsweise die Selbsthingabe der Christen als angemessenen und wahren Gottesdienst bezeichnet (Röm 12) oder wenn er die rechte Feier des Herrenmahles anmahnt (1 Kor 11). Zu denken ist auch an die mystagogischen Katechesen in der alten Kirche[3], die katechetische Vorbereitung und Erschließung vor allem der Sakramente[4] oder an die Vielzahl von Katechismen[5] und Hausbüchern, in denen auch liturgische Sachverhalte behandelt werden, oder an Predigten[6], Vorträge, Kurse[7] usw.

Dennoch ist die Liturgie für viele Menschen wie ein Buch mit sieben Siegeln. Gottesdienst und liturgisches Tun erschließen sich ihnen nicht ohne weiteres, die Zusammenhänge bleiben verborgen. Andere finden oder suchen einen Zugang, wollen mehr von der Liturgie wissen und sich litur-

---

[3] Vgl. Reiner Kaczynski, Mystagogie: ein liturgisches Bildungskonzept der Alten Kirche, in: Winfried Haunerland – Alexander Saberschinsky (Hg.), Liturgie und Mystagogie, Trier 2007, 32–44; Philippe de Roten, Die Katechese des Johannes Chrysostomus über die Sakramente, in: BiLi 71 (1998), 228–235.

[4] Vgl. zur Thematik Alfred Läpple, Kleine Geschichte der Katechese, München 1981. Exemplarisch für die Feier der Firmung Jürgen Bärsch, Die Feier als Maßstab. Überlegungen zum Verhältnis von Sakramentenkatechese und Sakramentenliturgie am Beispiel der Firmung, in: Haunerland – Saberschinsky, Liturgie und Mystagogie, 45–62.

[5] Vgl. Gemeinschaftswerk der Evangelischen Publizistik (Hg.), Katechismen der Reformationszeit. Beiträge des Theologischen Arbeitskreises für reformationsgeschichtliche Forschung der Union Evangelischer Kirchen in der Evangelischen Kirche in Deutschland zum Thema Katechismen. Dokumentation Nr. 39 vom 25. September 2012, Frankfurt a. M. 2012.

[6] Vgl. Norbert Weigl, Liturgische Predigt seit dem Zweiten Vatikanischen Konzil. Eine Untersuchung zur Messfeier in der Sonntagspredigt anhand der Zeitschrift ‚Der Prediger und Katechet' (StPaLi 21), Regensburg 2009. In seiner Hinführung gibt Weigl ein Zitat aus der Festrede von Gottfried Kurth zur Eröffnung der Vollversammlung des Katholikentages in Mecheln am 23. September 1909 wider: „Am Tag, an dem das heilige Buch auf dem Altar aufgehört haben wird, für die Menge ein unverständliches Buch mit sieben Siegeln zu sein, am Tag, an dem alle wieder in ihm den Schlüssel zu dem finden, was der Priester am Altare Gott vorträgt, an jenem Tag wird ein großer Teil derer, welche die Gotteshäuser verlassen haben, zurückkehren." (105) Es zeigt, welche Bedeutung die Erschließung der Liturgie für die sich formierende Liturgische Bewegung hatte. Weigl zeichnet beispielhaft die Bemühungen um die Erschließung der Liturgie durch die Predigt in den Jahren nach dem Zweiten Vatikanischen Konzil nach.

[7] Neben der Vielzahl von Präsenzkursen und Tagungen in der Landschaft theologischer Bildung ist insbesondere das Angebot des Deutschen Liturgischen Instituts in Trier zu nennen, das seit 1985 mit dem Fernkurs Liturgie eine intensive Form liturgischer Bildung betreibt. Nähere Informationen sind zu finden unter http://www.fernkurs-liturgie.de/.

gisch bilden. Liturgische Bildung ist dabei mehr als die Kenntnis liturgischer Abläufe, sondern zielt auf Durchdringung und Erschließung. Mit neun Thesen sollen grundsätzliche Fragen liturgischer Bildung angerissen werden.

2 Vom pädagogischen Ort liturgischer Bildung

These 1: Liturgische Bildung ist Bildung zur Ausprägung der individuellen geistigen Kräfte.

Wenn von Bildung die Rede ist, dann ist damit die Ausprägung der Fähigkeiten eines Menschen angesprochen. Bildung zielt daher auf die Selbstbestimmung der Person.[8] Geistesgeschichtlich steht das platonische Urbild-Abbild-Denken im Hintergrund. Mit Meister Eckhart und der Mystik des 14. Jahrhunderts steht der neue Begriff „Bildung“, der in anderen Sprachen kein hinreichendes Pendant findet, für die Gestaltwerdung des eigentlichen Wesens des Menschen durch die Gottesbeziehung, näherhin durch die Aktualisierung der Gottebenbildlichkeit.[9] Versteht man seit dem 18. Jahrhundert unter Bildung die Selbstverwirklichung des Menschlichen im Menschen, können auch hier deutlich religiöse Konnotationen mitschwingen, bevor der Begriff mehr und mehr säkular verstanden wird.[10] Heute ist eine eindeutige Definition des Begriffes innerhalb der breiten Tradition pädagogischer Theoriebildung kaum möglich, wenngleich er im klassischen Sinn auf die Auseinandersetzung des Individuums mit sich, mit dem anderen und mit der Welt bezogen ist.

Wenn nun in einem säkularisierten Verständnis mit Bildung die Ausprägung der individuellen geistigen Kräfte – was nicht engzuführen ist auf kognitive Fähigkeiten – verstanden wird, so kann die religiöse Dimension hierbei nicht ausgeklammert werden. Zur Bildung gehört – zumindest für den religiösen Menschen – auch immer die Dimension der Beziehung zwischen Gott und Mensch. Ihren sinnenfälligen Ausdruck findet dies im gottesdienstlichen Tun. Liturgische Bildung ist daher ein spezifischer, unverzichtbarer Teilbereich von Bildung insgesamt. Winfried Haunerland bezeichnet sie als Teil der Allgemeinbildung, die im Sinne einer Kultur-

---

[8] Vgl. Winfried Böhm, Art. „Bildung“, in: Ders., Wörterbuch der Pädagogik, Stuttgart [15]2000, 75–77.

[9] Vgl. Ders., 75; Ursula Frost, Art. „Bildung. I. Begriffs- und Geistesgeschichte“, in: LThK[3] 2 (2006), Sp. 451–452.

[10] Vgl. Bernhard Schwenk, Art. „Bildung“, in: Dieter Lenzen (Hg.), Pädagogische Grundbegriffe. Bd. 1, Reinbek 1989, 208–221, hier 209.

hermeneutik hilft, z.B. literarische Zeugnisse, mediale Berichterstattungen usw. zu verstehen.[11] Mit Romano Guardini gesprochen ist liturgische Bildung ein Werden und Wachsen, ein Sein.[12]

3 Vom Gegenstand liturgischer Bildung

These 2: Liturgische Bildung hat all das zum Gegenstand, was mit der Feier des Gottesdienstes im Zusammenhang steht.

In der Antike gehörte die Kenntnis liturgischer Schriften zum klassischen Bildungskanon des gelehrten Wissens.[13] Liturgische Bildung kann freilich nicht auf die Kenntnis liturgischer Textcorpora begrenzt werden. Vielmehr hat sie ihrem thematischen und materialen Ort in der Auseinandersetzung mit dem Phänomen Gottesdienst im Ganzen und jenen Fragen, die damit im Zusammenhang stehen. Das Phänomen Gottesdienst ist einerseits nicht auf die schriftlichen Zeugnisse festzulegen, sondern betrifft vor allem den Vollzug, wovon schriftliche Quellen lediglich berichten. Andererseits ist Gottesdienst nicht auf wenige normierte Formen zu begrenzen.

Daher sind Andachtsformen genauso in den Blick zu nehmen, wie der amtlich geordnete Gottesdienst der Gesamtkirche (vgl. SC 13) oder in ökumenischer Perspektive die reiche Tradition anderer Konfessionen und Religionen. Darüber hinaus gehört all jenes zum Gegenstand liturgischer Bildung, was mit dem gottesdienstlichen Leben der Kirche in Zusammenhang steht, d.h. die Gesamtheit der gottesdienstlichen Kultur.[14] Hierzu gehört die Beschäftigung mit dem liturgischen Jahr, mit Brauchtum und Gedenktagen, aber auch die Auseinandersetzung mit liturgischem Gerät, mit Paramenten, Kirchenausstattung und Architektur. Daher wäre auch die Kirchenraumpädagogik im Bereich der liturgischen Bildung zu

---

[11] Vgl. Winfried Haunerland, Liturgische Bildung und Mystagogie. Von Notwendigem und Vermisste, in: Ders. – Saberschinsky, Liturgie und Mystagogie, 12–31, 13f.

[12] Vgl. Guardini, Liturgie und liturgische Bildung, 26.

[13] Andreas Dörpinghaus – Andreas Poenitsch – Lothar Wigger (Hg.), Einführung in die Theorie der Bildung, Darmstadt [3]2008, 26.

[14] Vgl. auch zum Gegenstand der Liturgiewissenschaft insgesamt Karl-Heinrich Bieritz, Liturgik, Berlin – New York 2004, 7f: „Diese weite Bestimmung erlaubt es, alle kulturellen Phänomene, die aus der gottesdienstlichen Feier hervorgegangen sind bzw. gestaltend auf sie eingewirkt haben – in Sitte, Brauchtum und sozialem Leben, bildender und darstellender Kunst, Architektur, Musik und Dichtung usw. – dem Gegenstandsfeld der Liturgik zuzurechnen." Was Bieritz für die Liturgiewissenschaft beschreibt, gilt für liturgische Bildung ebenso.

verorten.[15] Daneben sind auch Strukturen, Kommunikationsformen, Zeichenhaftigkeit, Ritualität, Musik, Kunst, Ästhetik usw. zu thematisieren. Eng verzahnt mit liturgischer Bildung sind die übrigen Bereiche theologischer Bildung. So wird das gottesdienstliche Tun erst aus der Beschäftigung mit der Bibel und mit der Tradition der kirchlichen Lehre heraus verständlich. Das Phänomen Gottesdienst bietet Anknüpfungspunkte für liturgiehistorische, systematische und anthropologische Fragestellungen. Die Auseinandersetzung mit liturgischen Themen ergänzt Geschichtswissen, prägt theologisch-systematisches Denken aus und hilft, grundlegende menschliche Ausdrucksformen zu verstehen. Liturgische Bildung bringt daher nicht die Liturgie als abstrakte Wirklichkeit zur Sprache, sondern als Lebensäußerung des Menschen in seiner Beziehung zu Gott.[16]

These 3: Liturgische Bildung ist erfahrungsbezogen, weil Liturgie ein spezifischer Erfahrungsraum ist.

Liturgie ist ein Ort religiöser Kommunikation. Sie ist der Raum, in der sich religiöse Erfahrungen symbolisch verdichten und Gestalt werden.[17] Theologisch gesehen findet im gottesdienstlichen Tun ein Austausch zwischen Gott und Mensch statt.[18] Dieses dialogische Geschehen prägt das Leben von Menschen und wird zugleich durch sie geprägt. Die in diesem Prozess gemachten Erfahrungen bedürfen der Erschließung, sei es durch eine entsprechende Vorbereitung in der Katechese oder durch Reflexion und Vertiefung.[19] Bildung geschieht jedoch nicht nur durch die Erschließung, sondern auch durch die Liturgie selbst.[20] Ein erfahrungsorientierter

---

[15] Vgl. hierzu Stefan Rau, Der liturgische Raum als Ort liturgischer Bildung, in: BiLi 71 (1998), 203–216.

[16] Von Arx plädiert daher für eine Orientierung liturgischer Bildung an den liturgischen Feiern selbst, die als dialogisches Geschehen die Beziehung zwischen Gott und Mensch zum Ausdruck bringen. Vgl. Walter von Arx, Liturgische Bildung – eine bleibende Aufgabe, in: BiLi 71 (1998), 184–189, hier 188.

[17] Vgl. zur Liturgie als Erfahrungsraum Rudolf Ruppert, Lebendige Liturgie – ein Lernprozess der ganzen Gemeinde. Überlegungen zur Praxis der liturgischen Erwachsenenbildung, Frankfurt a. M. 1975, 22–26, hier 30f.

[18] Vgl. Bieritz, Liturgik, 258–261. In den Blick zu nehmen sind hierbei die katabatischen, anabatischen – und ergänzend auch diabatischen – Dimensionen der Liturgie sowie trinitätstheologische Aspekte.

[19] Im Kontext der Initiation werden einige Aspekte dargestellt in: Monika Scheidler, Liturgische Erfahrung auf dem Weg des Christwerdens und -seins, in: BiLi 71 (1998), 194–203. Scheidler spricht auch die Bedeutung der Vorerfahrung und der Voraussetzungen an, die im Bildungsprozess zu thematisieren sind.

[20] Vgl. hierzu Olaf Richter, Anamnesis – Mimesis – Epiklesis. Der Gottesdienst als Ort religiöser Bildung (Arbeiten zur Praktischen Theologie 28), Leipzig 2005, 104. Vgl. hierzu

Zugang wird daher die Beteiligung an liturgischen Feiern nicht ausschließen.

In der Religionspädagogik wurde liturgische Bildung in den letzten Jahren erst langsam wiederentdeckt. Gerade weil katechetische und liturgische Maßnahmen der Kirche in der Schule so großen Raum einnahmen, trat man für eine schärfere Grenzziehung zwischen Schulunterricht und Katechese sowie Liturgie ein.[21] Dies führte jedoch über viele Jahre hinweg – sieht man von der Behandlung des Kirchenjahres ab – zu einer Ausblendung liturgischer Bildung in der religionspädagogischen Praxis und Theoriebildung. Verstärkt werden in den letzten Jahren jedoch Stimmen laut, die für eine stärkere Berücksichtigung der gottesdienstlichen Tradition eintreten, ohne jedoch die Schüler zu vereinnahmen.[22] Ein erfahrungsorientierter Zugang wird daher auch die Einübung liturgischer Handlungen konzeptionell miteinbeziehen. Mendl formuliert diese Einsicht im Kontext religiöser Bildung in der Schule: „Der Fähigkeit zur Deutung von Symbolen geht die Befähigung zum Symbolhandeln voraus."[23]

Gleiche Voraussetzungen gelten für den Bereich der Erwachsenenbildung. Auch hier wird die erfahrungsbezogene Dimension eine entscheidende Rolle im Bildungsprozess spielen. Versteht man liturgische Vollzüge als Symbolhandlungen, wird deutlich, dass der Reflexion über Liturgie die liturgische Handlung vorausgeht. In jedem Fall wird man im Kontext liturgischer Bildung sagen können, dass Reflexion und Handlung

---

auch Haunerland, Liturgische Bildung und Mystagogie, 12. Für den reformatorischen Bereich David Plüss, Die Bildungsfunktion liturgischer Ordnung, in: Claudia Kohli Reichenbach – Isabelle Noth (Hg.), Religiöse Erwachsenenbildung. Zugänge – Herausforderungen – Perspektiven (Praktische Theologie im reformierten Kontext 7), Zürich 2013, 129–140. Seine Wahrnehmung: „Reformierte Gottesdienste fühlen sich zuweilen an wie Erwachsenenbildungsveranstaltungen." (138)

[21] Vgl. Hans Mendl, Religion erleben. Ein Arbeitsbuch für den Religionsunterricht, München 2008, 180.

[22] Klaus König, Liturgiedidaktische Grundregeln, in: Engelbert Groß – Ders. (Hg.), Religionsdidaktik in Grundregeln, Regensburg 1996, 112–130, hier 112. In diesem Kontext sind jene didaktischen Bemühungen zu sehen, die gottesdienstliche Phänomene auf der Folie lebensweltlicher Erfahrungen der Schülerinnen und Schüler reflektieren. Aus religionsdidaktischer Perspektive formuliert Klaus König: „Wenn sich Religionsunterricht in einem weiten Sinn konfessorisch versteht und nicht nur religionskundlich informiert, darf er Liturgie, in der eine Konfession öffentlich Gestalt annimmt, nicht ausblenden. Sonst steht er in der Gefahr, Religion auf eine theoretisch-kontemplative Weltanschauung zu reduzieren und ihre lebenspraktisch-ästhetische Dimension, die sich zu einem Gutteil rituell vollzieht, zu vernachlässigen."

[23] Ebd., 162.

eng miteinander verbunden sind, wenngleich die Verhältnisbestimmung beider zu diskutieren ist.[24]

Auch für jene, die den christlichen Glauben nur bedingt teilen oder die nur gelegentlich als Gäste an liturgischen Feiern teilnehmen, ergibt sich in der Erprobung liturgischer Formen die Chance, spezifische Erfahrungen zu machen. Gebetshaltungen können eingenommen, Gebete gesprochen, Lieder gesungen werden. Ziel ist dann – im Unterschied zur Katechese oder Mystagogie – nicht die vertiefte Mitfeier, sondern das Verstehen liturgischer Vollzüge als solche auf dem Hintergrund der gemachten Erfahrungen in der Liturgie.

Liturgie als Erfahrungsraum kommt vor allem in den Blick, wenn es um den Erwerb spezifischer Kompetenzen geht, die notwendig sind, um verantwortlich in der Liturgie zu handeln. Dies betrifft den wichtigen Bereich der Aus- und Weiterbildung von Frauen und Männern, die einen liturgischen Dienst übernehmen: Kommunionhelfer, Lektoren, Ministranten, Musiker und Gottesdienstbeauftragte sowie für professionell in der pastoral Tätige wie Priester und Diakone, Gemeinde- und Pastoralreferentinnen und -referenten.[25]

4 Von den Zielgruppen liturgischer Bildung: Zwei Perspektiven

These 4: Liturgische Bildung ist ein Angebot für alle Interessierten. Sie kann aus der Beobachterperspektive heraus erfolgen, ohne notwendigerweise den christlichen Glauben zu teilen.

Nach liturgischer Bildung als Bestandteil der Erwachsenenbildung kann von zwei Seiten her gefragt werden: Zum einen von innen aus der Teilnehmerperspektive heraus, wenn sich der gläubige Mensch vergewissert, was er in der Feier der Liturgie tut. Zum anderen von außen aus der Beobachterperspektive heraus, wenn allgemein gefragt wird, was gläubige Menschen in der Liturgie tun. Liturgische Bildung ist daher nicht allein

---

[24] Vgl. ebd.

[25] Vgl. auch Ewald Volgger, Inhaltliche Standards für die Aus- und Weiterbildung von den Personen, die einen liturgischen Dienst ausüben, in: HID 63 (2009), 271–281. Volgger formuliert etwa im Kontext der Inszenierung von Liturgie durch liturgische Dienste den Gedanken: „Die eigene Rolle ist eingebunden in Handlungsabläufe, die insgesamt vor Augen stehen müssen (gegen Anweisungen). Eine Rolle wird gelernt und dann so ‚gespielt', als ob sie nicht gelernt wäre, damit sie authentisch wirken kann." (276) Angesprochen ist damit auch der Aspekt der Einübung gottesdienstlicher Vollzüge, der aber wiederum auf der (wiederholten) Erfahrung dieser Vollzüge fußt.

eine Angelegenheit für engagierte Kirchgänger und gläubige Menschen, sondern ist prinzipiell ein Angebot für alle Interessierten – für Teilnehmer wie Beobachter.[26]

Legitimerweise kann von außen aus der Beobachterperspektive nach dem Phänomen Gottesdienst gefragt werden. Liturgische Bildung zielt dann auf das Verständnis von Liturgie als Glaubensäußerung gläubiger Menschen, die nicht selbst nachvollzogen werden muss, die jedoch als Gegenstand des Interesses betrachtet werden kann. Wer sich mit dem Christentum auseinandersetzen möchte, kann dies im Bereich der liturgischen Bildung tun, ohne den christlichen Glauben notwendigerweise teilen zu müssen. Der Zugang von außen stellt thematisch gottesdienstliche Phänomene in den Mittelpunkt, damit sich der einzelne ein mündiges Urteil darüber bilden kann. Liturgische Bildung dient in diesem Fall dem Verstehen der Riten einer – vielleicht auch der eigenen – Religion. Wer sich im Rahmen liturgischer Bildung mit Liturgie beschäftigt, muss daher nicht zwangsläufig selbst Liturgie feiern und sich als Subjekt liturgischer Feiern verstehen, wenngleich er sich dennoch im Rahmen des Bildungsprozesses in gewissem Maß in liturgische Vollzüge hineinbegeben kann.[27]

These 5: Liturgische Bildung kann aus der Teilnehmerperspektive heraus erfolgen. Sie dient in der Regel einer besseren Mitfeier der Liturgie, d.h. der Verwirklichung der tätigen Teilnahme und des geistlichen Gewinns, ohne jedoch ihr kritisches Potential zu verleugnen.

[26] Nicht zu übersehen ist jedoch die durch religionssoziologische Untersuchungen konstatierte Milieuverengung kirchlicher Erwachsenenbildung: „Die Statistiken zeigen: Kirchliche Erwachsenenbildung wird überdurchschnittlich oft von Menschen in Anspruch genommen, die dem konservativen bzw. traditionsverwurzelten Milieu zuzuteilen sind. Den Kirchen fällt es offensichtlich schwer, andere Milieus zu erreichen." Vgl. Claudia Kohli Reichenbach, Religiöse Erwachsenenbildung im Umbruch, in: Religiöse Erwachsenenbildung. Zugänge – Herausforderungen – Perspektiven (Praktische Theologie im reformierten Kontext 7), Zürich 2013, 15–26, hier 19.

[27] Ein ähnliches Phänomen ist angesprochen, wenn die Rede von Trägern und Gästen in der Liturgie ist. Hierbei geht es um (theologische) Beurteilung der bei einer liturgischen Feier Anwesenden. Zum einen wird objektiv nach der Befähigung zur Liturgie auf der Grundlage der Taufe gefragt, zum anderen aber auch nach der subjektiven Motivation der Anwesenden. Vgl. Winfried Haunerland, Träger und Gäste. Zu unterschiedlichen Rollen von Mitfeiernden, in: Gd 34 (2000), 185–187.

Wenn von innen her, aus der Teilnehmerperspektive heraus, von liturgischer Bildung gesprochen wird, dann ist damit der gläubige Mensch in den Blick genommen, der in der Liturgie in das dialogische Geschehen zwischen Gott und Mensch eintritt. In der Liturgiekonstitution Sacrosanctum Concilium werden einige theologische Grundlinien aufgezeigt. Liturgie wird charakterisiert als „der Höhepunkt, dem das Tun der Kirche zustrebt, und zugleich die Quelle, aus der all ihre Kraft strömt“ (SC 10). In der Liturgie wird nach Überzeugung der Konzilsväter das Priesteramt Jesu Christi vollzogen und die Heiligung des Menschen bezeichnet und bewirkt (vgl. SC 7). Ein besonderes Augenmerk wird auf die tätige Teilnahme aller Gläubigen an der Liturgie gerichtet. Als Glied am Leib Christi ist es das Recht und die Pflicht jedes Getauften, am Gottesdienst der Kirche mitzuwirken (vgl. SC 14).

Tätige Teilnahme setzt allerdings voraus, dass grundlegende Kenntnisse über die gottesdienstlichen Vollzüge und deren theologische Zusammenhänge bestehen. Die Konzilsväter erachten es daher als „notwendig, dass die Gläubigen mit recht bereiteter Seele zur heiligen Liturgie hinzutreten, dass ihr Herz mit der Stimme zusammenklinge und dass sie mit der himmlischen Gnade zusammenwirken, um sie nicht vergeblich zu empfangen“ (SC 11). Angezielt ist nicht der bloße Vollzug irgendwelcher Riten, sondern ein echter geistlicher Gewinn.

Der Zusammenhang zwischen einer fruchtbaren Teilnahme an der Liturgie und einer angemessenen liturgischen Bildung wird in der Liturgiekonstitution eigens formuliert:

> „Die Seelsorger sollen eifrig und geduldig bemüht sein um die liturgische Bildung und die tätige Teilnahme der Gläubigen, die innere und die äußere, je nach deren Alter, Verhältnissen, Art des Lebens und Grad der religiösen Entwicklung. Damit erfüllen sie eine der vornehmsten Aufgaben des treuen Spenders der Geheimnisse Gottes. Sie sollen ihre Herde dabei nicht bloß mit dem Wort, sondern auch durch das Beispiel führen.“ (SC 19)

Die Sorge um die liturgische Bildung wird den Seelsorgern, die als Experten in Sachen Liturgie gelten und als Multiplikatoren fungieren, ins Stammbuch geschrieben und in den großen Zusammenhang des pastoralen Handelns der Kirche gestellt. Insgesamt könnte man sagen: Wer sein Christsein auch gottesdienstlich bewusst leben möchte, kommt um liturgische Bildung nicht herum. Liturgische Bildung ist in diesem Konzept kein Selbstzweck, sondern dient der besseren Mitfeier der Liturgie.

In der alten Kirche kannte man in diesem Zusammenhang die Mystagogie als liturgisches Bildungskonzept.[28] Sie hatte ihren Ort im Rahmen der Feiern des Christwerdens und der zugehörigen mehrmonatigen bzw. mehrjährigen Vorbereitungszeit.[29] Durch Katechesen und Predigten sollten die Taufschüler zur Feier des Gottesdienstes und zu einer christlichen Lebensführung befähigt werden.[30]

Das eingangs erwähnte Konzept Romano Guardinis von liturgischer Bildung ist vor allem von der Teilnehmerperspektive her zu verstehen. Es geht ihm zwar umfassend um ein Werden und Wachsen, aber er formuliert diese Einsicht aus einem gläubigen Weltverständnis heraus, das liturgische Bildung als Hinführung zur Liturgie sieht. Jene Einsicht bezeichnet er als „Selbstausdruck des Menschen, aber des Menschen, wie er sein soll.“[31] Gunda Brüske sieht liturgische Bildung bei Guardini dann an ihrem Ziel angekommen, „wenn sich das Taufgeschenk immer mehr auszeitigt im eigenen Existieren.“[32]

Wenngleich von der Teilnehmerperspektive oftmals katechetisch-mystagogische Motive eine Rolle spielen, ist liturgische Bildung nicht ohne weiteres mit Katechese und Mystagogie gleichzusetzen. Liturgische Bildung ist umfassender und kann nicht allein auf die bessere Mitfeier hin konzipiert werden. Zu ihr gehört im Zusammenhang mit der Ausbildung einer Urteilsfähigkeit auf dem Gebiet der Liturgie auch ein kritisches Potential und gegebenenfalls die Infragestellung gängiger Praxis.[33]

---

[28] Vgl. Kaczynski, Mystagogie, 33–44.

[29] Zur Katechese des altchristlichen Katechumenates: Läpple, Kleine Geschichte der Katechese, 45–48.

[30] Vgl. ebd., 42f.

[31] Guardini, Liturgie und liturgische Bildung, 104.

[32] Brüske, „Wir machen vieles richtig, doch wir machen‘s uns nicht leicht.“, 253.

[33] Um liturgische Bildung aus dem Rahmen kognitiver Beschäftigung hin zu einer Sensibilisierung für die konkrete Feier der Liturgie zu weiten, skizziert Ralph Sauer liturgische Bildung dagegen vornehmlich als Mittel zu einer besseren Mitfeier des Gottesdienstes und verweist auf einen Bericht eines Arbeitskreises deutschsprachiger Liturgiewissenschaftler, wo es heißt: „Es gehe (…) bei der Bemühung um liturgische Bildung nicht vorrangig um die Weitergabe bzw. Aneignung von Wissen, sondern um die Befähigung zur Feier der Liturgie.“ (Artur Waibel, Bericht über den Arbeitskreis 4: Bereich und Aufgabe liturgischer Bildung, in: Hansjakob Becker u.a. (Hg), Gottesdienst – Kirche – Gesellschaft. Interdisziplinäre und ökumenische Standortbestimmung nach 25 Jahren Liturgiereform (PiLi 5), St. Ottilien 1991, 414.) zitiert nach: Ralph Sauer, Die Sensibilisierung für die Feier Gottes, in: BiLi 71 (1998), 189–194, hier 190. Positiv ist eine Hinwendung zur Kompetenzorientierung liturgischer Bildung zu konstatieren, wenngleich festzuhalten ist, dass dieses Ziel auch von der Intention der Adressaten her zu formulieren und anzufragen ist.

5 Von den Zielen liturgischer Bildung

These 6: Liturgische Bildung soll Partizipation ermöglichen.

Beide Zugänge, die Beobachter- und die Teilnehmerperspektive, können sich ergänzen, zuweilen werden die Übergänge fließend sein. In beiden Fällen sollen die Menschen die Möglichkeit der Partizipation erhalten: Teilhabe am kulturellen und geistlichen Erbe der christlichen Tradition und/oder auch Teilhabe an einer vertieften Mitfeier.

Ausgehend von der Tatsache, dass viele Menschen nicht mehr oder kaum noch religiös gebunden sind, soll liturgische Bildung einen Zugang zum Themenfeld Gottesdienst ermöglichen, ohne unbedingt den Glauben derjenigen teilen zu müssen, die Liturgie feiern. Liturgische Bildung dient der Teilhabe am kulturellen Erbe und ermöglicht ein Verstehen dessen, was andere tun. In der Auseinandersetzung mit dem Gegenstand der Liturgie werden Zugänge erschlossen: Historische Entwicklungslinien, theologische Zusammenhänge und spirituelle Vertiefungen bedingen einander.

Je nach Zielgruppe werden auch Handlungs- und Ausdrucksmöglichkeiten in der Liturgie ausgebildet werden. Der partizipative Zugang erfordert auch eine Orientierung an den Wünschen und Vorstellungen der Interessierten. Wer beispielsweise mündig an einer liturgischen Feier partizipieren soll, ist – insbesondere im Bereich der Erwachsenenbildung – auch bei der Steuerung des Bildungsprozesses zu beteiligen.

These 7: Die Ziele liturgischer Bildung sind nicht einheitlich, sondern an die jeweilige Zielgruppe und Kontexte gebunden. Allgemein soll Urteilsvermögen im Bereich liturgischer Fragen ausgebildet werden, mitunter auch liturgisches Ausdrucksvermögen.

Die Ziele liturgischer Bildung können vielgestaltig sein: Persönliche Entfaltung, Orientierung in der kulturellen und religiösen Landschaft, Lebenshilfe, liturgische Handlungsfähigkeit und ähnliches. Die Ziele stehen im Zusammenhang mit dem Kontext liturgischer Bildung, d.h. ob diese im Zusammenhang einer Predigt, einer Akademieveranstaltung oder der Aus- und Fortbildung für liturgische Dienste situiert ist. Unverkennbar ist auch der institutionelle Einfluss auf die Zielsetzung: Dozenten an Universitäten und Akademien werden andere Ziele definieren als Prediger, Katecheten oder Referenten in der gemeindlichen und kategorialen Pastoral.

Jeweils sind jedoch – im Kontext liturgischer Bildung – Lernmöglichkeiten zu schaffen, die der Persönlichkeitsentfaltung und -entwicklung dienen.[34]

Ist bei ersteren in der Regel eher die Beobachterperspektive vorrangig, steht bei letzteren meist eher die Teilnehmerperspektive im Vordergrund, wenngleich eine einseitige Aufgliederung nicht möglich ist.

Liturgische Bildung impliziert die Verbindung verschiedener Komponenten: Besitz oder Erwerb von liturgischem Wissen sowie ästhetischen und kommunikativen Fähigkeiten. Grundlegend sind Strukturen der Weltaneignung, die im Zusammenhang mit dem Phänomen Gottesdienst ausgebildet werden.[35] Hierzu gehört nicht nur die kognitive Dimension, sondern auch die Wahrnehmung und Aneignung im Modus der Erfahrung und des Erlebens. Erworben werden soll Urteilsvermögen im Bereich liturgischer und damit verbundener theologischer Fragen, angezielt wird mitunter auch liturgisches Ausdrucksvermögen.

In diesem Zusammenhang sind ebenso Schlüsselkompetenzen wie Wahrnehmungs-, Reflexions- und Kommunikationsfähigkeit zu nennen.[36] Der methodische Dreischritt von sehen – urteilen – handeln wird auf diese Weise im Themenkomplex Liturgie zur Entfaltung gebracht. Zunächst steht die Wahrnehmung des Phänomens Gottesdienst im Vordergrund, womit zugleich die ästhetische Komponente liturgischer Bildung angesprochen ist. Durch die Beschäftigung und Reflexion mit dem Gegenstand wird die Urteilsfähigkeit ausgeprägt. Liturgie als dialogisches Geschehen nimmt von kommunikativen Strukturen ihren Ausgang und zielt wiederum auf die Ausdrucks- und Kommunikationsfähigkeit. Liturgische Bildung ist jedoch nicht als rein formale Bildung zu sehen, in der bestimmte Strukturen ausgebildet werden. Zu sehen ist immer auch die materiale Komponente, sich im Bereich Liturgie zu bilden.[37]

---

[34] Vgl. zur Ausdifferenzierung und institutionellen Pluralisierung erwachsenenbildnerischer Maßnahmen Peter Faulstich – Christine Zeuner (Hg.), Erwachsenenbildung, Weinheim – Basel 2010, 15f.

[35] Vgl. im Zusammenhang kultureller Bildung Birgit Mandel, Tourismus und Kulturelle Bildung. Potentiale, Voraussetzungen, Praxisbeispiele und empirische Erkenntnisse, München 2012, 31f.

[36] Vgl. ebd., 36.

[37] Vgl. zum Konzept der Schlüsselqualifikationen Florian Kluger, Konfliktfähigkeit und Kommunikation. Vom Umgang mit Konflikten als Herausforderung christlichen Handelns, Saarbrücken 2011, 28–36.

Zur Qualitätssicherung liturgischer Bildung sind Bildungsziele im Vorfeld zu diskutieren und festzulegen. Solche Ziele können inhaltlich profiliert sein, aber auch durch einen Kompetenz orientierten Zugang ergänzt werden. Monika Jakobs sieht im religionspädagogischen Bereich insgesamt die Tendenz, „Ziele des Handelns zu anspruchsvoll im Hinblick auf das erwartbare Ergebnis und zu allgemein im Hinblick auf die Breite der Zielgruppe zu formulieren.“[38] Um Frustrationen vorzubeugen, plädiert sie deshalb für eine realistische und erreichbare Zielplanung. Hierzu gehört auf der Anbieterseite die Reflexion der eigenen Erwartungen und die Fokussierung der Adressaten liturgischer Bildung.

These 8: Liturgische Ämter und Dienste benötigen Liturgische Bildung, um qualifiziert handeln zu können.

Quantitativ wird der Bereich der Aus- und Fortbildung liturgischer Ämter und Dienste den größten Teil im Gesamtengagement liturgischer Bildungsarbeit einnehmen. Vor allem das hauptberuflich tätige Personal in der Seelsorge, d.h. Priester und Diakone, Gemeinde- und Pastoralreferentinnen und -referenten, ist zu befähigen, im Gottesdienst leitend zu handeln. Diese Gruppe dient in der Regel auch als Multiplikator für liturgische Fragen in den Gemeinden. Bereits während des Studiums werden liturgische Fragen zu Geschichte, Theologie und Praxis der gottesdienstlichen Feiern behandelt. Die Liturgiewissenschaft ist in der universitären Ausbildung zu den Hauptfächern zu zählen. Dieses grundständige Wissen ist durch pastoralliturgische Aspekte kontinuierlich zu ergänzen, insbesondere in der Berufseinführung, aber auch darüber hinaus.
Daneben eröffnet sich das ebenfalls besonders wichtige Feld der Gottesdienstbeauftragten, Lektoren, Kommunionhelfer, Chorsänger, Musiker und Kantoren, Mesner, Ministranten usw. Jeweils ist ein grundlegendes Verständnis für liturgisches Handeln erforderlich.[39] Dies bedarf der Reflexionsfähigkeit, einem gewissen Maß an Grundwissen und der Aus-

[38] Monika Jakobs, Welche AdressatInnen und welche Ziele hat eine zukunftsgerichtete Erwachsenenbildung? in: Kohli Reichenbach – Noth (Hg.), Religiöse Erwachsenenbildung, 71–82, hier 81.
[39] Vgl. hierzu Volgger, Inhaltliche Standards, 275f. Volgger nennt einige Aspekte, die liturgische Dienste benötigen: a) Zusammenführung der an der Liturgie Mitwirkenden, b) theologisch-spirituelle Bildung und Ausbildung, c) praktische Schulung/Übung und d) Reflexionsmöglichkeit/Nacharbeit.

drucksfähigkeit. Je nach Dienst werden in vielen Diözesen spezifische Aus- und Weiterbildungsangebote bereitgehalten.[40]
Unter dem Stichwort „Ars celebrandi" wurde in den letzten Jahren zum Ausdruck gebracht, dass es eine Kunst ist, Gottesdienst zu feiern. Diese Kunst bedarf der Einübung und der Sensibilität für das Zusammenwirken verschiedener Dienste in der Liturgie, die als Rollengeschehen den Dialog zwischen Gott und Mensch zum Ausdruck bringt. Qualifiziertes Handeln in der Liturgie wird daher nach dem Beitrag des einzelnen Dienstes im Hinblick auf die tätige Teilnahme aller Mitfeiernden fragen.
In diesem Sinn geht es bei liturgischer Bildung nicht bloß darum, einen Gottesdienst leiten, mitgestalten oder einen besonderen Dienst ausüben zu können, sondern auch darum, andere partizipieren lassen zu können.
Insbesondere im Feld der Qualifikation für liturgische Dienste kann es nicht allein um die Ausbildung allein handwerklicher Fertigkeiten gehen. Zwar ist die Kenntnis von Abläufen für die gottesdienstliche Feier Voraussetzung, doch gehört es zu einer soliden liturgischen Bildung dazu, Hintergründe und Tiefendimensionen des Tuns zu erschließen. In der Liturgiekonstitution ist daher die Rede davon, „dass nicht bloß die Gesetze des gültigen und erlaubten Vollzugs beachtet werden, sondern auch dass die Gläubigen bewusst, tätig und mit geistlichem Gewinn daran teilnehmen." (SC 11)

These 9: Liturgische Bildung stellt sich der Pluralität liturgischer Formen und Zugänge, in diesem Sinn dient sie auch der spirituellen Reifung.

Liturgische Bildung dient nicht allein der Beschäftigung mit einem Gegenstand, vielmehr trägt sie zum Selbst-Werden der Person bei. Die Ausprägung einer Urteilsfähigkeit auf dem Gebiet der Liturgie geht einher mit einer prinzipiellen Akzeptanz verschiedener Ausdrucksformen der Liturgie. Wer sich bildet, wendet sich nicht nur einem Gegenstand zu, sondern öffnet sich: Guardini hält nur in der „echten Hingabe" das „letzte

[40] Beispielhaft für die Schweiz, für das Bistum Würzburg und für das Bistum Magdeburg: Peter Spichtig, Liturgische Bildung in der (deutschsprachigen) Schweiz, in: HlD 63 (2009), 282–285; Matthias Hamann, Diözesane Angebote zur liturgischen Bildung im Bistum Magdeburg, in: HlD 63 (2009), 289–292; Stephan Steger, Der liturgische Bildungsauftrag im Bistum am Beispiel Würzburg, in: HlD 63 (2009), 293–296. Eine Reihe von Maßnahmen zur liturgischen Bildung nennt auch Klemens Richter, Probleme der Vermittlung liturgischer Bildung, in: Gemeinsame Arbeitsstelle für gottesdienstliche Fragen 6 (H. 15/1992), 3–32.

Selbst-Werden" für möglich.[41] In diesem Sinn ist der Aspekt der kritischen Prüfung nicht ohne die Anerkennung anderer Ausdrucksformen zu denken. Im Ansatz geht die Liturgiekonstitution des Zweiten Vatikanischen Konzils auf diesen Zusammenhang ein:

> „Treu der Überlieferung erklärt das Heilige Konzil schließlich, dass die heilige Mutter Kirche allen rechtlich anerkannten Riten gleiches Recht und gleiche Ehre zuerkennt. Es ist ihr Wille, dass diese Riten in Zukunft erhalten und in jeder Weise gefördert werden, und es ist ihr Wunsch, dass sie, soweit es not tut, in ihrem ganzen Umfang gemäß dem Geist gesunder Überlieferung überprüft und im Hinblick auf die Verhältnisse und Notwendigkeiten der Gegenwart mit neuer Kraft ausgestattet werden." (SC 4)

Die prinzipielle Anerkennung verschiedener Riten, deren kritische Prüfung und Pflege war den Konzilsvätern ein großes Anliegen, wenngleich die Ausführungen im großen Horizont einer allgemeinen Liturgiereform zu sehen sind. Nichtsdestotrotz spiegelt sich darin eine wichtige Grundhaltung, die bei liturgischer Bildung im Blick zu behalten ist. Es ist die Haltung der Weite und Tiefe im Bereich religiöser Ausdrucksformen. Daher hat sich liturgische Bildung der Pluralität liturgischer Formen und Zugänge zu stellen. Liturgische Bildung kann in diesem Zusammenhang zu einer spirituellen Reifung beitragen. Mit Karl Rahner gesprochen ist dies ein Hineinführen in ein „Leben aus dem Geist."[42]

Mit anderen Worten bietet die Öffnung für das einem zunächst fremde gottesdienstliche Phänomen, die Chance selbst mehr und mehr daran zu wachsen. Dies skizziert auf ähnliche Weise Stefan Altmeyer im Kontext spiritueller Bildung, wenn er diese als „den Prozess und das Ergebnis einer reflektierten spirituellen Individualität in wechselseitiger Erschließung mit den Spiritualitätsformen der christlichen Tradition"[43] charakterisiert. Zweifelsohne steht bei liturgischer Bildung für den ein oder anderen hauptsächlich der Erwerb von Wissen im Vordergrund. Nicht weniger darf dabei jedoch die Reflexion der eigenen Haltung zum Anderen oder gar Befremdlichen in den Blick genommen werden.

[41] Vgl. Guardini, Grundlegung der Bildungslehre, 71.

[42] Zitiert nach Christian Schütz, Art. „Spiritualität. Christliche Spiritualität", in: Ders. (Hg.), Praktisches Lexikon der Spiritualität, Freiburg i. Br. u.a. 1992, 1170–1180, hier 1171.

[43] Stefan Altmeyer, Spiritualität und spirituelles Lernen in der religiösen Erwachsenenbildung, in: Kohli Reichenbach – Noth (Hg.), Religiöse Erwachsenenbildung, 83–97, hier 93.

6 Schlussbemerkungen

Für die Liturgie und liturgische Bildung kann nur unterstrichen werden, was Eckhard Nordhofen im Kontext mystagogischer Bemühungen unter dem Stichwort Performanz sagen kann: „Wer über Religion nur Begriffe bildet, kann sie nicht wirklich begreifen.“[44] Denn Liturgie stößt in die Mitte des Glaubens vor, in das Beziehungsgeschehen zwischen Gott und Mensch. Liturgische Bildung legt daher auch die Schnittstellen von lex orandi, lex credendi und lex agendi offen. Sie hinterfragt liturgisches Leben, den dahinter stehenden Glauben und die daraus folgenden Handlungsmaximen. So stehen im Hintergrund auch die Selbstvergewisserung kirchlichen Tuns und zugleich der bleibende pastorale Anspruch der Kirche, den Menschen zu bilden. Liturgische Bildung bleibt eine beständige Aufgabe, ist mit Guardini „ein ganz bestimmtes Können (…) ein Werden und Wachsen, (…) ein Sein.“[45]

[44] Eckhard Nordhofen, „So geht katholisch“. Plädoyer für eine starke Mystagogie, in: Communio 35 (2006), 224–230, hier 228; Vgl. auch Mendl, Religion erleben, 164.
[45] Vgl. Guardini, Liturgie und liturgische Bildung, 26.

„Wovon man nicht sprechen kann, darüber muss man schweigen." (Wittgenstein)

Glaube als Teil der Erwachsenenbildung

Markus Roth

1 Einführung

Bei vielen Diskussions- und Gesprächsrunden, bei denen es um die Verortung der theologischen Erwachsenenbildung geht, scheinen oftmals zwei Anfragen auf. Zum einen geht es um den Stellenwert der Erwachsenenbildung, den sie in der Pastoral per se und im Gemeindeleben vor Ort haben kann und soll. Zum anderen richtet sich der Blick auf die Inhalte und die spezifische Zielrichtung der theologischen Erwachsenenbildung. Beide Problemstellungen sind dabei von besonderer Brisanz. Allen voran, wenn das menschliche Phänomen *Glaube* Bestandteil der erwachsenenbildnerischen Angebote wird, werden Fragen aufgeworfen, ob *Glaube* überhaupt Teil von Bildungsprozessen sein kann.

Der österreichisch-britische Philosoph Ludwig Wittgenstein entwirft in seinem berühmten Werk *Tractatus logico-philosophicus* im siebten Abschnitt den markanten und oft zitierten Satz „Wovon man nicht sprechen kann, darüber muss man schweigen."[1] In derselben Veröffentlichung lediglich einige Abschnitte zuvor schreibt Wittgenstein: „Die Grenzen meiner Sprache bedeuten die Grenzen meiner Welt."[2] Beide Zitate zeigen in einer gewissen Weise, dass alle Worte, Äußerungen und Ausführungen an Grenzen stoßen und es anscheinend auch Sachverhalte und Inhalte gibt, die zumindest sprachphilosophisch nicht realisierbar sind. Mit anderen Worten könnten die Aussagen Wittgensteins auch in die Richtung interpretiert werden, dass ohne eine gewisse Letztgewissheit ein Reden über die Sache schwierig und teilweise auch nutzlos ist. Trifft dies dann auch auf den *Glauben* zu?

Auch wenn es wohl nicht zur Diskussion steht, dass ein wesentlicher Punkt des *Glaubens* gerade darin liegt, dass es keine letztgültigen Beweise für die Glaubensinhalte gibt, würden nicht nur die Kirchen und Re-

---

[1] Ludwig Wittgenstein, Logisch-philosophische Abhandlung. Tractatus logico-philosophicus. Kritische Edition, herausgegeben von Brian McGuinnes – Joachim Schulte, Frankfurt a. M. 1998, 178.

[2] Ebd., 134.

ligionsgemeinschaften sich vehement wehren, wenn theologische Rede gänzlich aus dem Alltag und auch aus den wissenschaftlichen und „profanen“ Diskussionsforen verschwinden würden.
Auf dieser Folie sollen die folgenden Ausführungen den Versuch wagen, wie der *Glaube* Bestandteil von theologischer Erwachsenenbildung sein kann und unter Umständen auch sein darf. Nach Definitionsversuchen von *Glaube* und *Bildung*, die keinen Anspruch auf Vollständigkeit einfordern, wendet sich der Hauptteil Aspekten einer Glaubensvermittlung in der Erwachsenenbildung anhand von exemplarischen Angeboten zu.

2 Glaube und Bildung

Eine Beschäftigung mit der Fragestellung nach der thematischen Befassung mit *Glaube* in der (theologischen) Erwachsenenbildung stellt unabdingbar den Versuch einer Definitionsbestimmung von *Glaube* und *Bildung* an den Anfang der Ausführungen. Wohl wissend, dass bereits solche Definitionen an ihre Grenzen stoßen, soll der Versuch dennoch unternommen werden, damit daran anschließend Denkanstöße für eine Vermittlung von *Glaube* zur Sprache kommen können.

2.1 Was heißt Glaube?

> „Der Glaube hat keine Angst vor der Vernunft; im Gegenteil, er sucht sie und vertraut ihr, denn ‚das Licht der Vernunft und das des Glaubens kommen beide von Gott‘ und können daher einander nicht widersprechen.“ (EG 242)

Diese Worte aus dem Apostolischen Schreiben *Evangelii gaudium*[3] von Papst Franziskus machen Mut, trotz aller Anfragen und Zweifel am Glauben sich diesem zu nähern. Gleichzeitig zeigt die Äußerung des Papstes auch, dass sich eine Beschäftigung mit dem *Glauben* auch aus Gründen der Vernunft heraus stellen darf und kann.
Glaube, wie wir ihn aus der Alltagssprache heraus kennen, ist fast allgegenwärtig: *Der Glaube versetzt Berge – Das kann glauben, wer will – wer nichts weiß, muss alles glauben – so glaub mir doch bitte!!!* Doch drücken diese Redewendung nur sehr marginal die Grundkonstanten von *glauben* und *Glaube* aus.
Doch was hat es mit dem religiösen *Glauben* auf sich? Was *glauben* wir und warum? Wie *glauben* und wozu? Müssen wir *glauben* oder haben wir

[3] Franziskus, Apostolisches Schreiben „Evangelii gaudium“ vom 24. November 2013 (VApS 194), Bonn ²2013.

Alternativen dazu? Auf dieser Folie erscheint es angebracht, einmal kurz hineinzuschauen in das Unbegreifliche, das *Glaube* bzw. das *glauben* genannt wird.

Wird das deutsche Wort *glauben*, sprich die Verbform von *Glaube*, näher von seiner Herkunft aus betrachtet, dann erkennen wir erste Ansätze. *Glaube* leitet sich vom mittelhochdeutschen "g(e)louben" ab und bedeutet ähnlich wie sein Pendant aus dem Althochdeutschen "gilouben" „für lieb halten, gutheißen". Der Wortstamm setzt sich dabei aus den heute noch ähnlich klingenden Wörter *Lob* und *lieb* zusammen. Eine artverwandte Abgleichung dieser Etymologie findet sich auch im angelsächsischen *believe*, was wir im Deutschen mit *glauben* übersetzen.

Wird nun das Substantiv *Glaube* betrachtet, dann zeigt sich ein vergleichbares Bild. Aus dem indogermanischen "leubh" abgeleitet, könnte es mit „lieb haben, für lieb erklären, loben" übersetzt werden.

Wenn wir uns vom Deutschen etwas wegbewegen und in andere Sprachfamilien hineinblicken, dann sehen wir ganz ähnliche Bedeutungsstränge wie im Deutschen. Auch hier begegnet uns wieder das Bild des Herzens und der Liebe. Allen voran die lateinische Form des „credere" – im christlichen Kontext bekannt durch die Bezeichnung Credo für das Glaubensbekenntnis – entspricht in besonderer Weise der deutschen Verwendung des „lieb haben". „Credere" in seine Einzelteile „cor" und „dare" zerlegt, bedeutet „sein Herz geben/schenken". Das Substantiv *„fides"* greift dieses mit der Übersetzung „Treue, Vertrauen" auf.[4]

Glaube, so wie er sich in seiner etymologischen Herleitung präsentiert, bezeichnet also eine Entscheidung des Menschen, etwas tief in sein Herzen hineinzulassen und diesem sein vollstes Vertrauen, vielleicht sogar mehr noch, sein Leben, seine Liebe zu schenken. *Glaube* ist so also eine bewusste und freie Zustimmung des Menschen und ein Sich-Einlassen auf das Gegenüber.

In heutiger Zeit wird *glauben* aber oftmals mit „etwas für wahr halten" gleichgesetzt; wohl eine verkürzte Sichtweise, wenn es rein wissenschaftlich und messbar konnotiert ist. Denn der Zweifel ist ein stetiger Begleiter des Glaubensaktes, auch wenn er nicht die Überhand gewinnen sollte.

---

[4] Zur ganzen etymologischen Ableitung vgl. u.a. Wilhelm Braun, Etymologisches Wörterbuch des Deutschen. A – L, Berlin 2. durchgesehene und ergänzte Auflage 1993, 454; Friedrich Kluge, Etymologisches Wörterbuch der deutschen Sprache, bearbeitet von Elmar Seebold, Berlin – Boston 25., durchgesehene und erweiterte Auflage 2011, 362.

Glaube ist mehr als nur ein Befolgen von Vorgaben einer Religion oder einer religiösen Gruppe. *Glaube* ist auch eine Suchbewegung des Menschen. Für Reinhard Kardinal Marx gehört daher *Glaube* zu den Urtypen des Menschseins. Dem Menschen den Akt des *Glaubens* abzusprechen, würden bedeuten, „die Fähigkeit des Menschen zur Transzendenz aus[zuklammern]. Und das [die Fähigkeit zur Transzendierung, M.R.] ist die Möglichkeit, über sich hinauszugehen, das eigene Ich zu übersteigen in eine nicht abschließbare Welt hinein.“[5]

Glaube – egal welcher Religion oder Weltanschauung verhaftet – ist ein ganz persönlicher Akt. Es ist weder ein rein wissenschaftlich verifiziertes Wissen um etwas Bestimmtes, noch ein blindes Befolgen doktrineller Verlautbarungen.

Angefüllt mit den Aussagen und Vorgaben der verschiedenen religiösen, weltanschaulichen und ethischen Gruppen, zeichnet sich der *Glaube* durch eine gewisse Art der bedingungslosen Hingabe aus. Trotz aller Zweifel, Anfragen, Ängste oder auch Befürchtungen ist der *Glaube* für den Menschen von seiner Grundkonstante her eine Bereicherung und eine Hilfestellung für das Leben.

2.2 Bildung

Haben wir uns dem „Phänomen“ *Glaube* vorwiegend mit einer religiös gefärbten Brille genähert, so soll es in einem weiteren Schritt kurz um *Bildung* gehen.

Der Begriff *Bildung* wird oftmals vorrangig mit Schule in Verbindung gebracht, in der Lehrer versuchen, ihren Schülerinnen und Schülern einen „Standard“ an Bildung zu vermitteln, welcher im Lehrplan als angemessen festgelegt und definiert wurde. Demnach sieht sich *Bildung* auf Wissen, Lernen und Lehren und auf die Vermittlung von Kenntnis und Erkenntnis reduziert. *Bildung* im Kontext des schulischen Alltags wird oftmals auch mit Erziehung gleichgesetzt und quasi synonym verstanden. Doch dies kann unbeabsichtigt in eine irreführende Richtung weisen.

> „Die Abgrenzung beider gegeneinander ist schwierig und nicht einfach durch Definitionen erreichbar. Denn nach einer jahrhundertelangen Geschichte, während derer diese beiden deutschsprachigen Begriffe teilweise in Konkurrenz zueinander stan-

[5] Reinhard Marx, glaube!, München 2013, 19.

den und sich wechselseitig in ihrer Bedeutung überschnitten, tragen sie Konnotationen mit sich, die sich durch Definitionen nicht einfach tilgen lassen."[6]

Doch ist das alles, was *Bildung* ausmacht?

Als eine Art Gründungsvater der „modernen" Bildungsmaxime kann der deutsche Gelehrte und Staatsmann Wilhelm von Humboldt verstanden werden. Von Humboldt plädiert für ein Bildungsverständnis, nach dem alle Kräfte des Menschen angesprochen werden, damit dieser sich wiederum als Individuum zu entfalten weiß und seinen Beitrag für das soziale Gefüge der Gesellschaft erkennt.

Nach dem Humboldt'schen Bildungsideal ist *Bildung* mehr als die reine Aneignung von Wissen. Individualität und Persönlichkeit sowie die Entwicklung von Talenten spielen eine ebenso große Rolle wie das vorrangige Blicken auf reine Wissensvermittlung. *Bildung* ist damit ein Prozess der Individualisierung, durch den der Mensch seine Persönlichkeit ausgestalten kann.

Eine präzise Definition des Bildungsbegriffs zu finden, erweist sich aber als äußerst schwierig.

> „Bildung lässt sich allgemein beschreiben als: ‚subjektive Aneignung des objektiven Gehalts von Kultur' in der ‚auf der einen Seite allgemeine oder gar universale Bestimmungen des Selbst- und Weltverhältnisses wie Vernunft, Rationalität, Humanität, Sittlichkeit verschränkt sind oder sein sollten mit den auf der anderen Seite besonderen Bestimmungen konkreter Individualität von Personen.'"[7]

Eine wichtige Grundlage von *Bildung* und eine daraus ableitbare Definition fußt auf dem jüdisch-christlichen Menschenbild. Der Gedanke der Imago-Dei, der Gottebenbildlichkeit, wie sie exemplarisch in Gen 1,27 („Gott schuf also den Menschen als sein Abbild; als Abbild Gottes schuf er ihn.") und in 2 Kor 3,18 („Wir alle spiegeln mit enthülltem Angesicht die Herrlichkeit des Herrn wider und werden so in sein eigenes Bild verwandelt, von Herrlichkeit zu Herrlichkeit, durch den Geist des Herrn.") besonders stark postuliert wird, hebt den Menschen zum einen auf eine besondere Stufe und definiert *bilden* so zum zweiten als einen „göttli-

[6] Bernhard Schwenk, Art. „Bildung", in: Dieter Lenzen – Friedrich Rost (Hg.), Pädagogische Grundbegriffe, Bd. 1, Reinbek 1989, 208–221, hier 208.

[7] Yvonne Ehrenspeck, Bildung, in: Heinz-Hermann Krüger – Cathleen Grunert (Hg.), Wörterbuch Erziehungswissenschaft, Wiesbaden 2004, 65.

chen" Akt. Bilden wird danach als gebildet werden durch Gott nach dem Abbild Gottes verstanden.[8]

Eine Ableitung und Definition von *Bildung* auf der Grundlage des biblischen und religionsgeschichtlichen Befundes präsentiert *Bildung* als eine Möglichkeit des konkreteren Menschenwerdens. *Bildung* ist eine Formung des Menschen und damit unerlässlich, wenn es um eine „Unterstützung" des Menschen geht.

Aus dieser Erkenntnis lässt sich der Schluss ableiten, dass *Bildung* mehrere Bedeutungsebenen einschließt. Wird *Bildung* als reflektiertes Denken und darauf aufbauendes Handeln definiert, ergibt sich für Bildung vom Ergebnis mehr als bloße Informationsaufnahme und Verarbeitung von Wissensinhalten.

Bildung ist also nicht automatisch identisch mit schulischer Ausbildung und Erziehung. Daraus kann auch abgeleitet werden, das eine Erwachsenenbildung – sei es im kirchlichen wie auch im profanen Bereich – nicht als eine Fortführung erzieherischer Prämissen gelten kann.

Die wissenschaftliche Beschäftigung mit der Erwachsenenbildung kennt viele unterschiedliche Theorieansätze und Bezugsebenen. Allen gemein ist der Bezug zur Gesellschaft bei gleichzeitigem Hinwenden zu Inhalt und Person.[9] Der tertiäre Bildungsbereich stellt mehr als noch die schulische und außerschulische (Weiter-)Bildung die Reifung und Ausgestaltung des Menschen in den Mittelpunkt. Es geht weniger um verifizierbares Wissen als um einen persönlichen Hinzugewinn.

Dies hat auch Auswirkungen auf eine theologische und kirchlich verantwortete Erwachsenenbildung.

2.3 Vermittlung von Glaube

Sind nun *Glaube* und *Bildung* ansatzweise einer definitorischen Betrachtung unterzogen worden, gilt es nun eine Art der Vereinbarkeit zu erarbeiten und damit eine erste Antwort auf das „Schweigegebot" Wittgensteins zu geben.

---

[8] Vgl. u.a. Klaus Zierer, Einführung. Mensch und Bildung, in: Reinhard Marx – Ders., Glaube und Bildung. Ein Dialog zwischen Theologie und Erziehungswissenschaft, Paderborn 2013, 15–16.

[9] Vgl. u.a. Jürgen Wittpoth, Einführung in die Erwachsenenbildung (Einführung in die Erwachsenenbildung 4), Opladen – Farmington Hills 3., überarbeitete Auflage 2009, 39–63.

Glauben, als aktives Tun, ist ein zutiefst individuelles Handeln. Es speist sich aus den vorgegebenen Glaubenssätzen und -artikeln auf der einen Seite und aus der Annahme durch den Menschen selbst.
Auf dieser Ebene, der individuellen Annahme des Glaubens, spielt die *Bildung* wohl nur eine untergeordnete Rolle. Anders verhält es sich, wenn es um die Kenntnisse der Glaubensaussagen geht. Wie bei anderen Vermittlungsinhalten können auch theologische Grundinformationen Gegenstand von Bildungsprozessen sein.
Für Rudolf Englert ist es in dieser Sache wichtig, dass diese Bildungsvorgänge nicht in die Falle indoktrineller Vorgehensweise treten: „Religiöse Erwachsenenbildung darf nicht die Fortsetzung der Predigt mit anderen Mitteln sein; sie ist nicht einfach eine Kanzel für die Verkündigung an die, die nicht mehr in den Gottesdienst kommen.“[10]
Wenn es bei der erwachsenenbildnerischen Arbeit nicht um ein reines Belehren im klassischen schulischen Sinn gehen soll, sondern auch die Aspekte des lebenslangen Dazulernens und der Selbstbildung des Menschen im Vordergrund stehen, dann ist Erwachsenenbildung mehr als reine Katechese[11] oder Mystagogie[12].
Reinhard Kardinal Marx und der Erziehungswissenschaftler Klaus Zierer fassen ihre komplementäre Sicht auf *Bildung* und *Glaube* wie folgt zusammen:

> „Christentum versteht sich als Aufklärung. Insofern bedingen sich Glauben und Bildung gegenseitig. Das eine ist zwar ohne das andere auf einer theoretischen Ebene betrachtbar, in der Realität greifen beide Seiten aber ineinander. Insofern wäre es eine Verkürzung des Daseins, Bildung ohne Glaube und Glaube ohne Bildung zu betrachten.“[13]

In *Evangelii gaudium* geht Papst Franziskus sogar noch einen Schritt weiter und erhebt die *Bildung* des Menschen, gerade wenn es um die Botschaft des *Glaubens* und des Evangeliums geht, in die Kategorie einer pastoralen Notwendigkeit, wenn er schreibt: „Die Bildung der Laien und die Evangelisierung der beruflichen und intellektuellen Klassen stellen eine bedeutende pastorale Herausforderung dar.“ (EG 102)

---

[10] Rudolf Englert, Die Aufgabe religiöser Erwachsenenbildung in einer Kirche im Übergang, in: Kerykс 1 (2002), 155–174, hier 157.
[11] Vgl. u.a. Günter Biemer, Art. „Katechese“, in: LThK³ 5 (2006), Sp. 1303–1304.
[12] Vgl. u.a. Werner Simon, Art. „Mystagogie. II. Religionspädagogisch u. praktisch-theologisch“, in: LThK³ 7 (2006), Sp. 571–572.
[13] Marx – Zierer, Glauben und Bildung, 159–160.

Nochmals zurück zur ausgangsgestellten Frage, ob *Glaube* Gegenstand von Bildungsveranstaltungen stehen kann und soll, kann vor diesem Hintergrund eine bejahende Antwort gegeben werden. Doch gilt es hierbei kritisch auf die Art und Weise des erwachsenenbildnerischen Konzeptes zu schauen.

3 Aspekte einer Glaubensvermittlung in der Erwachsenenbildung

Wenn nun Einigkeit darüber besteht, dass *Glaube* Gegenstand von Erwachsenenbildung sein kann, dann gilt es in einem weiteren Schritt Aspekte und Kriterien einer Glaubensvermittlung in der Erwachsenenbildung zu bezeichnen.

Ein Blick in das Feld der Erwachsenenbildung zeigt, dass theologische Themen immer wieder Gegenstand von Veranstaltungen sind. Das Benennen theologischer und glaubensthematischer Bildungsangeboten in den Programmen der katholischen Bildungswerken und -einrichtungen ist wenig verwunderlich und überraschend. Vielmehr erscheinen doch gerade diese Bildungsträger als Urtypen einer theologischen Erwachsenenbildung. Mehr erstaunen kann im Gegenzug, dass auch in vielen Volkshochschulen und sonstigen staatlichen und städtischen Bildungseinrichtungen theologische und ethische Themen sich großer Beliebtheit erfreuen.

3.1 Glaube aufzeigen und nicht belehren

Eine Grundlage bei all diesen Bildungsmaßnahmen sollte sein, sie nicht zum Zwecke einer Missionierung und Belehrung zu missbrauchen. Viele Mensch, die sich vor die Entscheidung gestellt sehen, eine kirchliche Erwachsenenbildung – egal welchen Inhalts – in Anspruch zu nehmen, befürchten oftmals ein „offen oder unterschwellig auf kirchliche Propaganda und Indoktrination ausgerichtetes Angebot.“[14] Diesen Sorgen gilt es entgegen zu wirken, indem die Offenheit im Umgang mit Glaubensthemen dargestellt und gelebt wird.

[14] Heiner Barz – Rudolf Tippelt, Kirchliche Erwachsenenbildung und Lebensstil. Zukunftsorientierung setzt präzise Zielgruppenkenntnis voraus, in: Alfred Schuchart – Reinhard Hohmann (Hg.), Kirchliche Erwachsenenbildung von „innen“ und von „außen“ betrachtet. Erträge eines Werkstattsgesprächs im Institut für Wissenschaftliche Weiterbildung der Philosophisch-Theologischen Hochschule Vallendar am 27./28. Februar 1998 (EB-Buch 13), Würzburg 1998, 64.

Entgegen der Proklamierung von Glaubenssätzen sollte eine theologische Erwachsenenbildung, die sich dem Thema *Glaube* zuwendet, den teilnehmenden Menschen die Vielfalt und die Antwortversuche von *Glaube* auf die Fragen der Zeit ermöglichen. Das Format einer Belehrungsdidaktik ist hierbei wenig Erfolg versprechend.
Rudolf Englert postuliert daher ein Bild der theologischen bzw. religiösen Erwachsenenbildung, die genau diesen Aspekt einer missionsfreien Bildung aufgreift.

> „Aufgabe religiöser Erwachsenenbildung wäre es dementsprechend, mit dem ‚Glauben der Kirche' umfassend und systematisch bekannt zu machen. (...) Religiöse Erwachsenenbildung hätte den Menschen von daher zu helfen, eine Gestalt reflexiven und personalen Glaubens auszubilden; sie müsste dem Einzelnen zeigen, wie es ihm gelingen kann, die vorgegebene Überlieferung in Bezug zu seinem Bedürfnis nach Religiosität, Rationalität und lebensgeschichtlicher Problembewältigung zu bringen und die Tradition damit auf eine eigenständige Weise zu adaptieren."[15]

Oftmals suchen gerade auch kritisch fragende Menschen die Chance im Rahmen von erwachsenenbildnerischen Veranstaltungen Antworten zu erhalten und ihre Sorgen zu artikulieren. Viele Menschen sind dabei noch alten, zum Teil in der Schule angelernten, Sichtweisen vom *Glauben* verbunden und sie wissen diese nicht mehr mit ihrem aktuellen Leben vereinbar.

> „Identitätsrelevantes Lernen heisst nämlich nicht, Wissen ‚einfüllen', wo vorher ‚nichts' war, sondern heisst im wesentlichen, ‚neue' Sehweisen anbieten, die an die Stelle von ‚alten', z.T. liebgewonnenen und für plausibel gehaltenen Sehweisen zu treten hätten oder die in der Regel doch mindestens eine gewisse Modifikation dieser Vorstellungen verlangen. Lernen bzw. Bildung wird also hier nicht als Übermittlungs-, sondern als *Transformations*prozeß begriffen, als ein Geschehen nicht des An-Lernens, sondern des Um-Lernens, in dem mit der aktiven Erkenntnistätigkeit des Subjekts gerechnet werden darf und muss."[16]

Die theologische Erwachsenenbildung kann und sollte hier ihren Platz finden, denn sie verfügt über die Kompetenzen und Rahmenbedingungen den Menschen den Glauben aufzuzeigen.

3.2 Glaub-würdig erklären und vermitteln

Wenn nun eine Vermittlung des *Glaubens* nicht gänzlich darauf beschränkt sein möchte, Glaubenssätze und -inhalte reproduktionsfähig zu

---

[15] Englert, Die Aufgabe religiöser Erwachsenenbildung in einer Kirche im Übergang, 167.
[16] Ebd., 163.

platzieren, dann bedarf es beim Bildungsanbieter wie beim Bildungsempfänger einer bestimmten Konditionierung.
In der „klassischen“ Vita eines Glaubenden tauchen in diesem Zusammenhang verschiedene Lernorte und Lernalter auf. Ehrenfried Schulz betont in diesem Zusammenhang immer wieder, dass Glauben-Lernen nie ort- und beziehungslos stattfinden kann.[17] Darüber hinaus hebt er den engen Zusammenhang von Leben-lernen und Glauben-lernen hervor.
Diese Verbindungslinie von Sender und Empfänger greift auch Reinhard Kardinal Marx auf, wenn er in seinem Büchlein *glaube!* die Bedingung dreier Faktoren bei der Glaubensvermittlung postuliert.

> „Zum Glauben gehört dreierlei. Zunächst der Bote, der Zeuge, der etwas zu verkünden hat. Dann der Angesprochene, der Zuhörer, der etwas aufnimmt. Und als Drittes die Botschaft, die verkündet wird.“[18]

Allen voran für den Sender, den Boten des *Glaubens* gilt die Maxime, dass er im wahrsten Sinne des Wortes *glaub*-würdig ist. Die Botschaft – besonders im Bereich des religiösen *Glaubens* – bedarf einer Verkündigung und Erklärung, die mit dem Vermittler in Authentizität, als eine Art Einheit, angesehen werden kann. Natürlich muss sich der Angesprochene auch dem Gesagten öffnen und auch bei aller Kritik und bei allen Anfragen zuhören können, denn der *Glaube* kommt vom Hören (vgl. Röm 10,17).
So kann, was Papst Franziskus in *Evangelii gaudium* auf das päpstliche Lehramt bezieht, auch in gewisser Weise für die Erwachsenenbildung gelten: „Ich glaube auch nicht, dass man vom päpstlichen Lehramt eine endgültige oder vollständige Aussage zu allen Fragen erwarten muss, welche die Kirche und die Welt betreffen.“ (EG 16)
Glaubenskurse und Angebote zum *Glauben* müssen nicht in nuce alles zu erklären versuchen. Sie sollten der Botschaft des *Glaubens* würdig sein, diesen den Menschen anbieten und darüber in Austausch kommen.

---

[17] Vgl. hierzu den Artikel in diesem Band „Christsein lernen in lebens- und glaubensgeschichtlicher Perspektive“ von Ehrenfried Schulz.
[18] Marx, glaube!, 33–34.

3.3 Möglichkeiten einer Einlösung von Glaubenserklärungen

Anders als in der schulischen Bildung, bei es oftmals vorrangig nur um reproduktionsfähiges Lernwissen geht, steht der Erwachsenenbildung an sich und damit auch der theologischen Erwachsenenbildung im Speziellen alle Türen offen, die Menschen situationsorientiert und handlungsspezifisch zu bilden. Die Herausforderung an dieser Stelle ist natürlich, möglichst gleichzeitig allen Zielgruppen und Bedürfnislagen im selben Maße gerecht zu werden. Doch kann und muss sich eine theologische Erwachsenenbildung, die sich der Vermittlung des *Glaubens* verschrieben hat, diesen Herausforderungen stellen und Lösungsansätze erarbeiten.

Anders als bei der empirischen Sicht auf die *Bildung*, bei der es um Vergleichbarkeit und verifizierbares Wissen geht, kann sich eine (theologische) Erwachsenenbildung die Freiheit nehmen, Inhalt und Adressat des Bildungsangebots näher in den Blick zu nehmen. Dabei können verschiedene Formate hilfreich und angemessen sein. Drei Ideen seien hier erwähnt.

3.1.1. Glaubenskurse/-reihe

Eine fast schon klassische und weit verbreitete Form der Glaubensvermittlung im Bereich der Erwachsenenbildung sind Glaubenskurse. Allen voran besteht jedoch in diesen Angeboten die Gefahr, sich zu stark auf Aneignung des *Glaubens* als auf Erfahrung des *Glaubens* zu orientieren. Die angebotenen Glaubensreihe dürfen aber nicht der Versuchung anheimfallen, die Teilnehmenden eine Sichtweise des *Glaubens* aufzuoktroyieren oder in den Bereich der Katechese zu verfallen.

Ein Beispiel für einen Glaubenskurs, der bewusst erwachsenenbildnerisch und nicht katechetisch orientiert ist, ist der *Münchner Glaubenskurs für Alle*.[19] Ausgangspunkt dieses Konzeptes ist es, zusammen mit den Teilnehmerinnen und Teilnehmern den *Glauben* gemeinsam zu erarbeiten und kennen zu lernen. Natürlich leben ein solcher Kurs und solche Reihen auch von der persönlichen Note der Referentin und des Referenten, doch ist ein Anliegen des Kurses, den Nachfragen und der Diskussion weiten Raum zu lassen.

Ein markantes Merkmal eines solchen Glaubenskurses ist der Versuch, möglichst viele Themen des christlichen Glaubens zu beleuchten und da-

[19] Vgl. Markus Roth, Ist Glaube(n) lernbar? Der „Münchner Glaubenskurs für Alle“, in: Info-Dienst Theologische Erwachsenenbildung Nr. 62, 21 (2/2013), 3–6.

rüber mit den Teilnehmenden ins Gespräch zu kommen. Stellen sich bei den Inhalten Gottesbild der Menschen, Aufbau der Bibel oder Bedeutung Jesu (z.B. wahrer Mensch und wahrer Gott, Kreuz und Auferstehung, …) vorrangig innertheologische Fragestellung, berühren die thematischen Schwerpunkte Spiritualität, Leid in der Welt und die Frage, was nach dem Tod kommt, ganz individuelle und existentielle Punkte des Menschen. Diese Aspekte aufzugreifen und darüber in Austausch und Diskussion zu kommen, muss ebenfalls bei der Konzeptionierung Platz finden, wie den Teilnehmenden Raum für kirchen- und glaubenskritische Fragestellungen zu geben.

Die Auswahl der Referierenden muss nicht zwangsläufig in Richtung hochqualifizierter Theologinnen und Theologen führen. Gerade im Miteinander von Teilnehmenden, in der Pastoral tätigen Menschen und externen Referenten kann eine Chance liegen, den binnenkirchlichen Kreis zu weiten, in dem verschiedene Perspektiven in die Veranstaltung einfließen können. Einen Kontakt mit den Pastoralen Hauptamtlichen (Priester, Diakone, Pastoralreferentinnen und -referenten, Gemeindereferentinnen und -referenten, …) herzustellen und mit diesen in ein *Glaubens*gespräch zu kommen, kann neben der Vermittlung von Glaubensinhalten auch den „Nebeneffekt" eines Zusammenwachsens in der Pfarrei/dem Pfarrverband mit sich tragen. Für Außenstehende kann ein solcher Kontakt mit den Seelsorgerinnen und Seelsorgern auch neues Kennenlernen von Kirche sein.

Letztlich ist es aber nicht Zielpunkt solcher Kurse, dass mehr Menschen dem *Glauben* anhaften oder wieder in die Kirche gehen, sondern dass die Teilnehmenden zum Nachdenken über den *Glauben* angeregt werden und eine Relevanz dieses *Glaubens* für sich erkennen können.

3.1.2. Komplementärveranstaltungen an religiössensiblen Lebenswenden

Eine der wenigen Punkte des Lebens, an denen Kirche, Religion und Glaube fast unweigerlich bei jedem getauften Christen eine Rolle spielt, ist die Zeit seiner Erstkommunion, Firmung und Konfirmation. Die Kinder und Jugendlichen erhalten in diesen Phasen ihres Lebens eine Vielzahl an theologischen, religiösen und spirituellen Inputs, die es dann zu verarbeiten gilt. Ein Gruppe, die aber in diesem Rahmen oftmals aus dem Blick gerät, sind die Familien, allen voran die Eltern der Kinder und Jugendlichen. Sie sehen sich oftmals mit Anfragen ihrer Kinder konfron-

tiert, die diese aus den katechetischen und sakramentenvorbereitenden Einheiten mit nach Hause bringen.
Gerade an diesen Orten des Lebens könnte die theologische Erwachsenenbildung für die Eltern Hilfestellungen leisten, wenn sie komplementär dazu Begleitprogramme anbieten. Dies können solche Angebote sein, wie die oben genannten Glaubenskurse. Es können aber auch einfache Gesprächskreise sein oder gemeinsam mit den Kindern und Jugendlichen veranstaltete Bildungsformate. So gibt es schon heute Pfarrgemeinden, die an solchen religionssensiblen Situationen begleitende Angebote den Eltern eröffnen, nicht um diese unter Umständen wiederzugewinnen, sondern um die Eltern auf die Fragen der Kinder vorzubereiten.
Vergleichbar mit den heute fast noch überall üblichen Gruppenstunden zur Erstkommunionvorbereitung könnte ein Bildungsformat Elternabende mit glaubensspezifischen Themen sein. Die Inhalte könnten dabei dieselben sein, wie die in den parallel dazu stattfindenden Erstkommuniongruppen.
Als Alternative zu dieser eher zeitintensiven Möglichkeit kann ein Konzept eines gemeinsamen Tages für Großeltern, Eltern, Kinder/Jugendlichen und Geschwister und Freunde sein. Die unter Umständen allzu oft erkennbare Einzelfixierung auf eine Zielgruppe (z.B. die Erstkommunionkinder) verkennt, wie oben bereits angeschnitten, die Chance, andere Menschen auf dem Weg des Sakramentenempfangs mitzunehmen. So können solche „Projekttage" zum Glauben ein Versuch sein, aus unterschiedlichen Perspektiven mit verschiedenen zielgruppenorientierten Methoden sich den Fragestellungen zu nähern. Je nach Lebensphase nähern sich die einzelnen Generationen in unterschiedlichen Weisen den Themen des Lebens. Bereits die gemeinsame Feier der Erstkommunion ruft je nach Lebensalter und Lebenssituation ganz differenzierte Bilder in den einzelnen Menschen hervor.
Kinder und Jugendlichen erfahren zum Beispiel das Thema Krankheit, Sterben und Tod aus einer ganz anderen Sicht heraus, als Erwachsene, die sich die Frage nach Leid in der Welt stellen. Sich gemeinsam dieser „Problemlage" des Menschseins zu näheren und sich mit Hilfe gruppenspezifischer Methoden (z.B. Diskussion und Vortrag für Erwachsene, Fotocollage mit Jugendlichen, Kreativwerkstatt für Kinder, …) auseinanderzusetzen, kann den teilnehmenden Eltern, Kinder und Jugendlichen helfen, Antworten auf ihre Fragen – aus dem christlichen Glaubens heraus

– zu finden. Gleichzeitig erkennen alle Beteiligten, dass im Glauben eine Verbindung bestehen kann, auch über die Generationengrenzen hinaus.
Aber auch eigene religiöse „aufgeladene“ Lebensphasen, wie die eigene Heirat, der Tod eines geliebten Menschen, können Anlass und Hintergrund für glaubensthematische Veranstaltungsformate sein.
In diesem Rahmen können Gesprächskreise ebenso hilfreich sein wie klassische Vortragsabende. Neben diesen Veranstaltungsformaten eigenen sich aber auch ganze Reihen zu bestimmten Themen. Sinnvoll kann eine solche Herangehensweise sein, weil die Lebenssituation, die Gegenstand des Angebots sein soll, aus unterschiedlichen Perspektiven betrachtet werden kann. So sind in diesem Kontext Führungen zu entsprechenden Orte, Filmgespräche, Austauschrunden mit „Betroffenen“ ebenso angemessen wie rein theologische Vorträge.
Wichtig bei diesen Komplementärveranstaltungen an religiössensiblen Lebenspunkten ist, dass die jeweiligen Zielgruppen ernstgenommen werden in ihren Fragen, Sorgen und Freuden und nicht mit vorabgefertigten Antworten *Glaube* und dessen Inhalt als störend empfunden wird. *Glaube* kann Deutungsmuster für die Lebensphasen anbieten und eine neue oder andere Blickrichtung eröffnen.

3.1.3. Interreligiöse Angebote – von- und miteinander lernen

In vielen Bildungsprozessen gilt die Maxime am Unterscheidenden das Gemeinsame zu erkennen. Auf dieser Folie kann auch *Glaube* zum Gegenstand der Bildung werden, wenn verschiedene Weltreligionen zum Ausgangspunkt werden. Alle Religionen verbindet die Sehnsucht nach Transzendenz und nach Antworten auf Fragen des Lebens. Doch bietet jede Religion und jede Glaubensrichtung unterschiedliche Ansätze darauf. Diese Verschiedenheit kann die Grundlage für die Auseinandersetzung und eine Richtschnur für Bildungsveranstaltungen sein.
Die Welt wird immer pluraler und vielfältiger. Dies zeigt sich auch in den Religionen und den Glaubensgruppen. Aus diesem Punkt ergibt sich ein zusätzlicher Anreiz, sich mit *Glaube* und den unterschiedlichen Ausformungen zu beschäftigen. Eine solche interreligiöse Veranstaltung, sei es eine Reihe oder auch einzelne Angebote, können in Kooperation verschiedener Religion durchgeführt werden, um in Offenheit und Dialog voneinander zu lernen. Dabei sind die Formate – Gesprächsrunde, gegenseitige Besuche, themenspezifische Vorträge – fast nebensächlich. Vielmehr sollte es darum gehen, voneinander und miteinander zu lernen.

4 Schlussbemerkung

Doch wie verhält es sich nun mit der Forderung Wittgensteins, über Dinge zu schweigen, die nur schwer in Worte zu fassen sind?

Es bleibt wohl weiterhin unbestritten, dass der individuelle Akt des *glaubens* eine so persönliche Form des Lebens ist, dass sie nur schwer in Worte verpackt werden kann. Doch lebt gerade der *Glaube* davon, dass er weitergetragen wird. „Der Glauben kommt aus dem Hören der Botschaft" (vgl. Röm 10,17) sagt schon der Apostel Paulus. Es kann damit Wittgenstein entgegen gehalten werden: ich kann zwar nur schwer mein *Glauben* in Worte verpacken, doch kann ich erzählen, was *Glaube* für mich ist.

Es ist weiterhin unstreitig, dass ein „Glauben-lernen", so wie es hier aufgezeigt werden sollte, nicht in der Kategorie einer Unterweisung verlaufen kann. Dies sollte besser in einer Katechese geschehen.

Vielmehr sollte bei den Menschen ein Sinn für den *Glauben* geweckt werden. Bei den Teilnehmenden sollte ein Prozess des Kennenlernens des *Glaubens* aktiviert werden. Dies kann nur gelingen, wenn die Menschen in ihren Fragen ernst genommen werden und die Glaubensvermittlung erfahrungsbezogen und auf der Grundlage der Menschen aufgebaut ist.

Der *Glaube* kann so Gegenstand von erwachsenenbildnerischen Veranstaltungen sein. Und es wäre dem *Glauben* abträglich, wenn nicht darüber gesprochen werden würde.

Literaturverzeichnis

– Erstellt von Katharina Baur –

Abkürzungen, die nicht von Autorinnen und Autoren selbst erstellt worden sind, richten sich nach den Abkürzungsverzeichnissen:

Schwertner, Siegfried M., IATG². Internationales Abkürzungsverzeichnis für Theologie und Grenzgebiete. Zeitschriften, Serien, Lexika, Quellenwerke mit bibliographischen Angaben, Berlin – New York ²1992.

Kasper, Walter u. a. (Hg.), Lexikon für Theologie und Kirche. Bd 11, Dritte völlig neu bearbeitete Auflage, Freiburg u. a. 2006, 689*–746*

Altmeyer, Stefan, Spiritualität und spirituelles Lernen in der religiösen Erwachsenenbildung, in: Claudia Kohli Reichenbach – Isabelle Noth (Hg.), Religiöse Erwachsenenbildung. Zugänge – Herausforderungen Perspektiven (Praktische Theologie im reformierten Kontext 7), Zürich 2013, 83–97.

Antonovsky, Aaron – Franke, Alexa, Salutogenese. Zur Entmystifizierung der Gesundheit, Tübingen 1997.

Anzenbacher, Arno, Christliche Sozialethik, Paderborn 1997.

Arbeitsgemeinschaft Katholische Erwachsenenbildung in der Erzdiözese München und Freising e.V. (Hg.), Gegenwart begreifen – Zukunft lernen. Das Leitlinienprojekt der Katholischen Erwachsenenbildung in der Erzdiözese München und Freising, München 2013.

Arbeitsgemeinschaft Katholische Erwachsenenbildung in der Erzdiözese München und Freising e.V. (Hg.), Leitlinien Katholische Erwachsenenbildung in der Erzdiözese München und Freising, München 2013

Arbeitspapier „Das katechetische Wirken in der Kirche, in: Gemeinsame Synode der Bistümer in der Bundesrepublik Deutschland, Offizielle Gesamtausgabe II, Freiburg – Basel – Wien 2012, 37*–97*.

Arnold, Rolf – Siebert, Horst, Konstruktivistische Erwachsenenbildung. Von der Deutung zur Konstruktion von Wirklichkeit (Grundlagen der Berufs- und Erwachsenenbildung 4), Hohengehren 2006.

Ders. – Gómez Tutor, Claudia, Grundlinien einer Ermöglichungsdidaktik. Bildung ermöglichen – Vielfalt gestalten (Grundlagen der Weiterbildung), Augsburg 2007.

Ders. – Nolda, Sigrid – Nuissl, Ekkehard (Hg.), Wörterbuch Erwachsenenbildung, Bad Heilbrunn 2010.

Arx, Walter von, Liturgische Bildung – eine bleibende Aufgabe, in: BiLi 71 (1998), 184–189.

Bachl, Gottfried, Wir leben mit einem Gott der Zumutungen. Sexauer Gemeindepreis für Theologie, H. 13, Sexau 1997.

Baecker, Dirk, Studien zur nächsten Gesellschaft, Frankfurt a. M. 2007.

Bärsch, Jürgen, Die Feier als Maßstab. Überlegungen zum Verhältnis von Sakramentenkatechese und Sakramentenliturgie am Beispiel der Firmung, in: Haunerland, Winfried – Saberschinsky, Alexander (Hg.), Liturgie und Mystagogie, Trier 2007, 45–62.

Barz, Heiner – Tippelt, Rudolf, Kirchliche Erwachsenenbildung und Lebensstil. Zukunftsorientierung setzt präzise Zielgruppenkenntnis voraus, in: Schuchart, Alfred – Hohmann, Reinhard (Hg.), Kirchliche Erwachsenenbildung von „innen" und von „außen" betrachtet. Erträge eines Werkstattsgesprächs im Institut für Wissenschaftliche Weiterbildung der Philosophisch-Theologischen Hochschule Vallendar am 27./28. Februar 1998 (EB-Buch 13), Würzburg 1998.

Ders. – Tippelt, Rudolf, Weiterbildung und soziale Milieus in Deutschland. Adressaten- und Milieuforschung zu Weiterbildungsverhalten und -interessen, Bd. 2, Bielefeld 2004.

Bauman, Zygmunt, Flüchtige Moderne, Frankfurt a. M. 2003 [Original Zygmunt Bauman, „Liquid Modernity", Cambridge 2000].

Baumgartner, Alois, Entwicklungslinien des deutschen (Sozial-) Katholizismus, in: Heimbach-Steins, Marianne (Hg.), Christliche Sozialethik. Ein Lehrbuch, Regensburg 2004, 189–191.

Ders., (b) Personalität, in: Heimbach-Steins, Marianne (Hg.), Christliche Sozialethik. Ein Lehrbuch, Regensburg 2004, 265–269.

Ders., (c) Solidarität, in: Heimbach-Steins, Marianne (Hg.), Christliche Sozialethik. Ein Lehrbuch, Regensburg 2004, 283–287.

Beer, Peter Wozu brauchen Erzieherinnen Religion? Ein Arbeitsbuch für Ausbildung und Praxis, München 2005.

Behrmann, Detlef, Reflexives Bildungsmanagement, Frankfurt a.M. 2006.

Benjamin, Walter, Erzählen. Schriften zur Theorie der Narration und zur literarischen Prosa, Frankfurt a. M. 2007.

Benz, Ute – Benz, Wolfgang (Hg.), Jugend in Deutschland. Opposition, Krisen und Radikalismus zwischen den Generationen, München 2003.

Bergold, Ralph, Perspektiven einer theologischen Erwachsenenbildung, die nicht anbietet, sondern unterbricht, in: Katholische Bundesarbeitsgemeinschaft für Erwachsenenbildung (Hg.), Unterbrechung. Standort und Perspektiven theologischer Erwachsenenbildung, Bonn 1995, 69–76.

Ders. – Blum, Bertram (Hg.), Unterbrechende Aspekte theologischer Erwachsenenbildung. Ein Lese- und Arbeitsbuch, Bonn 1999.

Ders., Stolpern lernen! Zum Unterbrechungsansatz in der theologischen Erwachsenenbildung, in: Englert, Rudolf – Leimgruber, Stephan (Hg.), Erwachsenenbildung stellt sich religiöser Pluralität (RPG 6), Gütersloh 2005, 195–210.

Ders., Die Kirche und ihre Bildungsarbeit mit Erwachsenen. Innovative Impulse und kultureller Beitrag kirchlicher Erwachsenenbildung, in: Nacke, Bernhard (Hg.), Orientierung und Innovation. Beiträge der Kirche für Staat und Gesellschaft, Freiburg i. Br. 2009, 568–582.

Ders. – Boschki, Reinhold, Einführung in die Religiöse Erwachsenenbildung, Darmstadt 2014.

Bieger, Eckard u.a., Pastoral im Sinus-Land (KirchenZukunft konkret 4), Berlin 2008.

Biemer, Günter, Art. „Katechese", in: LThK^3 5 (2006), Sp. 1303–1304.

Bieritz, Karl-Heinrich. Liturgik, Berlin – New York 2004.

Blasberg-Kuhnke, Martina, Erwachsene glauben. Voraussetzungen und Bedingungen des Glaubens und Glaubenlernens im Horizont globaler Krisen, St. Ottilien 1992.

Dies., Erwachsenenbildung, in: Ziebertz, Hans-Georg – Simon, Werner (Hg.), Bilanz der Religionspädagogik, Düsseldorf 1995, 434–447.

Böhm, Winfried, Art. „Bildung", in: Ders., Wörterbuch der Pädagogik, Stuttgart ^{15}2000, 75–77.

Bogner, Alexander, Gesellschaftsdiagnosen. Ein Überblick, Weinheim – Basel 2012.

Bohrmann, Thomas, Subsidiarität, in: Heimbach-Steins, Marianne (Hg.), Christliche Sozialethik. Ein Lehrbuch, Regensburg 2004, 293–301.

Ders., Die Dramaturgie des populären Films, in: Bohrmann, Thomas – Veith, Werner – Zöller, Stephan (Hg.), Handbuch Theologie und Populärer Film, Bd. 1, Paderborn 2007, 35.

Ders. – Veith, Werner – Zöller, Stephan (Hg.), Handbuch Theologie und Populärer Film, 3 Bände, Paderborn 2007–2012.

Bolz, Norbert, Am Ende der Gutenberg-Galaxis. Die neuen Kommunikationsverhältnisse, München 1993.

Bonhoeffer, Dietrich, Widerstand und Ergebung, in: Bethge, Eberhard (Hg.), Widerstand und Ergebung, München 1985.

Bourdieu, Pierre, Die Auflösung des Religiösen, in: Ders., Rede und Antwort, Frankfurt a. M. 1992, 231–237.

Brandl, Marianne u.a. (Hg.), Engagement & Performance. Kirchliche Jugend(verbands)arbeit heute, Haus Altenberg 2007.

Braun, Wilhelm, Etymologisches Wörterbuch des Deutschen. A – L, Berlin 2. durchgesehene und ergänzte Auflage 1993.

Breuer, Marc, Religiöser Wandel als Säkularisierungsfolge. Differenzierungs- und Individualisierungsdiskurse im Katholizismus, Wiesbaden 2012.

Brüske, Gunda, „Wir machen vieles richtig, doch wir machen's uns nicht leicht." Vom Anspruch, Wirkungen und Widrigkeiten liturgischer Bildung, in: HlD 63 (2009), 251–161.

Bucher, Rainer, Vor der Krise. Die katholische Kirche und ihre Erwachsenenbildung, in: EB 47 (2001), 189–193.

Ders., In der Geld-Krise. Was man in ihr lassen sollte und was man versuchen könnte, in: EB 50 (2004), 173–176.

Ders., Theologie im Risiko der Gegenwart. Studien zur kenotischen Existenz der Pastoraltheologie zwischen Universität, Kirche und Gesellschaft, Stuttgart 2010.

Ders., Bildungspastoral. Zur notwendigen Kirchlichkeit katholischer Erwachsenenbildung, in: EB 57 (2011), 27–30.

Ders., Wenn nichts bleibt, wie es war. Zur prekären Zukunft der katholischen Kirche, Würzburg ^{2}2012.

Budras, Corinna, „Mein Chef ist eine Krücke!", in: FAZ vom 01./02. März 2014.

Büchse, Angelika u.a. (Hg.), Kirchen. Nutzung und Umnutzung, Münster 2012.

Busche, Hubert, Art. „Komplexität", in: LThK^{3} 6 (2006), Sp. 232.

Danberg, Wilhelm – Hellemanns, Staf, Wie sich die Kirche verändert, in: Herkorr 64 (2010), 481–485.

Dawkins, Richard, Der Gotteswahn, Berlin 2008.

Degen, Roland, Art. „Lernort Kirchenraum", in: Mette, Norbert – Rickers, Folkert (Hg.), Lexikon der Religionspädagogik, Bd. 2, Neukirchen-Vluyn 2001, 1224–1227.

Ders. – Hansen, Inge, Art. „Architektur und Kirchenraum", in: Bitter, Gottfried u.a. (Hg.), Neues Handbuch religionspädagogischer Grundbegriffe, München 2013, 71–75.

Der Beschluss „Der Religionsunterricht in der Schule", in: Gemeinsame Synode der Bistümer in der Bundesrepublik Deutschland, Offizielle Gesamtausgabe, Freiburg – Basel – Wien 2012, 123–152.

Der Beschluss „Schwerpunkte heutiger Sakramentenpastoral", in: Gemeinsame Synode der Bistümer in der Bundesrepublik Deutschland. Offizielle Gesamtausgabe I, Freiburg – Basel – Wien 2012, 227–275.

Der Beschluss „Schwerpunkte kirchlicher Verantwortung im Bildungsbereich", in: Gemeinsame Synode der Bistümer in der Bundesrepublik Deutschland, Offizielle Gesamtausgabe I, Freiburg – Basel – Wien 2012, 518–548.

Der Beschluss „Unsere Hoffnung. Ein Bekenntnis zum Glauben in dieser Zeit", in: Gemeinsame Synode der Bistümer in der Bundesrepublik Deutschland, Offizielle Gesamtausgabe I, Freiburg – Basel – Wien 2012, 71–111.

Der Beschluss „Verantwortung des ganzen Gottesvolks für die Sendung der Kirche", in: Gemeinsame Synode der Bistümer in der Bundesrepublik Deutschland. Offizielle Gesamtausgabe I, Freiburg – Basel – Wien 2012, 637–677.

Der Beschluss „Ziele und Aufgaben kirchlicher Jugendarbeit", in: Gemeinsame Synode der Bistümer in der Bundesrepublik Deutschland. Offizielle Gesamtausgabe I, Freiburg – Basel – Wien 2012, 277–311.

Dickerhoff, Heinrich, Biblische Lebenskunde. Mit Arbeitshilfen für Katechese und Erwachsenenbildung, Würzburg 1986.

Dienst, Karl, Die lehrbare Religion. Theologie und Pädagogik. Eine Zwischenbilanz, Gütersloh 1976.

Dietrich, Stephan, Institutionalstruktur von allgemeiner und beruflicher Weiterbildung in Deutschland, in: REPORT, Ausgabe 4/2007 (2007), 32–41.

Dillmann, Rainer, Aus den Wurzeln leben. Die Bibel in der Erwachsenenbildung, in: Englert, Rudolf – Leimgruber, Stephan (Hg.), Erwachsenenbildung stellt sich religiöser Pluralität (RPG 6), Gütersloh – Freiburg 2005, 272–278.

Dörnemann, Holger, Ästhetische Erwachsenenbildung am Beispiel von Kirchenführungen, in: Englert, Rudolf – Leimgruber, Stephan (Hg.), Erwachsenenbildung stellt sich religiöser Pluralität (RPG 6), Gütersloh – Freiburg 2005, 254–261.

Dörpinghaus, Andreas – Poenitsch, Andreas – Wigger, Lothar (Hg.), Einführung in die Theorie der Bildung, Darmstadt [3]2008.

Drösser, Gerhard, Institutionen und soziales Handeln, in: Heimbach-Steins, Marianne (Hg.), Christliche Sozialethik. Ein Lehrbuch, Regensburg 2004, 233–264.

Drosdek, Andreas, Platon für Manager, Frankfurt a.M. 2012.

Drumm, Joachim, Rechenschaft über die christliche Hoffnung als sinnstiftender Auftrag konfessioneller Erwachsenenbildung, in: Vogel, Norbert – Krämer, Michael, Perspektiven katholischer Erwachsenenbildung im gesellschaftlichen Kontext, Bielefeld 2013, 123–136.

Ebertz, Michael N. (unter Mitarbeit von Werner, Burkhard – Segler, Lucia A. – Scherer, Samuel), Was glauben die Hessen? Ergebnisse einer Untersuchung im Auftrag des Hessischen Rundfunks, Freiburg – Frankfurt 2012.

Ehrenspeck, Yvonne, Bildung, in: Krüger, Heinz-Hermann – Grunert, Cathleen (Hg.), Wörterbuch Erziehungswissenschaft. Wiesbaden 2004, 65.

Englert, Rudolf, Glaubensgeschichte und Bildungsprozess. Versuch einer religionspädagogischen Kairologie, München 1985.

Ders., Religiöse Erwachsenenbildung, Stuttgart – Berlin – Köln 1992.

Ders., Art. „Erwachsenenbildung", in: Mette, Norbert – Rickers, Folkert (Hg.), Lexikon der Religionspädagogik, Bd. 1, Neukirchen-Vluyn 2001, 429–435.

Ders., Die Aufgabe religiöser Erwachsenenbildung in einer Kirche im Übergang, in: Keryks 1 (2002), 155–174.

Ders., Von der Katechese zur Salutogenese? Wohin steuert die religiöse Erwachsenenbildung?, in: Ders. – Leimgruber, Stephan (Hg.), Erwachsenenbildung stellt sich religiöser Pluralität (RPG 6), Gütersloh – Freiburg 2005, 83–106.

Ders., – Leimgruber, Stephan (Hg.), Erwachsenenbildung stellt sich religiöser Pluralität (RPG 6), Gütersloh – Freiburg 2005.

Erwachsene neu im Blick. Ein Symposium zu Fragen der Erwachsenenkatechese, in: LebZeug 61 (4/2006).

Erzbischöfliches Jugendamt München und Freising (Hg.), Leitlinien für die kirchliche Jugendarbeit, München 2010, 7–12.

Dies., „jung, prophetisch, anders“: Lebensstile – Glaubensstile. Jugendseelsorge: hip and holy? Dokumentation der Jahrestagung 2009, München 2010.

Exeler, Adolf, Die Bedeutung der Theologischen Erwachsenenbildung für Kirche und Gesellschaft, in: EB 16 (1970), 69–82.

Faulstich, Peter – Zeuner, Christine (Hg.), Erwachsenenbildung, Weinheim – Basel 2010.

Feifel, Erich, Der pädagogische Anspruch der Nachfolge Christi. Ein Beitrag zur Neuorientierung in der katholischen Religionspädagogik, Donauwörth 1968.

Ders., Glaubenssinn und theologischer Lernprozess. Funktion und grundlegende Strukturen theologischer Erwachsenenbildung, in: Ders. (Hg.), Erwachsenenbildung, Zürich – Einsiedeln – Köln 1972, 13–77.

Ders., Art. „Verkündigung“, in: NHThG, Bd. 4, München 1985, 241–251.

Ders., Gemeinsam Glauben- und Leben-Lernen zwischen den Generationen, in: Leimgruber, Stephan – Langer, Michael (Hg.), Erich Feifel: Religiöse Erziehung im Umbruch, München 1995, 176–183.

Feiter, Reinhard, Von der Pfarrei zur Pfarrgemeinde zum „größeren pastoralen Raum“. Pastoraltheologische Überlegungen zur Zukunft der Pfarrei in der Stadt, in: Freitag, Werner (Hg.), Die Pfarrei in der Stadt. Siedlungskern – Bürgerkirche – Urbanes Zentrum (Städteforschungen. Veröffentlichungen des Instituts für vergleichende Städtegeschichte in Münster A/82), Köln – Weimar – Wien 2011, 245–263.

Ders. – Könemann, Judith, Gemeinden als Orte lebendiger Gemeinschaft im Glauben, in: Heimbach-Steins, Marianne – Kruip, Gerhard – Wendel, Saskia (Hg.), Das Memorandum 2011. Ein notwendiger Aufbruch. Argumente zum Memorandum, Freiburg i. Br. 2011, 167–177.

Felden, Heide von, Bildungsmanagement, in: Arnold, Rolf – Nolda, Sigrid – Nuissl, Ekkehard (Hg.), Wörterbuch Erwachsenenbildung, Bad Heilbrunn 2010, 46–47.

Fietz, Gabriele – Junge, Annette, Selbstqualifizierung für Führungskräfte in KMU: Lernarrangements für Wissensarbeiter, in: Forschungsinstitut Betriebliche Bildung (Hg.), Wie lernen Führungskräfte? Verfahren der Selbstqualifizierung für den Mittelstand, Bielefeld 2005, 9–31.

Fowler, James, Stufen des Glaubens. Die Psychologie der menschlichen Entwicklung und die Suche nach Sinn, Gütersloh [2]2001.

Frank, Joachim, Wie kurieren wir die Kirche? Katholisch sein im 21. Jahrhundert, Köln 2013.

Franziskus, Apostolisches Schreiben „Evangelii gaudium" vom 24. November 2013 (VApS 194), Bonn [2]2013.

Frost, Ursula, Art. „Bildung. I. Begriffs- und Geistesgeschichte", in: LThK[3] 2 (2006), Sp. 451–452.

Fuchs, Ottmar, Art. „Gemeinde", in: Fürst, Walter – Werbick, Jürgen (Hg.), Katholische Glaubensfibel, Rheinbach 2004, 166–169.

Gabriel, Karl, Modernisierung als Organisierung von Religion, in: Krüggeler, Michael – Ders. – Gebhardt, Winfried (Hg.), Institution – Organisation – Bewegung. Sozialformen der Religion im Wandel, Bd 2, Opladen 1999, 19–37.

Gastgeber, Karl, Art. „Pastoral", in: Klostermann, Ferdinand – Rahner, Karl – Schild, Hansjörg (Hg.), Handbuch der Pastoraltheologie, Bd. V, Freiburg i. Br. 1972, 374–378.

Gemeinschaftswerk der Evangelischen Publizistik (Hg.), Katechismen der Reformationszeit. Beiträge des Theologischen Arbeitskreises für reformationsgeschichtliche Forschung der Union Evangelischer Kirchen in der Evangelischen Kirche in Deutschland zum Thema Katechismen. Dokumentation Nr. 39 vom 25. September 2012, Frankfurt a. M. 2012.

Giddens, Anthony, Konsequenzen der Moderne, Frankfurt a. M. 1997.

Gnahs, Dieter, Träger der Erwachsenenbildung, in: Arnold, Rolf – Nolda, Sigrid – Nuissl, Ekkehard (Hg.), Wörterbuch Erwachsenenbildung, Bad Heilbrunn 2010, 288–289.

Grümme, Bernhard, Menschen bilden, Freiburg i.Br. 2012.

Grün, Anselm, Menschen führen, Leben wecken. Anregungen aus der Regel des heiligen Benedikt von Nursia, Münsterschwarzach [7]2007.

Guardini, Romano, Liturgie und liturgische Bildung, Erstauflage Rothenfels 1923, Würzburg 1966.

Ders., Grundlegung der Bildungslehre. Versuch einer Bestimmung des Pädagogisch-Eigentlichen, Mainz 2000.

Habermas, Jürgen, Legitimationsprobleme im Spätkapitalismus, Frankfurt a. M. 1973.

Habersetzer, Marianne, „Selbstbewusstsein“ – Lebens- und Glaubensgeschichte gestalten, in: Blasberg-Kuhnke, Martina – Wittrahm, Andreas (Hg.), Altern in Freiheit und Würde. Handbuch christliche Altenarbeit, Würzburg 2007, 121–125.

Halik, Tomas, Geduld mit Gott, Freiburg – Basel – Wien [7]2012.

Hamann, Matthias, Diözesane Angebote zur liturgischen Bildung im Bistum Magdeburg, in: HlD 63 (2009), 289–292.

Haunerland, Winfried, Träger und Gäste. Zu unterschiedlichen Rollen von Mitfeiernden, in: Gd 34 (2000), 185–187.

Ders., Liturgische Bildung und Mystagogie. Von Notwendigem und Vermisste, in: Ders. – Saberschinsky, Alexander (Hg.), Liturgie und Mystagogie, Trier 2007, 12–31.

Hausmanninger, Thomas, Ethik. Was ist das eigentlich?, in: Heimbach-Steins, Marianne (Hg.), Christliche Sozialethik. Ein Lehrbuch, Regensburg 2004, 21–61.

Heimbach-Steins, Marianne – Kruip, Gerhard (Hg.), Bildung und Beteiligungsgerechtigkeit. Sozialethische Sondierungen, Bielefeld 2003.

Dies. (Hg.), Christliche Sozialethik. Ein Lehrbuch, Regensburg 2004.

Dies., Bildungsgerechtigkeit – die soziale Frage der Gegenwart. Eine Skizze, in: Dies. – Kruip, Gerhard – Kunze, Axel Bernd (Hg.), Bildungsgerechtigkeit – interdisziplinäre Perspektiven, Bielefeld 2009, 13–25.

Dies. – Kruip, Gerhard – Wendel, Saskia (Hg.), Kirche 2011. Ein notwendiger Aufbruch. Argumente zum Memorandum, Freiburg i. Br. 2011.

Helmel, Ulrich, Wert und Werte: Ethik für Manager – Ein Leitfaden für die Praxis, München 2005.

Hennecke, Christian, Kirche, die über den Jordan geht. Expedition ins Land der Verheißung, Münster [4]2010.

Hentig, Hartmut von, Die Menschen stärken, die Sachen klären. Ein Plädoyer für die Wiederherstellung der Aufklärung, Stuttgart 1985.

Hentschel, Elke – Teilhard de Chardin, Pierre, Synthese von Glaube und Naturwissenschaft aus der Sicht der Biographieforschung, Hamburg 2004.

Herriger, Norbert, Empowerment in der sozialen Arbeit, Stuttgart [4]2012.

Hermann, Dieter u.a., Religiosität und Wertebildung. Erste Ergebnisse einer Evaluationsstudie zur Erstkommunionkatechese, in: Diakonia 43 (1), 2012, 59–65. 199–206.

Ders. – Mette, Norbert, Erstkommunion auf dem Prüfstand. Welchen Einfluss haben die Materialien zur Kommunionvorbereitung auf die Religiosität von Kindern?, in: KatBI H.5, 147 (2012), 364–370.

Hero, Markus, Das Prinzip „Access“, in: Zeitschrift für Religionswissenschaft 17 (2009), 189–211.

Hitchens, Christopher, Der Herr ist kein Hirte. Wie Religion die Welt vergiftet, München ^{5}2009.

Höhn, Hans-Joachim, Fremde Heimat Kirche. Glauben in der Welt von heute, Freiburg i. Br. 2012.

Hörisch, Jochen, Der Sinn und die Sinne. Eine Geschichte der Medien, Frankfurt a. M. 2001.

Hoff, Gregor Maria, Religionskritik heute, Kevelaer ^{2}2010.

Hofmeier, Johann, Der Kindergarten in der Pfarrgemeinde. Ein pädagogisches und pastorales Handlungsfeld, Würzburg ^{2}1993.

Horak, Christian – Heimerl, Peter, Management von NPOs – Eine Einführung, in: Badelt, Christoph – Meyer, Michael – Simsa, Ruth (Hg.), Handbuch der Nonprofit-Organisation. Strukturen und Management, Stuttgart 2007, 167–177.

Hungs, Franz-Josef, Theologische Erwachsenenbildung als Lernprozess, Mainz 1976.

Huntemann, Hella – Reichart, Elisabeth, Volkshochschul-Statistik. 50. Folge, Arbeitsjahr 2011, 2012. http://www.die-bonn.de/doks/2012-volkshochschule-statistik-01.pdf [Zugriff: 19.05.2014].

Huppertz, Norbert, Erleben und Bilden im Kindergarten. Der lebensbezogene Ansatz als Modell für die Planung der Arbeit, Freiburg – Basel – Wien ^{3}1999.

Iberer, Ulrich – Freytag, Gabriele – Müller, Ulrich, Handbuch Bildungsmanagement im organisierten Sport, Köln 2013.

Jakobs, Monika, Welche AdressatInnen und welche Ziele hat eine zukunftsgerichtete Erwachsenenbildung? in: Kohli Reichenbach, Claudia – Noth, Isabelle (Hg.), Religiöse Erwachsenenbildung. Zugänge – Herausforderungen – Perspektiven (Praktische Theologie im reformierten Kontext 7), Zürich 2013, 71–82.

Jugend 2010, 18. Shell Jugendstudie. Konzeption & Koordination: Klaus Hurrelmann u.a., Frankfurt a. M. 2011.

Kaczynski, Reiner, Mystagogie: ein liturgisches Bildungskonzept der Alten Kirche, in: Haunerland, Winfried – Saberschinsky, Alexander (Hg.), Liturgie und Mystagogie, Trier 2007, 32–44.

Katechese in veränderter Zeit vom 22. Juni 2004 (Die Deutschen Bischöfe 75), Bonn 2004.

Katholische Erwachsenenbildung Diözese Rottenburg-Stuttgart, Hoffnung ist Auftrag – offene Erwachsenenbildung in katholischer Trägerschaft, Stuttgarter Hefte 27, 1997.

Kaufmann, Franz-Xaver, Religion und Modernität. Sozialwissenschaftliche Perspektiven, Tübingen 1989.

Ders., Wie entsteht Autorität?, in: Schavan, Annette (Hg.), Dialog statt Dialogverweigerung. Impulse für eine zukunftsfähige Kirche, Kevelaer 1994, 123–138.

Ders., Wo liegt die Zukunft der Religion?, in: Krüggeler, Michael – Gabriel, Karl – Gebhardt, Winfried (Hg.), Institution – Organisation – Bewegung. Sozialformen der Religion im Wandel, Bd. 2, Opladen 1999, 71–97.

Ders., Wie überlebt das Christentum?, Freiburg – Basel – Wien 2000.

KBE, Jahresbericht 2000, Bonn 2001.

Keupp, Heiner, Identitätskonstruktionen. Das Patchwork der Identitäten in der Spätmoderne, Reinbek [2]2008.

Kleinschwärzer-Meister, Birgitta, Sportidole, Werbeslogans, Psychoszene – profane Heilsversprechen und kirchliche Heilsverkündigung, in: Becker, Patrick – Mokry, Stephan (Hg.), Jugend heute – Kirche heute? Konsequenzen aus der Jugendforschung für Theologie, Pastoral und (Religions-) Unterricht, Haus Altenberg 2010, 64–81.

Klinger, Elmar, Armut – eine Herausforderung Gottes. Der Glaube des Konzils und die Befreiung des Menschen, Zürich – Einsiedeln – Köln 1990.

Ders., Das absolute Geheimnis im Alltag entdecken. Zur spirituellen Theologie Karl Rahners, Würzburg 1994.

Kluge, Friedrich, Etymologisches Wörterbuch der deutschen Sprache, bearbeitet von Elmar Seebold, 25., durchgesehene und erweiterte Auflage Berlin – Boston 2011.

Kluger, Florian, Konfliktfähigkeit und Kommunikation. Vom Umgang mit Konflikten als Herausforderung christlichen Handelns, Saarbrücken 2011.

Knoblauch, Hubert, Populäre Religion. Auf dem Weg in eine spirituelle Gesellschaft, Frankfurt a. M. 2009.

Knust, Michaela – Hanft, Anke, Rahmenbedingungen des Bildungsmanagements, in: Gessler, Michael (Hg.), Handlungsfelder des Bildungsmanagements. Ein Handbuch, Münster 2009, 39–65.

Könemann, Judith, Erwachsenenbildung – und die Option für die Armen. Plädoyer für eine diakonische Erwachsenenbildung, in: EB 50 (2004), 66–71.

Dies., Welche Chancen bietet die kirchliche Erwachsenenbildung? Der Beitrag kirchlicher Erwachsenenbildung zur Verortung von Kirche in gesellschaftlicher Öffentlichkeit, in: Freiburger Zeitschrift für Theologie und Philosophie 55 (2008), 205–218.

Dies., Biographie als Bezugspunkt heutiger Religion und Religiosität. Wie wird das Christentum anschlussfähig für zeitgenössische Lebensführung?, in: Gellner, Christoph (Hg.), „... biographischer und spiritueller werden". Anstöße für ein zukunftsfähiges Christentum, Zürich 2009, 29–43.

Dies., Religion und Kirche in einer säkularisierten Gesellschaft. Gesamtgesellschaftliche und gesamtkirchliche Parameter des Laienengagements, in: Pahud de Mortanges, René (Hg.), Mitgestaltungsmöglichkeiten für Laien in der katholischen Kirche. Rechtslage und pastorale Perspektiven (Freiburger Veröffentlichungen zum Religionsrecht Bd 29), Fribourg 2013, 5–28.

König, Klaus, Liturgiedidaktische Grundregeln, in: Groß, Engelbert – König, Klaus (Hg.), Religionsdidaktik in Grundregeln, Regensburg 1996, 112–130.

Kohli Reichenbach, Claudia, Religiöse Erwachsenenbildung im Umbruch, in: Dies. – Noth, Isabelle (Hg.), Religiöse Erwachsenenbildung. Zugänge – Herausforderungen – Perspektiven (Praktische Theologie im reformierten Kontext 7), Zürich 2013, 15–26.

Konferenz der Bischöflichen Beauftragten für Erwachsenenbildung: Erwachsenenbildung in der Gemeinde der Zukunft, Perspektivenpapier 2003.

Kongregation für den Klerus, Allgemeines Direktorium für die Katechese vom 15. August 1997 (VApS 130), Bonn 1997.

Korff, Wilhelm, Was ist Sozialethik?, in: MThZ H.4, 38 (1987), 327–338.

Kortendieck, Georg – Summen, Frank (Hg.), Betriebswirtschaftliche Kompetenz in der Erwachsenenbildung, Bielefeld 2008.

Kuckartz, Udo, Umweltbewußtsein und Umweltverhalten, Heidelberg 1998.

Kropač, Ulrich, Biblisches Lernen, in: Hilger, Georg – Leimgruber, Stephan – Ziebertz (Hg.), Hans-Georg, Religionsdidaktik. Ein Leitfaden für Studium, Ausbildung und Beruf, München ^{2}2003, 385–401.

Küstenmacher, Marion u.a., Gott 9.0., Gütersloh ^{4}2012.

Kuld, Lothar, Glaube in Lebensgeschichten. Ein Beitrag zur theologischen Autobiographieforschung, Stuttgart 1997.

Kulturbeirat des Zentralkommitees der deutschen Katholiken, Gutachten 1973.

Kurz, Alex, Zeitgemäß Kirche denken. Analysen und Reflexionen zu einer postmodernen kirchlichen Erwachsenenbildung (PTHe 86), Stuttgart 2007.

Langenhorst, Georg, „Verstehst du auch, was du liest?" (Apg 8,30). Religiöse Erwachsenenbildung mit literarischen Texten, in: Englert, Rudolf – Leimgruber, Stephan (Hg.), Erwachsenenbildung stellt sich religiöser Pluralität (RPG 6), Gütersloh – Freiburg 2005, 225–242.

Langenmayr, Margret, Mut zur Familie. Familienorientierung katholischer Kindertageseinrichtungen in der Erzdiözese München und Freising. Projektabschlussbericht. Veröffentlicht als Broschüre der Erzdiözese München und Freising im Jahr 2013.

Läpple, Alfred, Kleine Geschichte der Katechese, München 1981.

Lechner, Martin, Pastoraltheologie der Jugend. Geschichtliche, theologische und kairologische Bestimmung der Jugendpastoral einer evangelisierenden Kirche, München 1996.

Lehmann, Karl, Gemeinde, in: Böckle, Franz u.a. (Hg.), Christlicher Glaube in moderner Gesellschaft, Bd. 29, Freiburg i. Br. 1982, 8.

Leimgruber, Stephan, Geschichtliche Vergewisserung. Kirchliche Erwachsenenbildung zwischen 18. und 21. Jahrhundert, in: Englert, Rudolf – Ders. (Hg.), Erwachsenenbildung stellt sich religiöser Pluralität (RPG 6), Gütersloh – Freiburg 2005, 47–66.

Ders., Erwachsenenbildung als interkulturelles und interreligiöses Lernen, in: Englert, Rudolf – Ders. (Hg.), Erwachsenenbildung stellt sich religiöser Pluralität (RPG 6), Gütersloh – Freiburg 2005, 279–285.

Ders., Interreligiöses Lernen, München [2]2012.

Leinweber, Stephan, Inhaltsbereiche der Erwachsenenbildung. Wege zu den Menschen – theologische und religiöse Erwachsenenbildung in heutiger Zeit, in: Fuhr, Thomas – Gonon, Philipp – Hof, Christiane (Hg.), Erwachsenenbildung – Weiterbildung. Handbuch der Erziehungswissenschaft 4, Paderborn 2011, 333–338.

Lück, Wolfgang – Schweitzer, Friedrich, Religiöse Bildung Erwachsener. Grundlagen und Impulse für die Praxis, Stuttgart 1999.

Lyotard, Jean-François, Das postmoderne Wissen. Ein Bericht, Wien [7]2012 [Original: Jean-François Lyotard, La Condition postmoderne, Rapport sur le savoir, Paris 1979].

Magnis, Esther Maria, Gott braucht dich nicht. Eine Bekehrung, Reinbek [4]2012.

Malik, Fredmund, Führen – Leisten – Leben. Wirksames Management für eine neue Zeit, Frankfurt a.M. 2000.

Mandel, Birgit, Tourismus und Kulturelle Bildung. Potentiale, Voraussetzungen, Praxisbeispiele und empirische Erkenntnisse, München 2012.

Manderscheid, Heinz, Kirchliche und gesellschaftliche Interessen im Kindergarten. Ein pastoraltheologischer Beitrag zur Frage nach dem katholischen Profil, Freiburg – Basel – Wien 1989.

Marx, Reinhard, glaube!, München 2013.

Ders. – Zierer, Klaus, Glauben und Bildung. Ein Dialog zwischen Theologie und Erziehungswissenschaft, Paderborn 2013.

Meisel, Klaus, Weiterbildungsmanagement, in: Tippelt, Rudolf – von Hippel, Aiga (Hg.), Handbuch Erwachsenenbildung/Weiterbildung, Wiesbaden [5]2011, 427–436.

Mendl, Hans, Religion erleben. Ein Arbeitsbuch für den Religionsunterricht, München 2008.

Mette, Norbert, „Gottesverdunstung“ – eine religionspädagogische Zeitdiagnose, in: Jahrbuch der Religionspädagogik 25 (2009), 9–23.

Metz, Johann Baptist, Glaube in Geschichte und Gesellschaft, Mainz 1977.

Ders. – Peters, Tiemo Rainer, Gottespassion. Zur Ordensexistenz heute, Freiburg – Basel – Wien 1991.

Ders., Memoria passionis. Ein provozierendes Gedächtnis in pluralistischer Gesellschaft, Freiburg i. Br. 2006.

Mitschke-Collande, Thomas von, Schafft sich die katholische Kirche ab? Analysen und Fakten eines Unternehmensberaters, München 2012.

Mokry, Stephan, Die Zeichen der Zeit erkennen? Zur Zeitdiagnose nach dem Zweiten Vatikanischen Konzil, in: Becker, Patrick – Ders. (Hg.), Jugend heute – Kirche heute? Konsequenzen aus der Jugendforschung für Theologie, Pastoral und (Religions-)Unterricht, Würzburg 2010, 49–63.

Monge OP, Claudio, Multikulturelles und religiöses Zusammenleben in Europa. Ein notwendiger Dialog, in: Dominikanische Perspektiven für Europa 4, 2008, 28–36.

Müller, Josef, Art. „Pastoral“, in: LThK [3] 8 (2006), Sp. 1434.

Müller, Ulrich, Bildungsmanagement – ein orientierender Einstieg, in: Gessler, Michael (Hg.), Handlungsfelder des Bildungsmanagements. Ein Handbuch, Münster 2009, 67–90.

Ders., Kann man Bildung managen?, in: Schweizer, Gerd – Ders. – Adam, Thomas (Hg.), Wert und Werte im Bildungsmanagement. Nachhaltigkeit – Ethik – Bildungscontrolling, Bielefeld 2010, 13–26.

Müller-Fahrenholz, Geiko, Erwecke die Welt. Unser Glaube an Gottes Geist in dieser bedrohten Zeit, Gütersloh 1993.

Nassehi, Armin, Erstaunliche religiöse Kompetenz, in: Bertelsmann Stiftung (Hg.), Religionsmonitor 2008, Gütersloh [2]2007, 113–132.

Nietzsche, Friedrich, Die fröhliche Wissenschaft, Drittes Buch, Werke in drei Bänden, München 1954.

Nipkow, Karl-Ernst, Gott in Bedrängnis? Zur Zukunftsfähigkeit von Religionsunterricht, Schule und Kirche, Gütersloh 2010.

Nolda, Sigrid, Einführung in die Theorie der Erwachsenenbildung, Darmstadt [2]2012.

Nordhofen, Eckhard, „So geht katholisch“. Plädoyer für eine starke Mystagogie, in: Communio 35 (2006), 224–230.

Olbrich, Josef – Siebert, Horst (Hg.), Geschichte der Erwachsenenbildung in Deutschland. Opladen 2001.

Orth, Gottfried, Zur erwachsenenbildnerischen Bedeutung prophetischer Traditionen, in: Englert, Rudolf – Leimgruber, Stephan (Hg.), Erwachsenenbildung stellt sich religiöser Pluralität (RPG 6), Gütersloh – Freiburg 2005, 182–194.

Oster, Stefan, Person sein vor Gott. Das christliche Menschenbild als Grundlage der Katholischen Erwachsenenbildung, in: Arbeitsgemeinschaft Katholische Erwachsenenbildung in der Erzdiözese München und Freising e.V. (Hg.), Gegenwart begreifen – Zukunft lernen. Das Leitlinienprojekt der Katholischen Erwachsenenbildung in der Erzdiözese München und Freising, München 2013, 135–151.

Paul VI., Apostolisches Schreiben über die Evangelisierung in der Welt von heute „Evangelii nuntiandi" vom 08. Dezember 1975 (VApS 2), Bonn 1975.

Pichlmeier, Andrea, Wes Geistes Kind. Zum Verhältnis von Spiritualität und Biographie, Würzburg 2000.

Plüss, David, Die Bildungsfunktion liturgischer Ordnung, in: Kohli Reichenbach, Claudia – Noth, Isabelle (Hg.), Religiöse Erwachsenenbildung. Zugänge – Herausforderungen – Perspektiven (Praktische Theologie im reformierten Kontext 7), Zürich 2013, 129–140.

Precht, Richard David, Wer bin ich – und wenn ja, wie viele?, München 2012.

Presseerklärung der KBE vom 29.06.2011.

Pollack, Detlef, Säkularisierung – ein moderner Mythos? Studien zum religiösen Wandel in Deutschland, Tübingen 2003.

Ders. – Gert Pickel, Deinstitutionalisierung des Religiösen und religiöse Individualisierung in Ost- und Westdeutschland, in: Kölner Zeitschrift für Soziologie und Sozialpsychologie 55 (2003), 447–474.

Ders. – Müller, Olaf, Religionsmonitor. Verstehen, was verbindet. Religiosität und Zusammenhalt in Deutschland, Gütersloh 2013.

Rahner, Karl – Vorgrimler, Herbert, Kleines Konzilskompendium. Sämtliche Texte des Zweiten Vatikanums, Freiburg ^{35}2008.

Ratzinger, Joseph Kardinal, „Eine „Konzilskirche" gibt es nicht, in: vaticanmagazin 3–4/2013, 46–52.

Rau, Stefan, Der liturgische Raum als Ort liturgischer Bildung, in: BiLi 71 (1998), 203–216.

Reinmann-Rothmeier, Gabi – Mandl, Heinz, Lehren im Erwachsenenalter. Auffassungen vom Lehren und Lernen, Prinzipien und Methoden, in: Weinert, Franz E. – Mandl, Heinz (Hg.), Psychologie der Erwachsenenbildung (Enzyklopädie der Psychologie 4), Göttingen 1997, 355–403.

Richter, Klemens, Probleme der Vermittlung liturgischer Bildung, in: Gemeinsame Arbeitsstelle für gottesdienstliche Fragen 6 (H. 15/1992), 3–32.

Richter, Olaf, Anamnesis – Mimesis – Epiklesis. Der Gottesdienst als Ort religiöser Bildung (Arbeiten zur Praktischen Theologie 28), Leipzig 2005.

Rieck, Ute, Empowerment. Kirchliche Erwachsenenbildung als Ermächtigung und Provokation, Münster 2008.

Rösener, Antje, „Wellness für die Seele"? Erfahrungsbericht aus der evangelischen Erwachsenenbildung, in: Englert, Rudolf – Leimgruber, Stephan (Hg.), Erwachsenenbildung stellt sich religiöser Pluralität (RPG 6), Gütersloh – Freiburg 2005, 21–26.

Rosa, Hartmut, Beschleunigung. Die Veränderung der Zeitstrukturen in der Moderne, Frankfurt a. M. 2005.

Rosenstiel, Lutz von, Grundlagen der Führung, in: Ders. – Regnet, Erika – Domsch, Michel (Hg.), Führung von Mitarbeitern, Stuttgart [5]2003, 3–25.

Roß, Jan, Die Verteidigung des Menschen: Warum Gott gebraucht wird, Berlin 2012.

Roten, Philippe de, Die Katechese des Johannes Chrysostomus über die Sakramente, in: BiLi 71 (1998), 228–235.

Roth, Markus, Ist Glaube(n) lernbar? Der „Münchner Glaubenskurs für Alle", in: Info-Dienst Theologische Erwachsenenbildung Nr. 62, 21 (2/2013), 3–6.

Roth, Markus, Theologische Erwachsenenbildung: Katechese oder pastorales Handeln?, in: Info-Dienst Theologische Erwachsenenbildung Nr. 62, 21 (3/2013), 5–7.

Roy, Olivier, Heilige Einfalt. Über die politischen Gefahren entwurzelter Religionen, München 2010.

Rüpke, Jörg, Religion medial, in: Malik, Jamal – Rüpke, Jörg – Wobbe, Theresa (Hg.), Religion und Medien. Vom Kultbild zum Internetritual, Münster 2007, 19–28.

Ruppert, Rudolf, Lebendige Liturgie – ein Lernprozess der ganzen Gemeinde. Überlegungen zur Praxis der liturgischen Erwachsenenbildung, Frankfurt a. M. 1975, 22–26.

Sailer, Johann Michael, Kleinere pädagogische Schriften und Abhandlungen, Paderborn 1911.

Sauer, Ralph, Die Sensibilisierung für die Feier Gottes, in: BiLi 71 (1998), 189–194.

Schäfer, Brigitte, Ein entwicklungsorientiertes, konstruktivistisches Konzept religiöser Erwachsenenbildung, in: Englert, Rudolf – Leimgruber, Stephan (Hg.), Erwachsenenbildung stellt sich religiöser Pluralität (RPG 6), Gütersloh – Freiburg 2005, 166–181.

Schärtl, Thomas, Neuer Atheismus. Zwischen Argument, Anklage und Anmaßung, in: StZ 2008, 147–161.

Scheidler, Monika, Liturgische Erfahrung auf dem Weg des Christwerdens und -seins, in: BiLi 71 (1998), 194–203.

Schelsky, Helmut, Ist die Dauerreflexion institutionalisierbar? Zum Thema einer modernen Religionssoziologie, in: Ders. (Hg.), Auf der Suche nach Wirklichkeit. Gesammelte Aufsätze zur Soziologie der Bundesrepublik, München 1979, 268–297.

Schepens, Jacques – Mödl, Ludwig, Der Religionslehrer – Handlungsfeld praktischer Spiritualität, in: Konferenz der Bayerischen Pastoraltheologen (Hg.), Christliches Handeln. Kirchesein in der Welt von heute, München 2004, 22–36.

Schlutz, Erhard, Bildungsdienstleistungen und Angebotsentwicklung, Münster 2006.

Schmid, Hans, Reli – ein Fach wie kein anderes? Abschottung von der pluralen Gesellschaft oder Chance für Identität und Dialog? Podiumsdiskussion auf dem ÖKT 2010 in München, in: „unterwegs". Die Mitgliederzeitung des DKV 3/2010, 12–13.

Schneider, Jan Heiner, Art. „Schulseelsorge", in: Mette, Norbert – Rickers, Folkert (Hg.), Lexikon der Religionspädagogik, Bd. 2, Neukirchen 2001, Sp. 1959–1961.

Schröer, Andreas, Change Management pädagogischer Institutionen. Wandlungsprozesse in Einrichtungen der Evangelischen Erwachsenenbildung, Opladen 2004.

Schütz, Christian, Art. „Spiritualität. Christliche Spiritualität", in: Ders. (Hg), Praktisches Lexikon der Spiritualität, Freiburg i. Br. u.a. 1992, 1170–1180.

Schulz, Ehrenfried, Religiöse Elternbildung als Lebenshilfe. Ein humanwissenschaftlich orientierter theologischer Modellentwurf, Zürich – Einsiedeln 1979.

Ders., Bausteine für eine religiöse Elementarerziehung, München 1980.

Ders., Wo ein Christ ist, da predigt er. Pastoraltheologische Erwägungen zur derzeitigen Verkündigungssituation, in: Diakonia 23 (1993), 21–28.

Ders., Religionsunterricht – Spannungsfelder und Chancen, in: Konferenz der Bayerischen Pastoraltheologen (Hg.), Christliches Handeln. Kirchesein in der Welt von heute, München 2004, 9–21.

Schwenk, Bernhard, Art. „Bildung", in: Lenzen, Dieter (Hg.), Pädagogische Grundbegriffe, Bd. 1, Reinbek 1989, 208–221.

Sennett, Richard, Die flexible Gesellschaft, in: Pongs, Armin (Hg.), In welcher Gesellschaft leben wir eigentlich? Gesellschaftskonzepte im Vergleich, Bd. 2, München 2000, 265–291.

Siebert, Horst, Pädagogischer Konstruktivismus. Lernen als Konstruktion von Wirklichkeit, München 2003.

Ders., Theorien für die Praxis. Studientexte für Erwachsenenbildung, Bielefeld 2006.

Sigg, Stephan, Wunder der Leinwand. Filme mit biblischer Botschaft, Stuttgart 2008.

Silesius, Angelus, Cherubinischer Wandersmann I. Kritische Ausgabe, herausgegeben von Louise Gnädinger, Stuttgart 1985.

Simmel, Georg, Über soziale Differenzierung. Soziologische und psychologische Untersuchungen, Leipzig 1890.

Simon, Werner, Art. „Mystagogie. II. Religionspädagogisch u. praktisch-theologisch“, in: LThK³ 7 (2006), Sp. 571–572.

Spahn-Skrotzki, Gudrun, Bildung zur Verantwortung gegenüber dem Leben. Fächerübergreifender Unterricht als Weg zu verantwortlichem Handeln im ökologischen und bioethischen Kontext, Bad Heilbrunn 2010.

Spichtig, Peter, Liturgische Bildung in der (deutschsprachigen) Schweiz, in: HlD 63 (2009), 282–285.

Sprenger, Reinhard K., Vertrauen führt: Worauf es im Unternehmen wirklich ankommt, Frankfurt a. M. ³2005.

Steger, Stephan, Der liturgische Bildungsauftrag im Bistum am Beispiel Würzburg, in: HlD 63 (2009), 293–296.

Steinbach, Dirk – Guett, Matthias – Freytag, Gabriele, Training4volunteers. Mapping Strategies and Good Practices of Human Resource Development for Volunteers in Sports Organizations in Europe. 2012. Online verfügbar unter: http://www.t4v.eu/News/T4V_EU_Final_Report_Steinbach_Guett_Freytag.pdf [Zugriff: 19.4.2014].

Striet, Magnus (Hg.), Wiederkehr des Atheismus. Fluch oder Segen für die Theologie?, Freiburg i. Br. 2008.

Sutor, Bernhard, Katholische Soziallehre in Schule und Erwachsenenbildung, in: Rauscher, Anton (Hg.), Katholische Soziallehre im politischen und gesellschaftlichen Prozess, Köln 1990, 54–55.

Tanner, Klaus, Unternehmen Kirche!, in: Fetzer, Joachim u.a. (Hg.), Kirche in der Marktgesellschaft. Gütersloh 1999, 51–56.

Tiefensee, Eberhard, Atheismus – Agnostizismus – Indifferentismus, in: Gottfried Bitter u.a. (Hg.), Neues Handbuch religionspädagogischer Grundbegriffe, München ²2006.

Tiemann, Manfred, Bibel im Film. Ein Handbuch für Religionsunterricht, Gemeindearbeit und Erwachsenenbildung, Stuttgart 1995.

Tietgens, Hans, Der Beitrag der Erwachsenenbildung zur gesellschaftlichen Emanzipation, in: Siebert, Horst (Hg.), Begründungen gegenwärtiger Erwachsenenbildung, Braunschweig 1977, 122–131.

Toepfer, Sonja, Auf der Suche nach dem Sinn. Spielfilme und Erwachsenenbildung, in: Englert, Rudolf – Leimgruber, Stephan (Hg.), Erwachsenenbildung stellt sich religiöser Pluralität (RPG 6), Gütersloh – Freiburg 2005, 243–253.

Trelle, Norbert, Hirtenwort zur österlichen Bußzeit 2011. http://www.downloads.bistum-hildesheim.de/1/10/3/30379624567559633925.pdf [Zugriff 19.05.2014]

Tyrell, Hartmann, Religiöse Kommunikation. Auge, Ohr und Medienvielfalt, in: Schreiner, Klaus (Hg.), Frömmigkeit im Mittelalter. Politisch-soziale Kontexte, visuelle Praxis, körperliche Ausdrucksformen, München 2002, 41–93.

Uphoff, Berthold Kirchliche Erwachsenenbildung. Befreiung und Mündigkeit im Spannungsfeld von Kirche und Welt, Stuttgart 1991.

Vogel, Norbert – Krämer, Michael (Hg.), Perspektiven katholischer Erwachsenenbildung im gesellschaftlichen Kontext, Bielefeld 2013.

Ders., Erwachsenenpädagogische Perspektiven der katholischen Erwachsenenbildung im gesellschaftlichen Kontext, in: Ders. – Krämer, Michael (Hg.), Perspektiven katholischer Erwachsenenbildung im gesellschaftlichen Kontext, Bielefeld 2013, 17–61.

Vogt, Markus, Prinzip Nachhaltigkeit. Ein Entwurf aus theologisch-ethischer Perspektive, München 2009.

Volgger, Ewald, Inhaltliche Standards für die Aus- und Weiterbildung von den Personen, die einen liturgischen Dienst ausüben, in: HlD 63 (2009), 271–281.

Waibel, Artur, Bericht über den Arbeitskreis 4: Bereich und Aufgabe liturgischer Bildung, in: Becker, Hansjakob u.a. (Hg), Gottesdienst – Kirche – Gesellschaft. Interdisziplinäre und ökumenische Standortbestimmung nach 25 Jahren Liturgiereform (PiLi 5), St. Ottilien 1991.

Wanke, Joachim, Brief eines Bischofs aus den neuen Bundesländern über den Missionsauftrag der Kirche für Deutschland, in: „Zeit der Aussaat". Missionarisch Kirche sein vom 26. November 2000 (Die deutschen Bischöfe 68), Bonn 2000, 35–42.

Ders., Gott bezeugen und den Menschen dienen. Eine therapeutische Überlegung zur gegenwärtigen Lage der katholischen Kirche, in: Rheinischer Merkur Nr. 24, 17. Juni 2010.

Waschki, Ulrich, Kirche in Zahlen – Wie sich die Kirche entwickelt, in: Kirchenzeitung für das Bistum Hildesheim Nr. 27/2011, 1.

Wehrle, Paul, Religionsunterricht in missionarischer Perspektive?, in: Erzbischöfliches Seelsorgeamt Freiburg (Hg.), Freiburger Materialdienst für die Gemeindepastoral. Lebensräume: Schule und Kirche. Pastoral und Bildung, H.3, Freiburg 2004, 25–29.

Weigl, Norbert, Liturgische Predigt seit dem Zweiten Vatikanischen Konzil. Eine Untersuchung zur Messfeier in der Sonntagspredigt anhand der Zeitschrift ‚Der Prediger und Katechet' (StPaLi 21), Regensburg 2009.

Weinert, Anfried Beda, Führung und soziale Steuerung, in: Roth, Erwin (Hg.), Organisationspsychologie (Enzyklopädie der Psychologie 3), Göttingen 1989, 552–577.

Welt entdecken, Glauben leben. Zum Bildungs- und Erziehungsauftrag katholischer Kindertageseinrichtungen vom 25. September 2008 (Die Deutschen Bischöfe 89), Bonn [3]2013.

Werbick, Jürgen, Glaube als Lernprozess? Fundamentaltheologische Ausführungen zum Verhältnis von Glaube und Lernen – zugleich ein Versuch zur Verhältnisbestimmung von Fundamentaltheologie und Religionspädagogik, in: Baumgartner, Konrad – Wehrle, Paul – Ders. (Hg.), Glauben lernen – Leben lernen. Beiträge zu einer Didaktik des Glaubens und der Religion. Erich Feifel zum 60. Geburtstag von seinen Schülern und Mitarbeitern, St. Ottilien 1985, 3–18.

Wetzel, Christoph, Die Bibel in der bildenden Kunst, Stuttgart 2009.

Widl, Maria, Christentum und Esoterik. Darstellung – Auseinandersetzung – Abgrenzung, Graz u.a., 1995.

Dies., Kleine Pastoraltheologie, Graz 1997.

Dies., Art. „Religiosität“, in: Haslinger, Herbert (Hg.), Handbuch Praktische Theologie, Bd. 1, Mainz 1999, 352–362.

Dies., Pastorale Weltentheologie – transversal entwickelt mit der Sozialpastoral (Praktische Theologie heute 48), Stuttgart 2000.

Dies., Megatrend Religion? Überlegungen zu einem gesellschaftlich und kirchlich angemessenen Religionsbegriff aus praktisch-theologischer Sicht, in: Polak, Regina (Hg.), Megatrend Religion? Neue Religiositäten in Europa, Ostfildern 2002, 448–461.

Dies., Art. „Volksfrömmigkeit“, in: Johannes Sinabell u.a. (Hg.), Lexikon neureligiöser Gruppen, Szenen und Weltanschauungen. Orientierungen im religiösen Pluralismus, Freiburg – Basel – Wien 2005, 1356–1360.

Dies., Kirchliche Erwachsenenbildung vor neuen Herausforderungen, in: Kranemann, Benedikt – Makrides, Vasilios N. – Schulte, Andrea (Hg.), Religion – Kultur – Bildung. Religiöse Kulturen im Spannungsfeld von Ideen und Prozessen der Bildung (Vorlesungen des Interdisziplinären Forums Religion der Universität Erfurt 5), Münster 2008, 207–214.

Dies., Art. „Ganzheitlichkeit“, in: Johannes Sinabell u.a. (Hg.), Lexikon neureligiöser Bewegungen, esoterischer Gruppen und alternativer Lebenshilfen, Freiburg i. Br. 2009, 85–86.

Dies., Missionsland Deutschland – Beobachtungen und Anstöße aus pastoraltheologischer und religionspädagogischer Sicht. Skizzen einer Baustelle, in: Kranemann, Benedikt – Pilvousek, Josef – Wijlens, Myriam (Hg.), Mission – Konzepte und Praxis der katholischen Kirche in Geschichte und Gegenwart (EThS 38), Würzburg 2009, 229–254.

Dies., „Das gibt mir nichts!“ Die Jugendpastoral angesichts der postmodernen Relevanzperspektive, in: Gabriel, Angelika (Hg.), Mit-Leidenschaft für junge Menschen. Beiträge zur Jugendpastoral. Festschrift für Martin Lechner zum

60. Geburtstag (Benediktbeurer Beiträge zur Jugendpastoral 8), München 2011, 121–133.

Dies., Die katholische Kirche in Mittel- und Ostdeutschland. Situation und pastorale Herausforderungen angesichts der Säkularität, in: Pickel, Gert – Sammet, Kornelia (Hg.), Religion und Religiosität im vereinigten Deutschland. Zwanzig Jahre nach dem Umbruch, Wiesbaden 2011, 191–204.

Wirth, Ingeborg, Institution, Institutionalisierung, in: Dies. (Hg.), Handwörterbuch der Erwachsenenbildung, Paderborn 1978, 384–392.

Wittgenstein, Ludwig, Logisch-philosophische Abhandlung. Tractatus logico-philosophicus. Kritische Edition, herausgegeben von Brian McGuinnes – Joachim Schulte, Frankfurt a. M. 1998.

Wittpoth, Jürgen, Einführung in die Erwachsenenbildung (Einführung in die Erwachsenenbildung 4), 3. überarbeitete Auflage Opladen – Farmington Hills 2009.

Ziegler, Horst – Bergold, Ralph (Hg.), Neue Vermessungen. Katholische Erwachsenenbildung heute im Spannungsfeld von Kirche und Gesellschaft, Dillingen 2012.

Zierer, Klaus, Einführung. Mensch und Bildung, in: Marx, Reinhard – Ders. Glaube und Bildung. Ein Dialog zwischen Theologie und Erziehungswissenschaft, Paderborn 2013, 15–16.

Zimmer, Annette, Vereine – Zivilgesellschaft konkret, Wiesbaden 2007.

Dies., Die verschiedenen Dimensionen von Zivilgesellschaft, 2012. http://www.bpb.de/politik/grundfragen/deutsche-verhaeltnisse-eine-sozialkunde/138713/dimensionen [Zugriff: 19.04.2014]

Zollitsch, Robert, Zukunft der Kirche – Kirche der Zukunft, Plädoyer für eine pilgernde, hörende und dienende Kirche vom 20. September 2010 (Der Vorsitzende der Deutschen Bischofskonferenz 27), Bonn 2010.

Ders., Gott erfahren in einer säkularen Welt (Der Vorsitzende der Deutschen Bischofskonferenz 28), Bonn 2012.

Zulehner, Paul M., Fundamentalpastoral. Kirche zwischen Auftrag und Erwartung, Düsseldorf ^{2}1991.

Internetquellen

http://www.dbk.de/fileadmin/redaktion/diverse_downloads/Diagramm-Kirchensteuer_1991-2011.pdf [Zugriff: 04.09.2012].

https://www-genesis.destatis.de/genesis/online/link/tabelleErgebnis/12611-0001 [Zugriff: 04.09.2012].

www.bvkirchenpaedagogik.de [Zugriff: 24.03.2014].

http://www.fernkurs-liturgie.de/ [Zugriff: 19.04.2014].

www.dachauer-forum.de [Zugriff: 26.05.2014].

www.zentrumderfamilie-erding.de [Zugriff: 26.05.2014].

www.bildungswerk-freising.de/de/zentrum-der-familie.html [Zugriff: 26.05.2014].

www.kbw-traunstein.de [Zugriff: 26.05.2014].

www.benno-gymnasium.de [Zugriff: 26.05.2014].

http://www.masaisrael.org/ [Zugriff: 26.05.2014]

http://www.yearcourse.org/ [Zugriff: 26.05.2014]

http://www.jewishfederations.org/Israelprograms.aspx [Zugriff: 26.05.2014]

http://www.muenchner-bildungswerk.de [Zugriff: 26.05.2014].

http://www.wb-erwachsenenbildung.de/online-woerterbuch/?title=Träger der Erwachsenenbildung [Zugriff: 26.05.2014]

Verzeichnis der Autorinnen und Autoren

Mark Achilles, M.A., Dr. theol., Bildungsmanager und Geschäftsleitung des Münchner Bildungswerks e.V.

Ralph Bergold, Dr. theol., apl. Prof. für Religionspädagogik und Didaktik des Religionsunterrichts an der Katholisch-Theologischen Fakultät der Otto-Friedrich-Universität Bamberg und Direktor des Katholisch-Sozialen Instituts.

Rainer Bucher, Dr. theol., Professor für Pastoraltheologie und Pastoralpsychologie an der Katholisch-Theologischen Fakultät der Karl-Franzens Universität Graz.

Michael N. Ebertz, Dr. theol., Dr. rer. soc., Professor für Sozialpolitik, Freie Wohlfahrtspflege und kirchliche Sozialarbeit an der Katholischen Hochschule Freiburg.

Alexander Heinze, Dipl. Theol., Wissenschaftlicher Mitarbeiter am Lehrstuhl für Pastoraltheologie und Religionspädagogik an der Katholisch-Theologischen Fakultät der Universität Erfurt.

Ulrich Iberer, Dr. phil., Dipl. Pädagoge, Akademischer Mitarbeiter am Institut für Bildungsmanagement an der Pädagogischen Hochschule Ludwigsburg.

Sebastian Kistler, M.A., Dipl. Theol., Wissenschaftlicher Mitarbeiter an der Professur für Sozialethik an der Katholisch-Theologischen Fakultät der Universität Augsburg.

Florian Kluger, M.A., Dr. theol., Akademischer Rat an der Professur für Liturgiewissenschaft der Katholischen Universität Eichstätt-Ingolstadt.

Judith Könemann, M.A., Dr. theol., Professorin für Religiöse Bildung (Religionspädagogik) an der Katholisch-Theologische Fakultät der Westfälischen Wilhelms-Universität Münster.

Sandra Krump, Dr. phil., Ordinariatsdirektorin und Leiterin des Ressort 5 Bildung im Erzbischöflichen Ordinariat München und Freising.

Robert Mucha, Dipl. Theol., Doktorand im Fach Exegese und biblische Hermeneutik und Referent der Programmdirektion an der Münchner Volkshochschule.

Ulrich Müller, Dr. phil., Dipl. Pädagoge, Professor für Bildungsmanagement an der Pädagogischen Hochschule Ludwigsburg.

Markus Roth, Dr. theol., Referent für Theologie und Ethik des Münchner Bildungswerks e.V.

Ehrenfried Schulz, Dr. theol., em. Professor für Religionspädagogik und Kerygmatik an der Katholisch-Theologischen Fakultät der Ludwig-Maximilians-Universität München.

Maria Widl, Dr. theol., Professorin für Pastoraltheologie und Religionspädagogik an der Katholisch-Theologische Fakultät der Universität Erfurt.